Petra Kaster

Wenn die Linie witzig wird

Comic, Cartoon & Karikatur zeichnen lernen

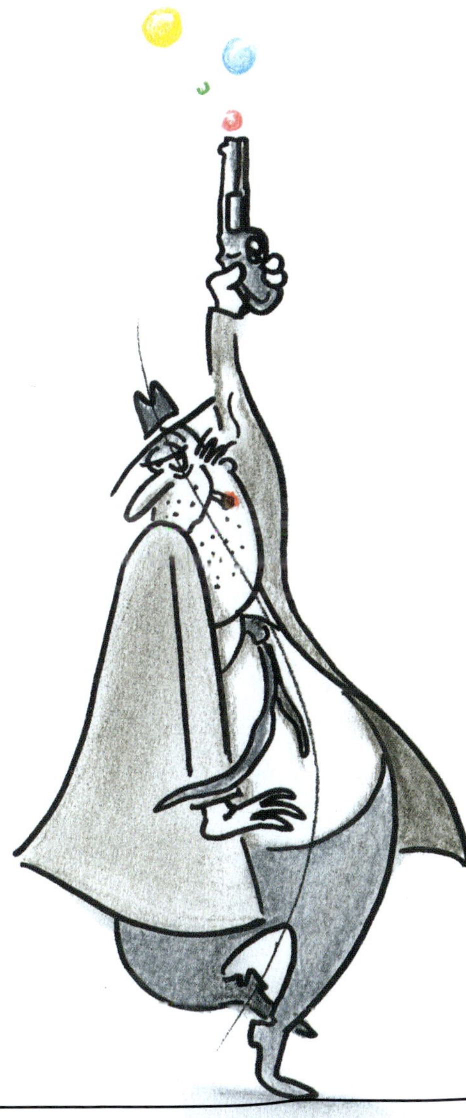

INHALT

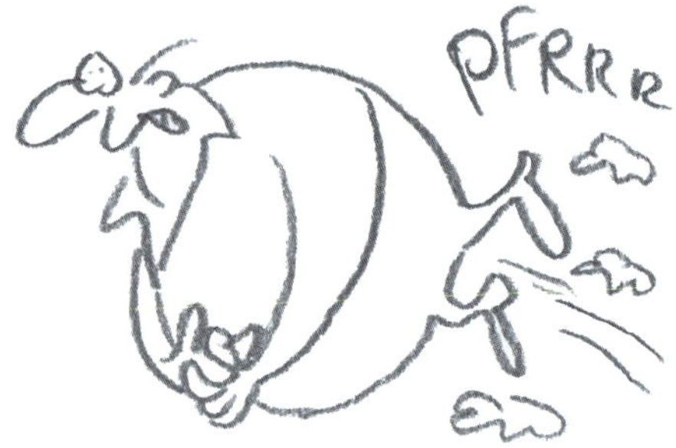

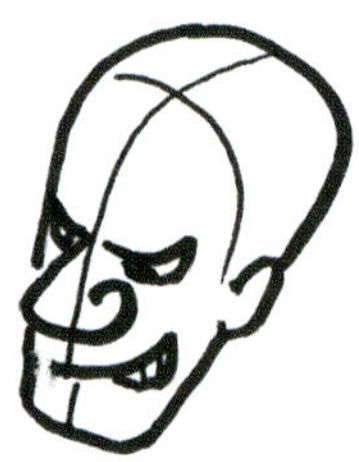

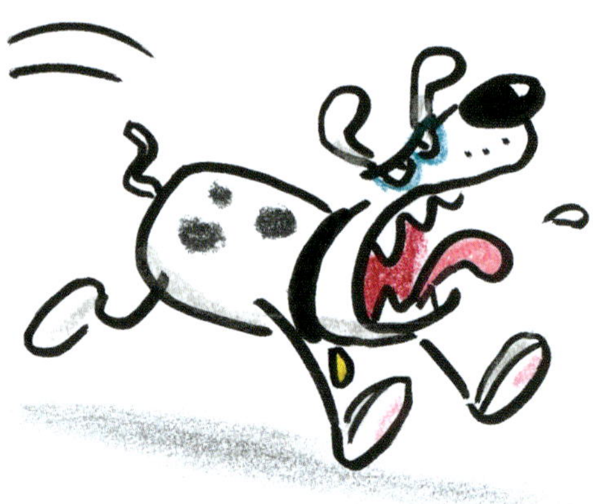

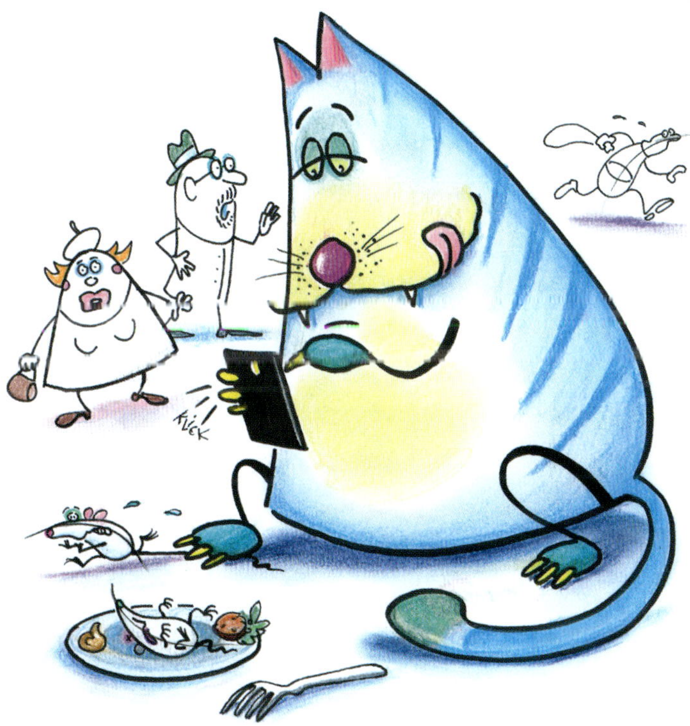

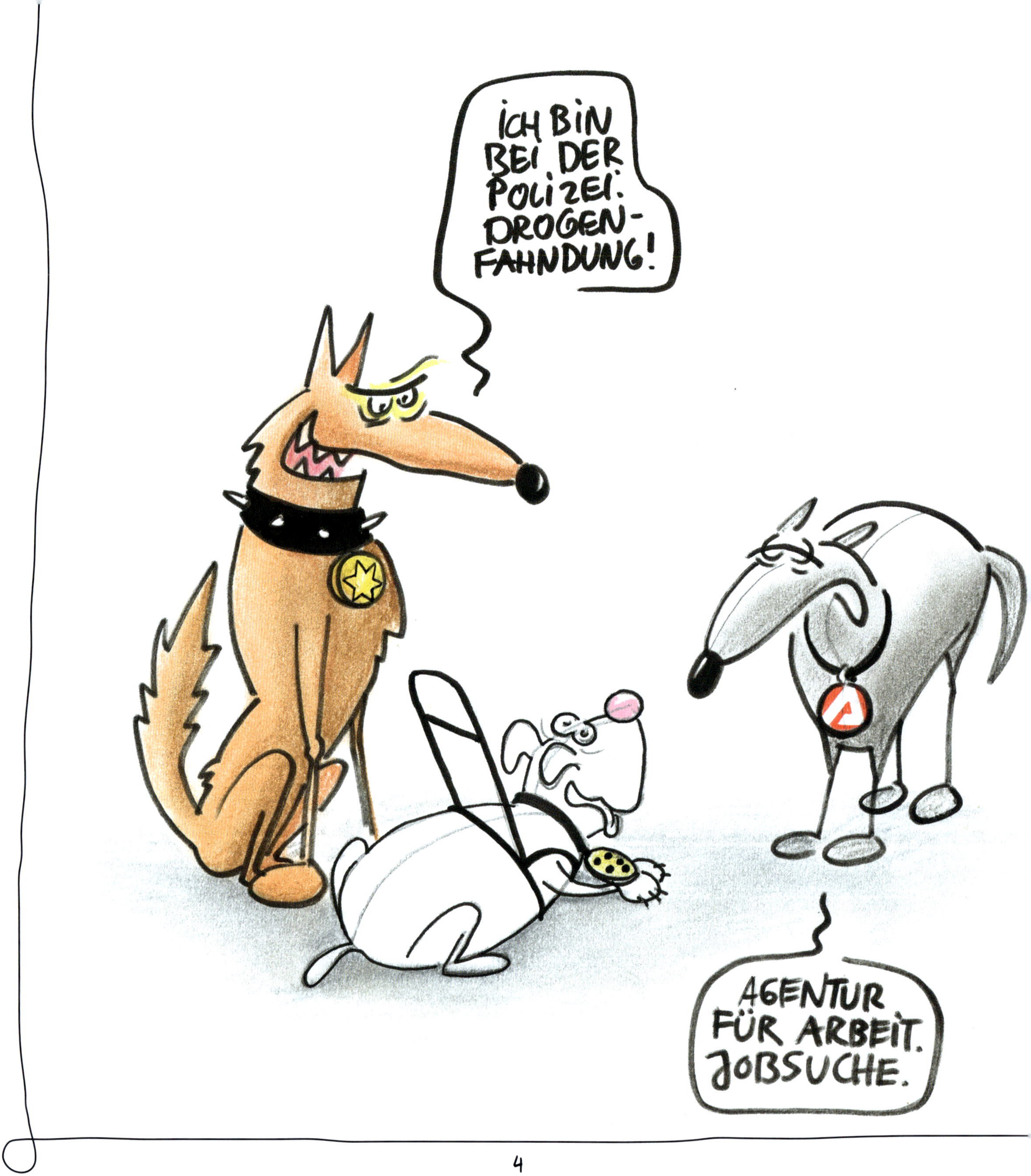
ICH BIN BEI DER POLIZEI: DROGEN-FAHNDUNG!
AGENTUR FÜR ARBEIT. JOBSUCHE.

WIR, DIE CHAMPIONS DER SCHÖPFUNG?

Die menschliche Grundausstattung ist eher bescheiden. Kein wärmendes Fell, kein prächtiges Gefieder, keine Reißzähne oder Flügel, dafür aber ein gigantischer Geltungsdrang. Nicht der größte Zampano der Schöpfung zu sein, das geht gar nicht!

Doch fortschreitende wissenschaftliche Erkenntnis drückt uns im Ranking kontinuierlich nach unten und zwingt uns, immer mehr Exklusivpositionen aufzugeben.

Zuerst mussten wir einräumen, dass auch Tiere fühlen, dass sie denken und kommunizieren. Inzwischen sind sie weiterbildungsfähig, haben Jobs im Gesundheitswesen, bei der Polizei oder beim Zoll.

Singende Wale stürmen die Charts. Ganz ohne Navi tanzen sich Bienen zum Honig und Bäume haben ein reges Sozialleben.

Auch an Spiel, Unfug und Neckerei scheinen Tiere ihren Spaß zu haben, der introvertierte Maulwurf vielleicht nicht im selben Maß wie der kommunikative Delfin. Aber auch bei uns Menschen ist der Sinn für Humor ja sehr unterschiedlich ausgeprägt.

Wodurch unterscheiden wir uns dann eigentlich noch vom Rest der Schöpfung?
Zum Beispiel durch Cartoons, Comics und Karikaturen! Keine andere Spezies nimmt sich selber und andere mit Stift, Pinsel oder Feder aufs Korn und zeichnet schräge Bilder und lustige Geschichten.

Auf diesem Gebiet sind wir (noch) die Champions der Schöpfung.

GRUNDAUSSTATTUNG

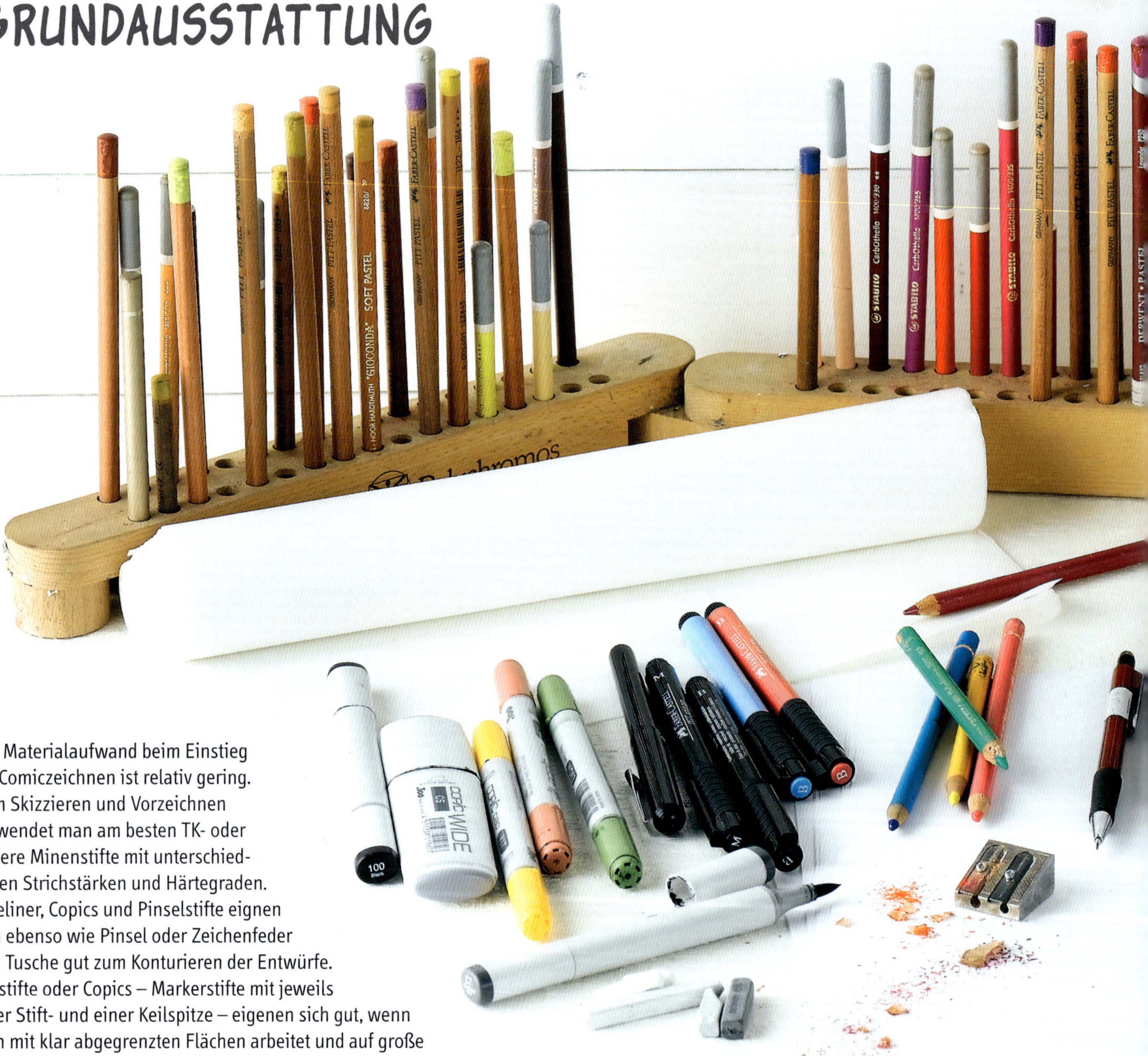

Der Materialaufwand beim Einstieg ins Comiczeichnen ist relativ gering. Zum Skizzieren und Vorzeichnen verwendet man am besten TK- oder andere Minenstifte mit unterschiedlichen Strichstärken und Härtegraden. Fineliner, Copics und Pinselstifte eignen sich ebenso wie Pinsel oder Zeichenfeder und Tusche gut zum Konturieren der Entwürfe. Filzstifte oder Copics – Markerstifte mit jeweils einer Stift- und einer Keilspitze – eigenen sich gut, wenn man mit klar abgegrenzten Flächen arbeitet und auf große Farbabstufungen und Mischungen keinen Wert legt. Buntstifte sind einfach zu handhaben und variabel. Durch Druck oder mehrmaliges Übermalen erreicht man mit ihnen eine hohe Farbintensität. Trägt man sie dünn auf, erhält man zarte, blasse Farbtöne. Pastellstifte sind eine weitere Möglichkeit. Sie eignen sich bestens zum schnellen Kolorieren großer Flächen.

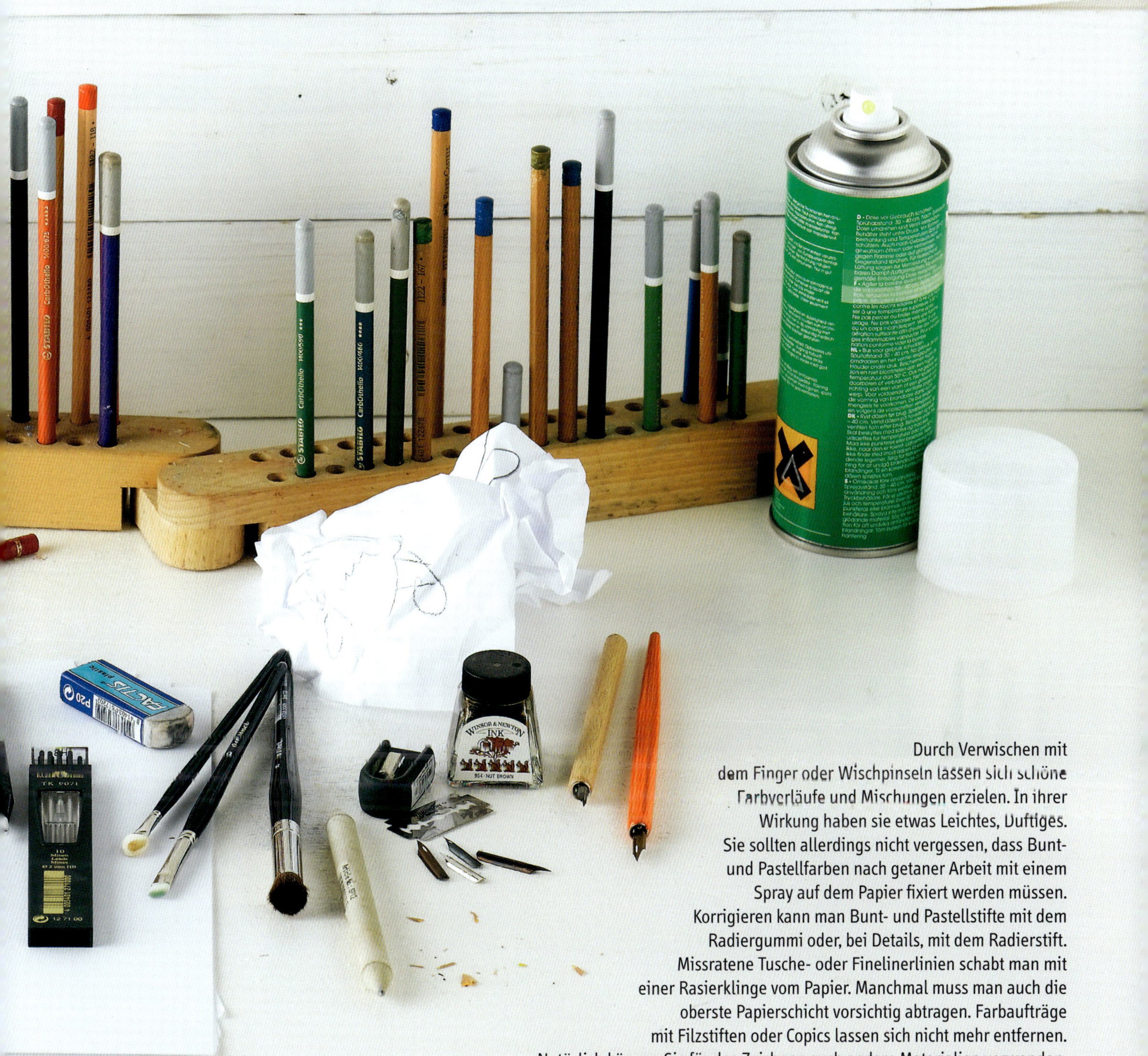

Durch Verwischen mit dem Finger oder Wischpinseln lassen sich schöne Farbverläufe und Mischungen erzielen. In ihrer Wirkung haben sie etwas Leichtes, Duftiges. Sie sollten allerdings nicht vergessen, dass Bunt- und Pastellfarben nach getaner Arbeit mit einem Spray auf dem Papier fixiert werden müssen. Korrigieren kann man Bunt- und Pastellstifte mit dem Radiergummi oder, bei Details, mit dem Radierstift. Missratene Tusche- oder Finelinerlinien schabt man mit einer Rasierklinge vom Papier. Manchmal muss man auch die oberste Papierschicht vorsichtig abtragen. Farbaufträge mit Filzstiften oder Copics lassen sich nicht mehr entfernen. Natürlich können Sie für das Zeichnen auch andere Materialien verwenden. Achten Sie darauf, Zeichenstifte auszuwählen, mit denen Sie schon etwas Erfahrung haben oder die Ihnen keine Schwierigkeiten bereiten, damit Sie sich voll und ganz auf die Story und ihre Protagonisten konzentrieren können.

STIFTE ZUM ANLEGEN VON SKIZZEN

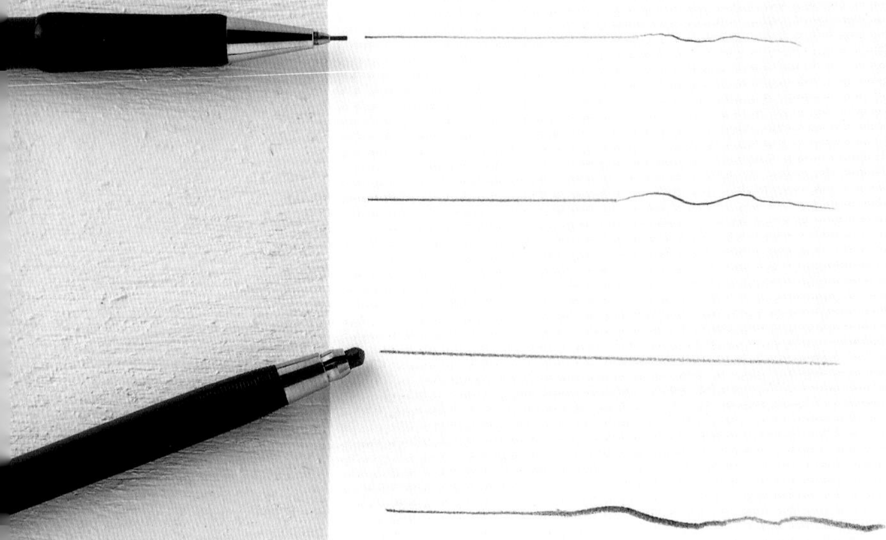

Um Skizzen anzulegen, eignen sich Stifte mit austauschbaren Minen sehr gut. Es gibt sie in verschiedenen Strichstärken und Härtegraden. Aber ein schlichter Bleistift tut es auch. Für differenzierte Entwurfszeichnungen eignet sich ein Stift mit dünner, harter Mine (HB bis H5) am besten.

Zum Skizzieren verwendet man besser einen dicken, weichen Blei- oder Minenstift (4B oder 5B). Oft zeichnet man am Anfang sehr klein und verkrampft sich leicht. Ein dicker Stift lockert die Hand, man arbeitet großflächiger und der Strich wird flüssiger.

Als Zeichengrund können Sie für Ihre Entwürfe einfaches Druckerpapier oder Skizzenblöcke verwenden. Das Format sollte mindestens DIN A4 groß sein.
Zum Reinzeichnen nimmt man etwas dickeres Papier mit einer glatten, festen Oberfläche. Ist das Papier zu porös, verhakt sich beim Zeichnen mit der Feder sonst leicht die Spitze und die Linie franst auch bei Finelinern oder Filzstiften aus.

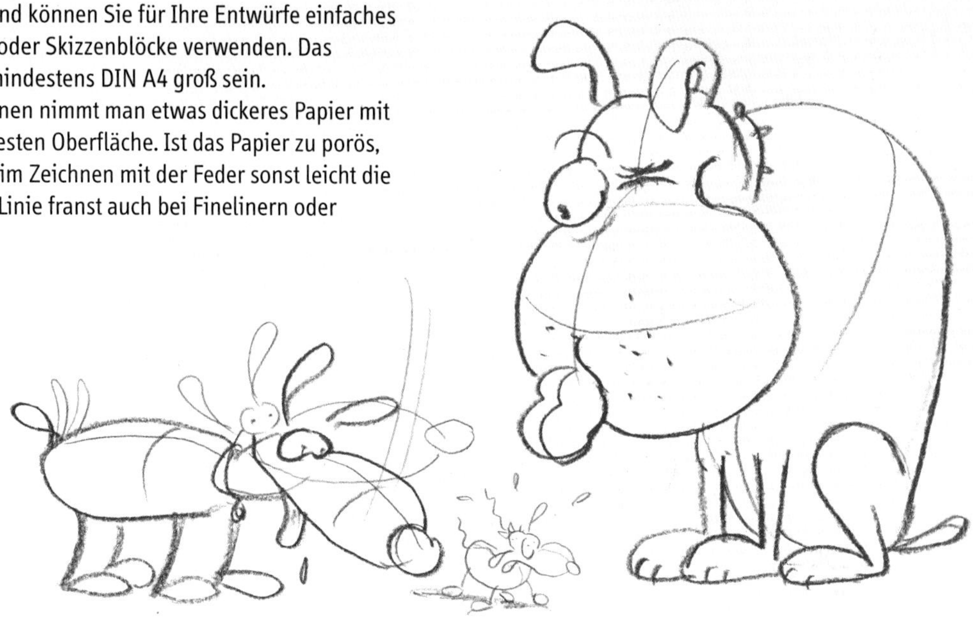

STIFTE ZUM ANLEGEN VON KONTUREN

Für das Ausarbeiten Ihrer Entwürfe steht Ihnen eine ganze Palette an Stiften zur Verfügung. Wählen Sie das Zeichenmaterial nach dem Wohlfühlprinzip aus: Was liegt gut in der Hand, womit können Sie flüssig arbeiten? Jeder zeichnet anders, hat sein eigenes Tempo und seinen eigenen Duktus. Probieren Sie aus, ob Sie eher langsamer zeichnen, ob sie mit Druck arbeiten oder ob Ihnen der leichte, schwungvolle Pinselstrich liegt.

FINELINER: Ihr Strich ist ganz gleichmäßig. Es gibt sie in vielen unterschiedlichen Strichstärken.

PINSELSTIFTE: Die Tuschestifte mit einer pinselartigen Spitze haben einen ähnlich variablen Strich wie Pinsel und eignen sich gut zum Zeichnen im Freien. Die Pinselspitze wird leider durch den Druck der Hand relativ schnell stumpf und der Pinseleffekt ist dahin.

PINSELSTIFTE MIT HAARSPITZE: Der Strich dieser nachfüllbaren Patronenstifte ist dem Pinselstrich am ähnlichsten.

COPICS: Die auch Copic Marker genannten, nachfüllbaren Tuschestifte verfügen über eine Pinsel- und eine Flachspitze. Sie eignen sich für kräftigere Linien. Die Pinselspitze bleibt relativ lange intakt.

PINSEL: Bei der Verwendung eines Pinsels kann man mit der Linie spielen. Der Strich wirkt flüssig, oft elegant. Richtig zur Geltung kommt er aber erst, wenn man etwas großflächiger zeichnet. Pinsel oder Pinselstifte erfordern eine leichtere Linienführung als Feder oder Fineliner, bei denen man auch mit Druck arbeiten kann.

ZEICHENFEDER: Mit der Feder lässt sich während des Zeichnens der Druck variieren, was verschiedene Strichstärken von kräftig bis hauchdünn erzeugt. Das macht die Linie sehr lebendig.

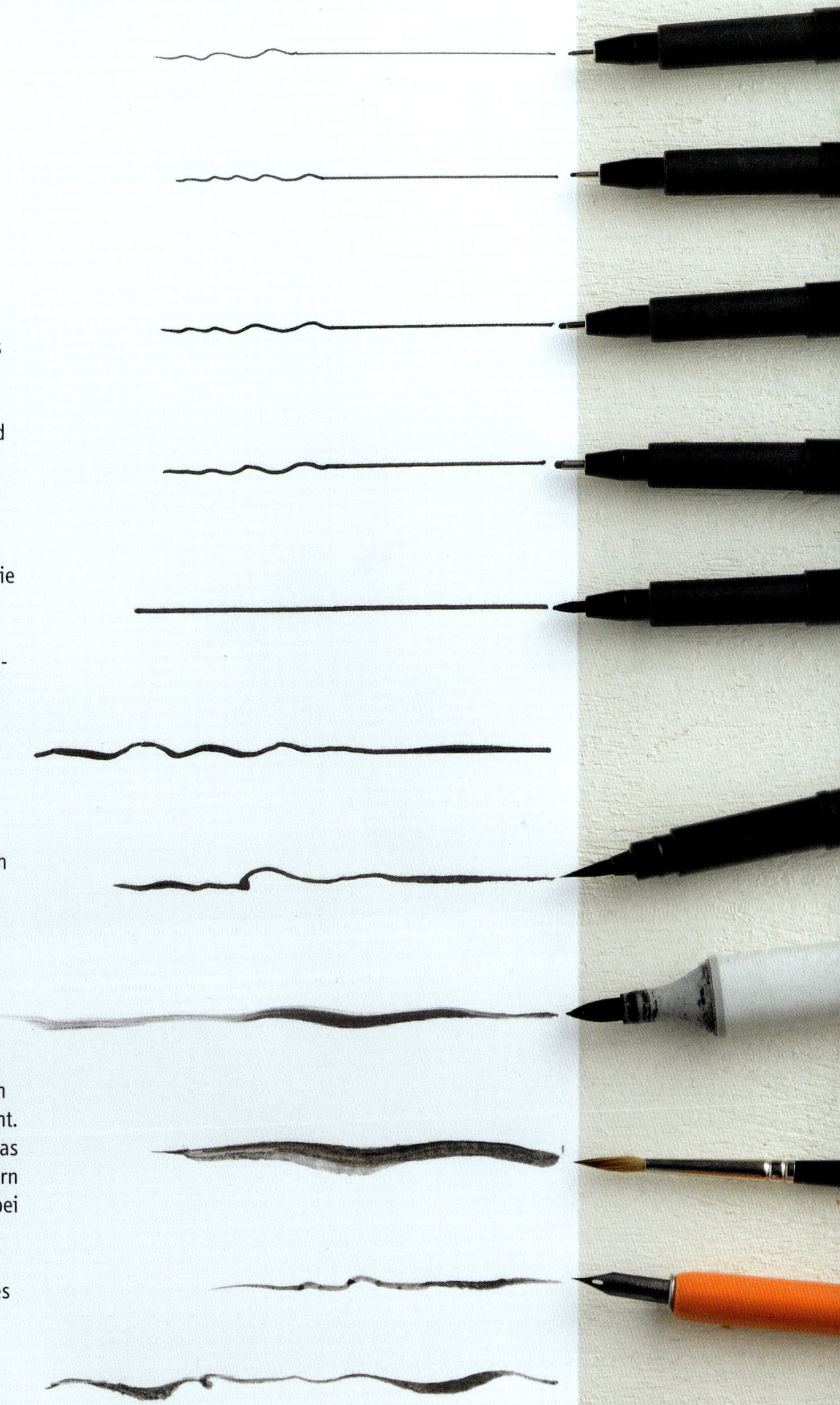

FIGURENENTWURF MIT TRANSPARENTPAPIER

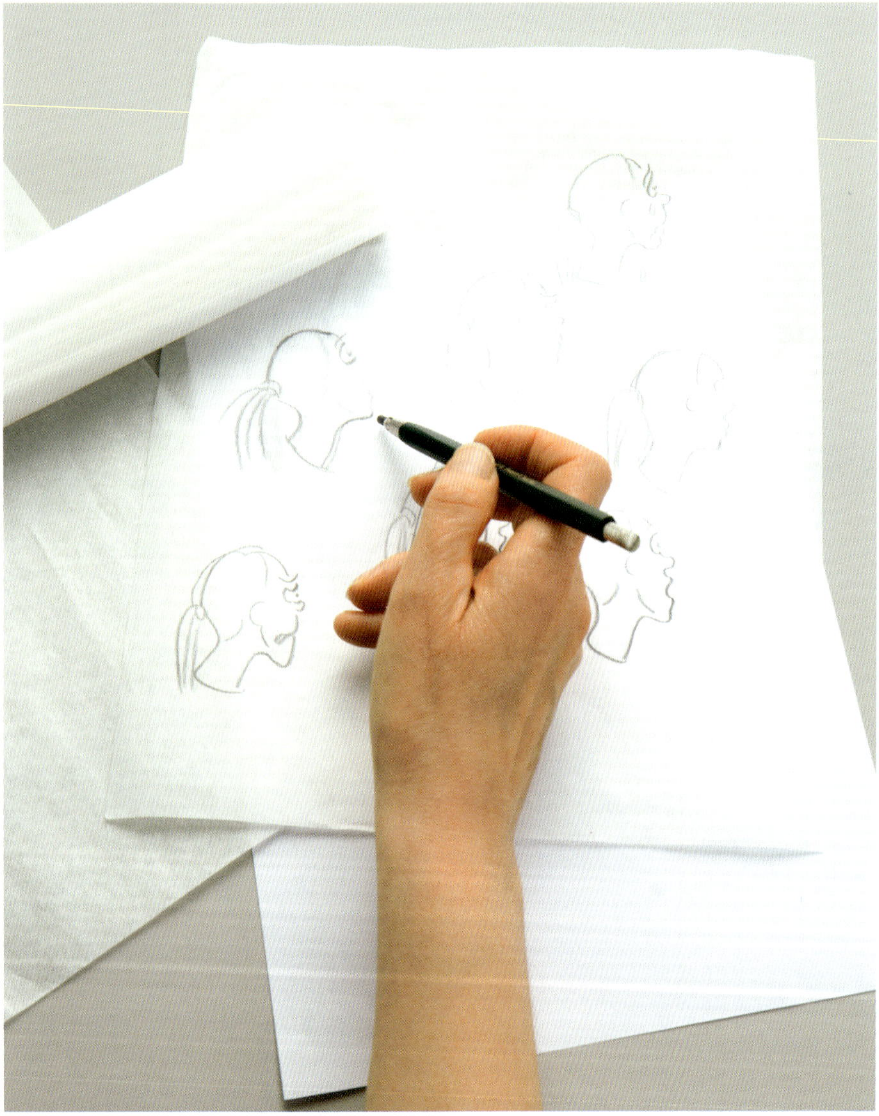

Comic- oder Cartoonfiguren entwickelt man am besten aus einfachen Grundformen wie Kreisen, Ovalen, Rechtecken, Dreiecken ... Auf einem darübergelegten Blatt Transparent- oder Butterbrotpapier gehen Sie dann ins Detail und probieren verschiedene Gesichtszüge und Frisuren aus. Danach skizzieren Sie die Kleidung. Legen Sie Ihre Entwürfe möglichst übereinander und nicht nebeneinander an. So bleiben die Proportionen erhalten und prägen sich leichter ein. Auf diese Art lässt sich wunderbar experimentieren. Sie können zum Beispiel an einem Grundkörper verschiedene Arm- und Beinlängen ausprobieren oder ihm unterschiedliche Kopfmodelle aufsetzen. Man kann mit Augen, Nasen, Mündern spielen, Proportionen dehnen und schrumpfen, bis man seine Figur gefunden hat.

Später nutzt man das Transparent- oder Butterbrotpapier für Veränderungen an Mimik und Bewegung. Auch das ist nicht allzu schwer: Man kopiert die unveränderten Teile der Figur und fügt den neuen Gesichtsausdruck oder die veränderten Körperteile hinzu. Diese Arbeitsweise hat den Vorteil, dass man nicht ständig auf der Hut sein muss, ob eine Figur sich zu sehr verformt. Sie arbeiten entspannter und trainieren gleichzeitig über die Hand das Gedächtnis. Durch das häufige Kopieren werden Proportionen und Gesichtszüge gespeichert und sind später beim Freihandzeichnen leichter abrufbar.

Wenn man mit Fotos arbeitet, hilft diese Methode auch beim Karikieren. Legen Sie ein Blatt auf ein Foto und dehnen oder schrumpfen Sie dann Kopfpartien, vergrößern oder verkleinern Sie Nasen, Augen, Münder. Lassen Sie Linien weg um herauszufinden, welche wirklich charakteristisch und notwendig sind.

ARBEITEN MIT DEM LEUCHTPULT

Wenn man intensiver in das Comiczeichnen einsteigt, lohnt es sich, ein kleines Leuchtpult zu kaufen oder selbst anzufertigen.
Am Leuchtpult überträgt oder konturiert man mit Hilfe von Unterlicht Entwürfe und Storyboards ohne Radiererei und Geschmiere auf neues Papier.
Im Prinzip wird alles, was man vorher mit Hilfe des Transparentpapiers ausprobiert hat – vom Figurenentwurf bis zum Bewegungszeichnen – nun am Leuchtpult gezeichnet.

Und so können Sie Ihr eigenes Leuchtpult herstellen:
Sie brauchen eine Milchglasscheibe, zwei Ziegelsteine (oder eine Holzleiste) und eine Lampe.
Legen Sie die obere Seite der Glasscheibe auf die Unterlage, so dass eine Schräge entsteht. Die Lampe platzieren Sie unter die Scheibe oder so, dass ihr Licht unter das Glas fällt. Achten Sie darauf, dass die Hitze der Lampe sich nicht unter der Scheibe staut und diese zu heiß wird. Nun legen Sie Ihre Skizze auf die Glasscheibe, darüber ein Papier und los geht's ...

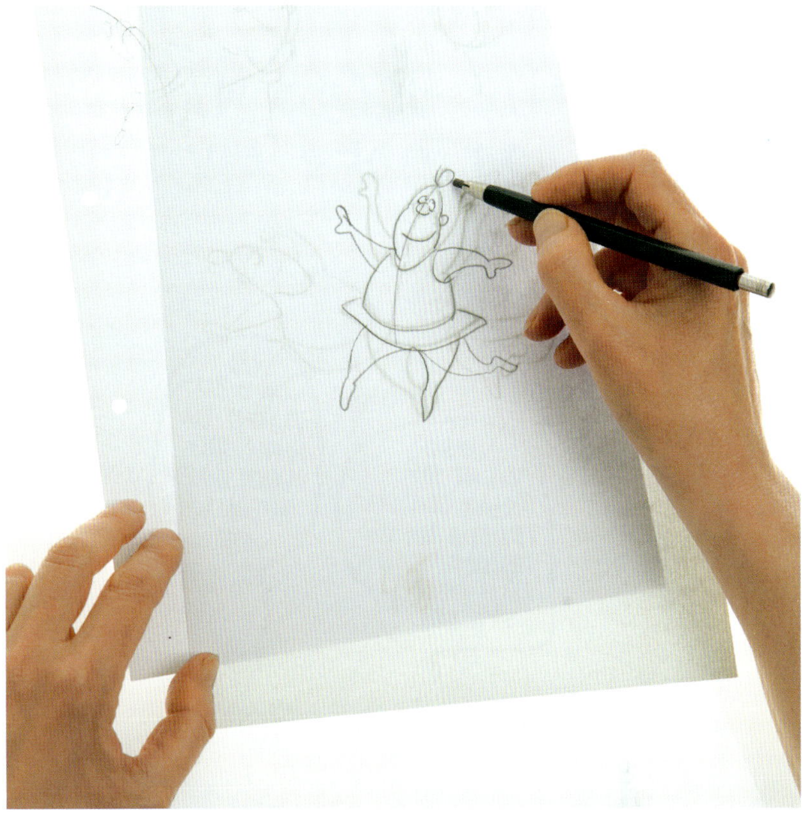

ANALOG ODER DIGITAL?

Analog oder digital arbeiten? Das hängt davon ab, was Sie beabsichtigen. Möchten Sie gern zeichnen lernen und einen eigenen Strich entwickeln? Dann ist das gute, alte Skizzenbuch angesagt. Auch prägen sich Figuren und Bewegungen durch das Zeichnen am Leuchtpult oder mit Transparentpapier leichter ein. Wenn es Ihnen um eine schnelle Umsetzung von Ideen geht, spart der Computer Zeit – besonders, was das Kolorieren und Korrigieren betrifft.

Sie können auch Mischformen ausprobieren: Skizzieren und konturieren Sie Ihre Zeichnung analog und scannen Sie sie anschließend für eine kolorierte Nachbearbeitung im PC ein. Oder Sie konturieren am PC und kolorieren dann die Ausdrucke analog. Noch eine Möglichkeit: Sie scannen Ihre Skizzen ein und erledigen alle weiteren Schritte mit dem PC. Finden Sie heraus, womit Sie sich am wohlsten fühlen.

KARIKATUR, CARTOON, COMIC

FRAGEN SIE BLOSS NICHT IHREN ARZT ODER APOTHEKER.

Denn der empfiehlt Ihnen nur die üblichen Vitamine C, B, E oder D. Aber Studien des Komikers Karl Valentin belegen: Nur das Vitamin F, die Fröhlichkeit, stabilisiert auf Dauer Ihre Gesundheit und Lebensfreude. Nur die regelmäßige Einnahme von Vitamin F verhindert Mangelerscheinungen wie Reizbarkeit, Antriebslosigkeit und Verstopfung.

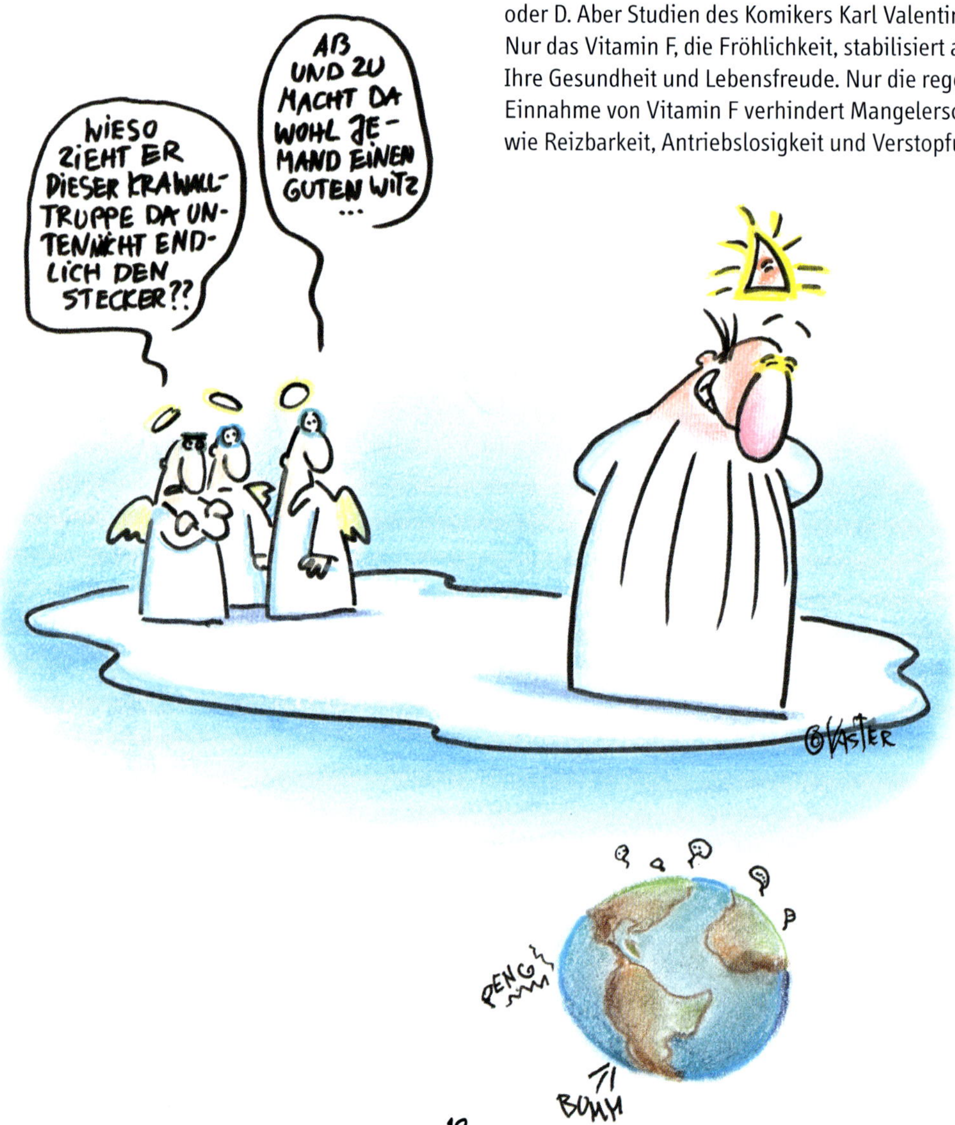

Humor, Witz und Satire gehören in jeden Erste-Hilfe-Koffer. Ohne Humor wären wir den Ecken und Kanten des Alltags ohne Aufprallschutz ausgeliefert.

Niederlagen, Beziehungsstress, zu viele Kilos auf der Waage, Ebbe auf dem Konto, Verluste – das Leben ist keine Wellnessoase. Und dazu noch das aktuelle Weltgeschehen! Um all das Junkfood zu verdauen, von dem wir uns ernähren, brauchen wir eine gesunde Darmflora – für die diversen Lebensunverträglichkeiten eine aktive Humorflora.

Der Witz kratzt an Tabus, Vorurteilen und Klischees und spielt mit ihnen. Er nimmt nicht die logische Straße von A nach B. Er findet Abkürzungen oder benutzt Umwege und irritiert unsere Erwartungen. Er ist assoziativ, schnell und immer für eine Überraschung gut.

Beim Cartoon verdichten sich Sinn und Unsinn des Lebens auf einer Seite. Seltsame, dicknasige Typen tun und sprechen verblüffende Dinge und spiegeln uns damit unsere Absonderlichkeiten.
Im Comic werden aus diesen Witzkonzentraten kürzere oder längere Geschichten. Und bei der Karikatur entsteht die Komik durch die Überzeichnung bestimmter körperlicher Merkmale bis hin zur zeichnerischen Verschmelzung einer Person mit Tieren, Pflanzen oder Küchengeräten.

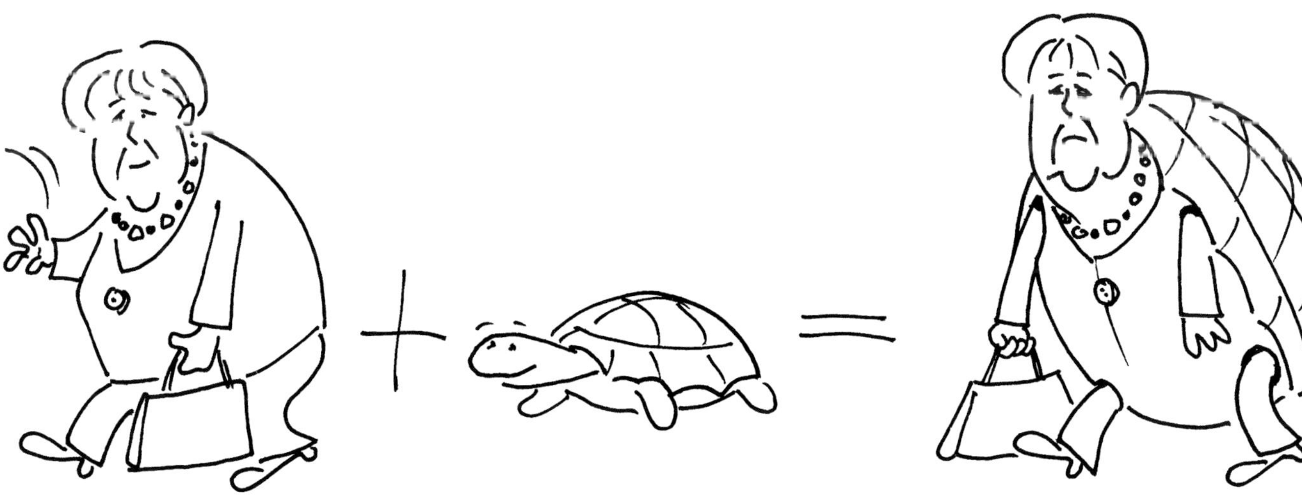

DIE KARIKATUR

Der Begriff Karikatur wird oft als Überbegriff verwendet und schließt Comic und Cartoon mit ein. Dieses Buch trennt die Begriffe der Klarheit wegen. Als Karikatur bezeichne ich das überspitzt angelegte, aber wiedererkennbare Porträt einer Person, als Cartoon eine pointierte Zeichnung, und der Comic ist eine gezeichnete Bildergeschichte.

BARBIE ODER KARI

Wenn Sie Ihr Äußeres, gemessen an den Idealen klassischer Schönheit oder den jeweils aktuellen Beautytrends optimieren möchten, sollten Sie zum Chirurgen. Wenn Sie hingegen das Markante und Individuelle an sich betonen möchten, bietet sich die Karikatur an. Sie überspitzt und überzeichnet bewusst. Ist lustig, frech und gerne auch provokant. Anders als bei Cartoon- und Comicfiguren haben Sie hier nicht die schöpferische Freiheit zu kompletten Eigenkreationen.

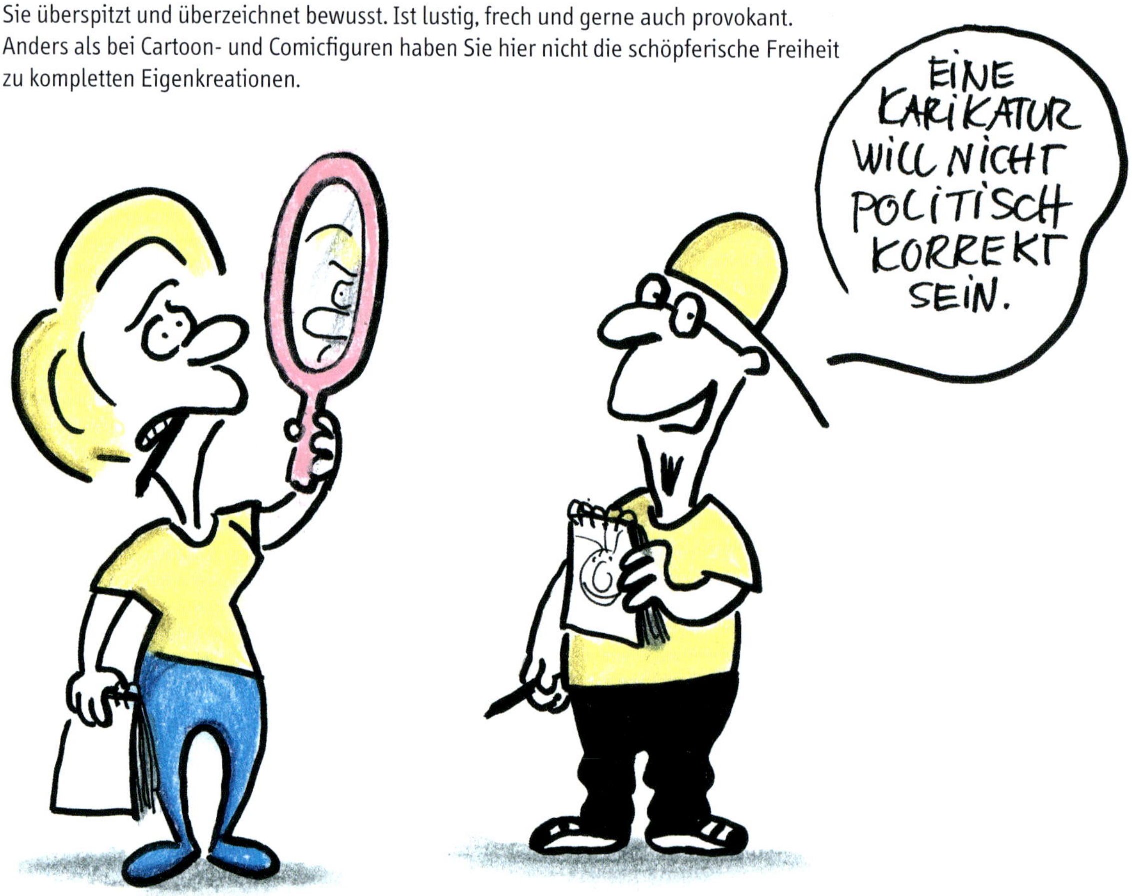

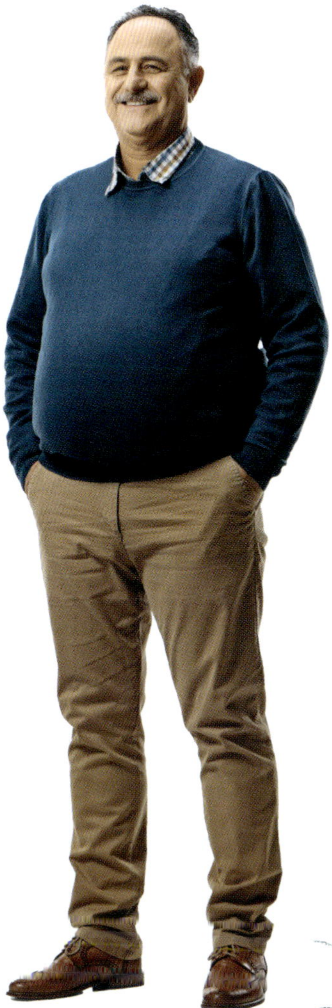

Aber Herr Krautwickel kann später durchaus auch als Vorlage für eine Comicfigur dienen. Noch reduzierter gezeichnet entwickelt er sich vom Individuum zum Typen und kann als Cartoon- oder Comicstar in Serie gehen.

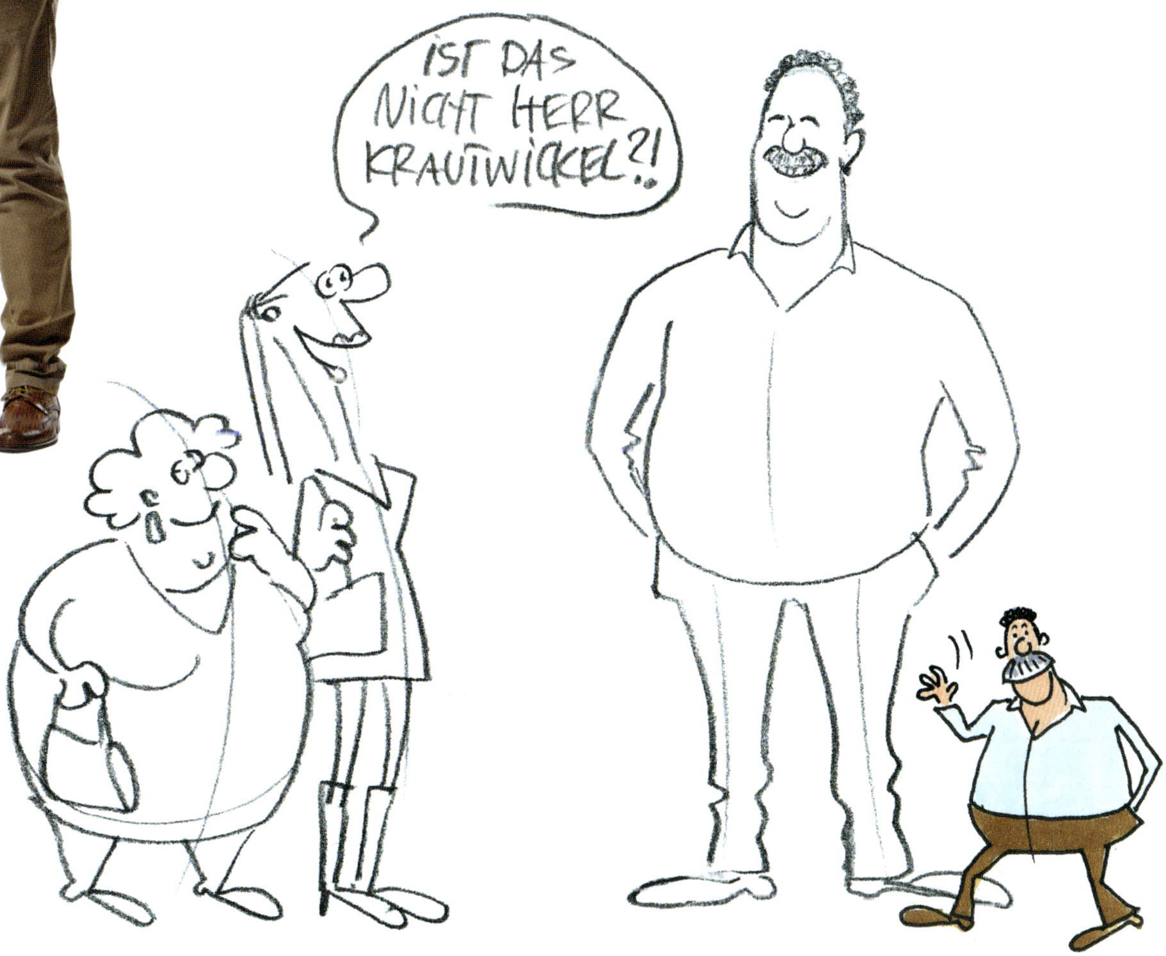

NICHTS FÜR MICHELANGELO

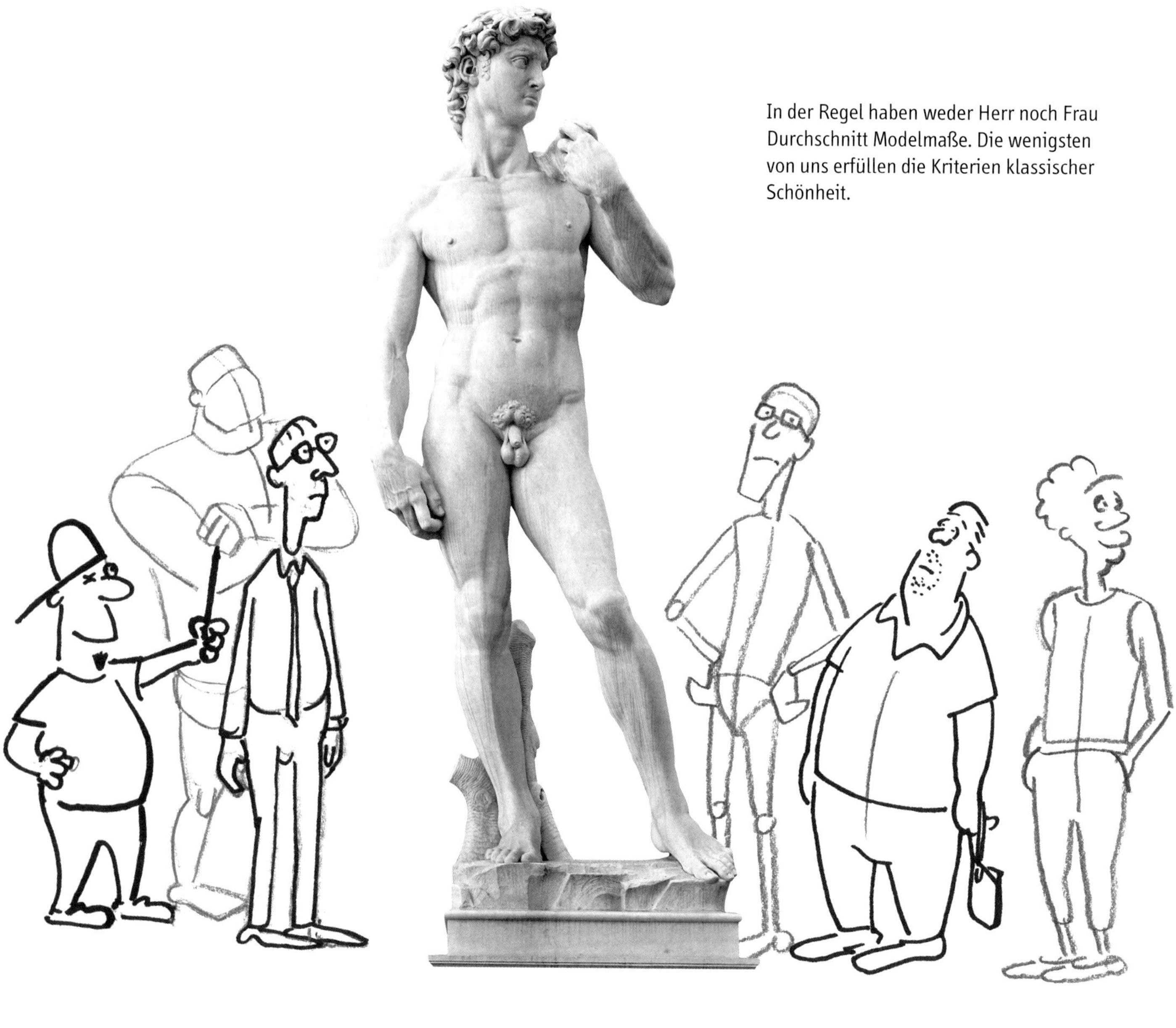

In der Regel haben weder Herr noch Frau Durchschnitt Modelmaße. Die wenigsten von uns erfüllen die Kriterien klassischer Schönheit.

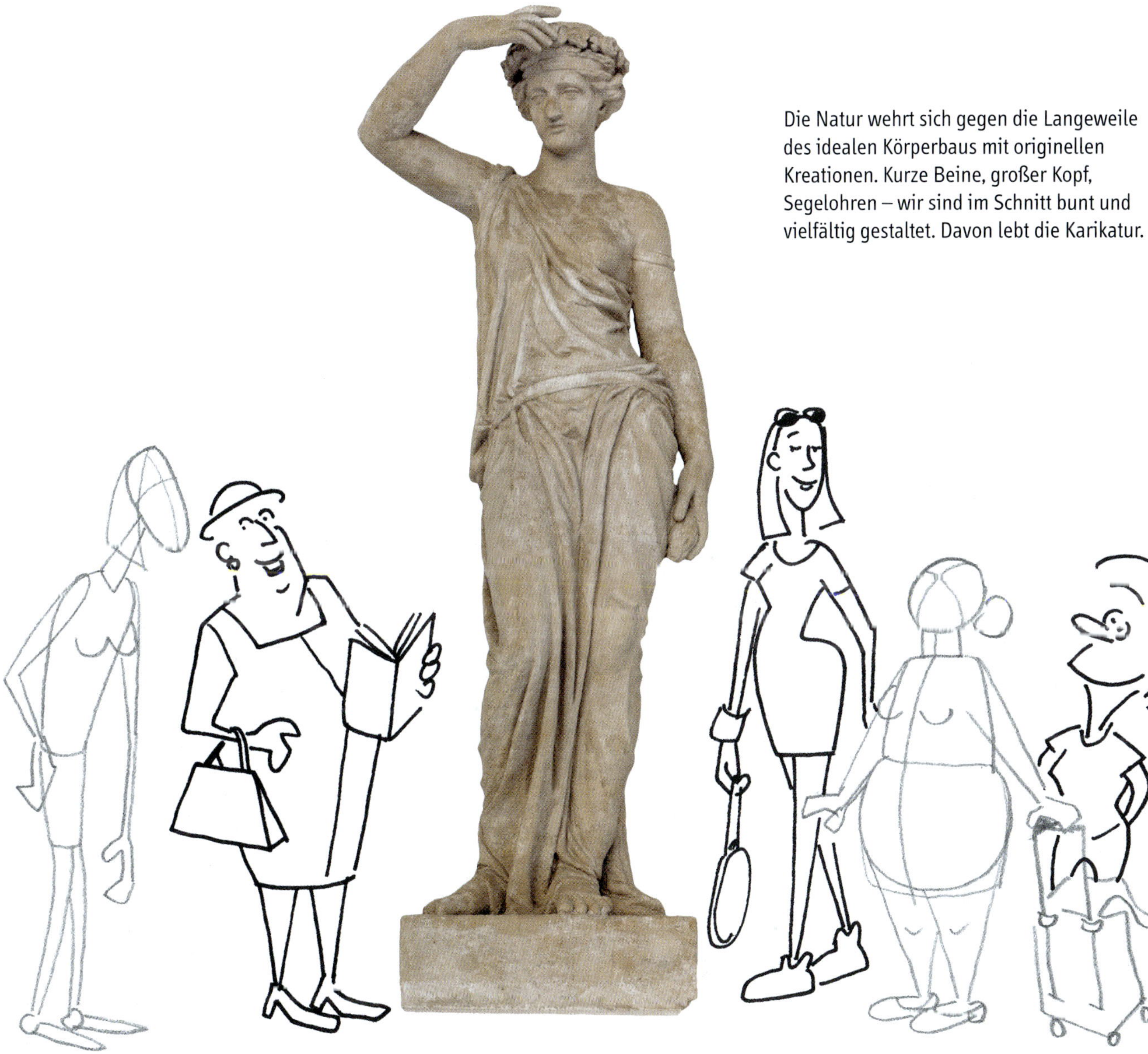

Die Natur wehrt sich gegen die Langeweile des idealen Körperbaus mit originellen Kreationen. Kurze Beine, großer Kopf, Segelohren – wir sind im Schnitt bunt und vielfältig gestaltet. Davon lebt die Karikatur.

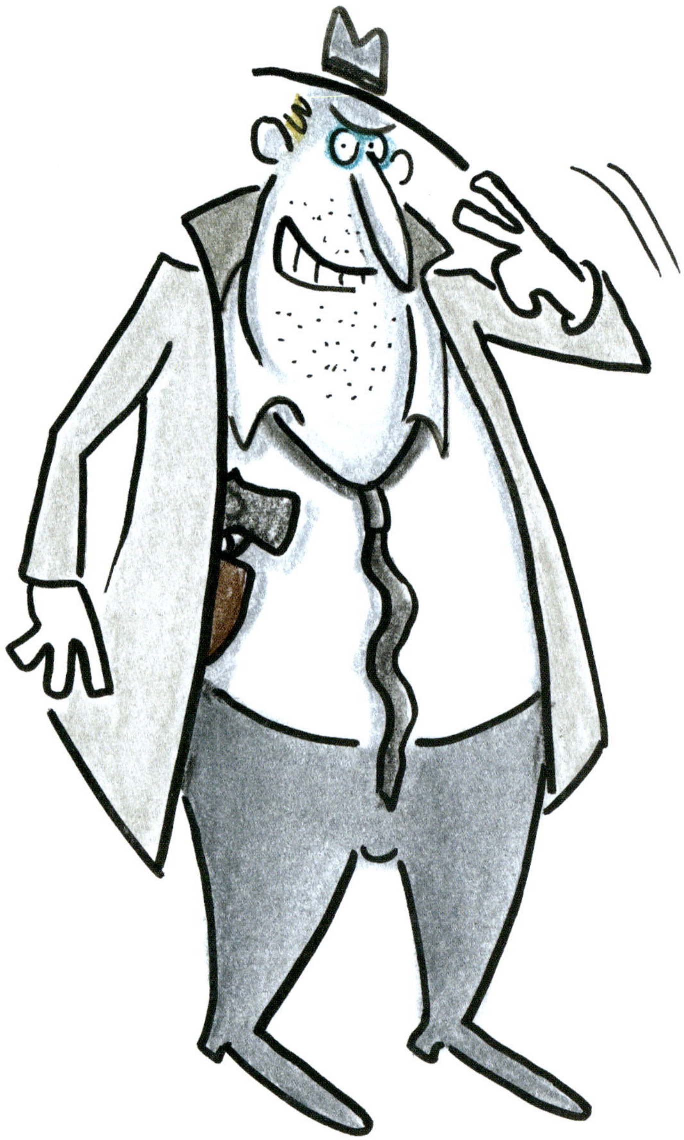

Für diese individuellen Besonderheiten muss man genau hinschauen und bewusst sehen, wen oder was man da vor Augen hat. Noch gibt es keinen Trick oder Chip, der das erledigt. Es gilt, die individuellen Merkmale eines Menschen erkennen und benennen zu können. Kopf, Körperbau, Augen, Nasen ... Beobachten und vergleichen Sie. Nur durch den Vergleich lernen Sie zu unterscheiden und die Besonderheiten zu erkennen.

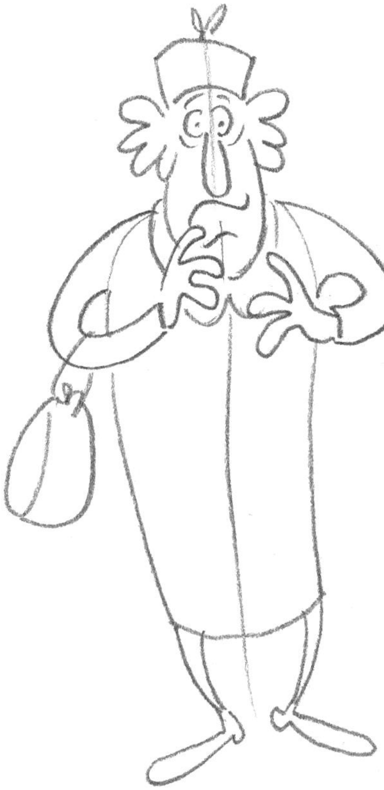

TÄTERBESCHREIBUNG

Im Alltagsmodus bewegen wir uns oft wie weggebeamt durch die Tage. Die Augen am Display, Soundstöpsel im Ohr, in Gedanken bei Projekten. So kommt es, dass wir nur sehr wenig von unserer Umwelt wahrnehmen. Davon kann jeder Kommissar bei Zeugenbefragungen ein leidvolles Lied singen …

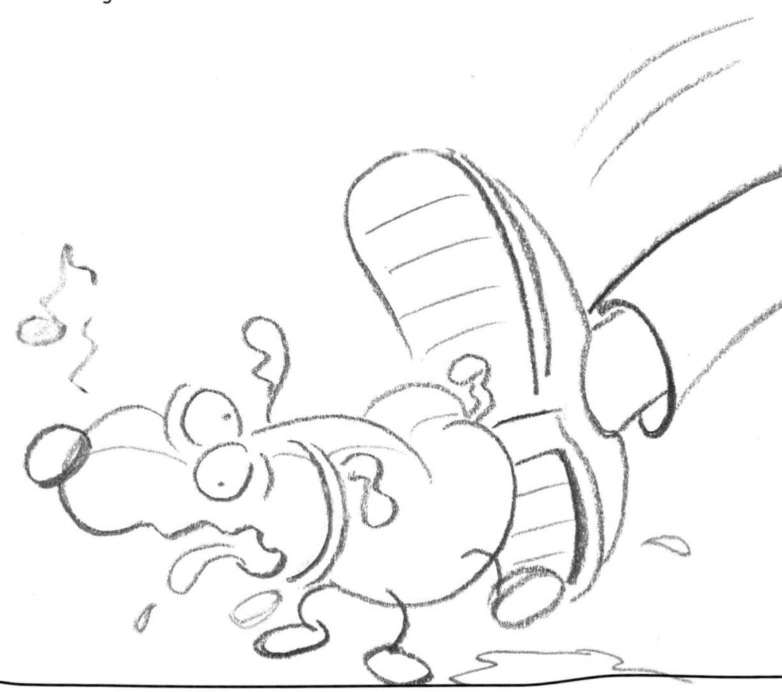

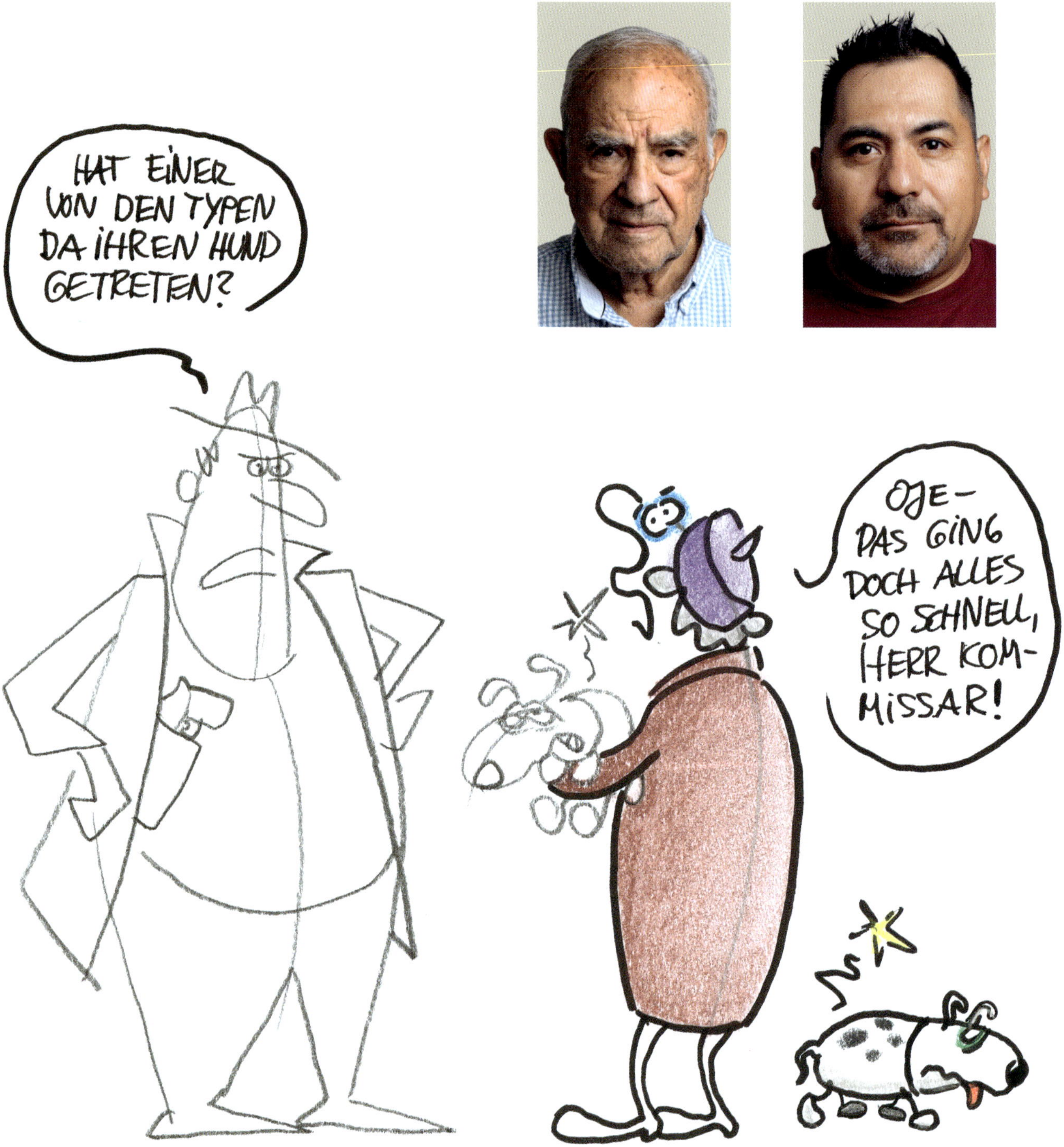
HAT EINER VON DEN TYPEN DA IHREN HUND GETRETEN?
OJE – DAS GING DOCH ALLES SO SCHNELL, HERR KOMMISSAR!

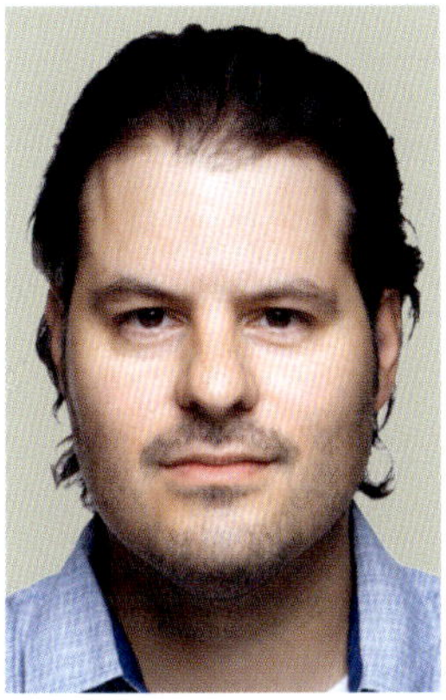

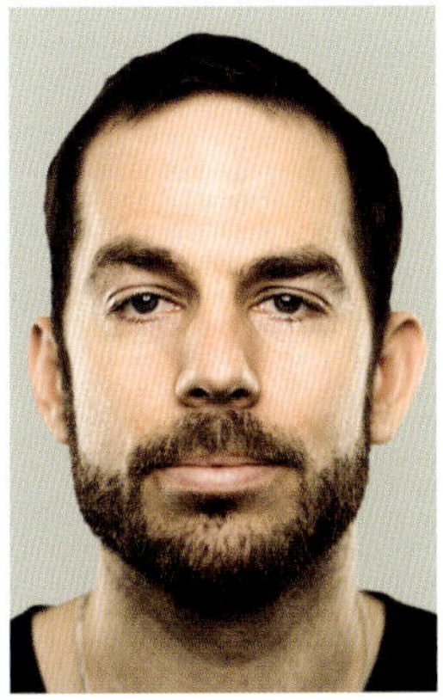

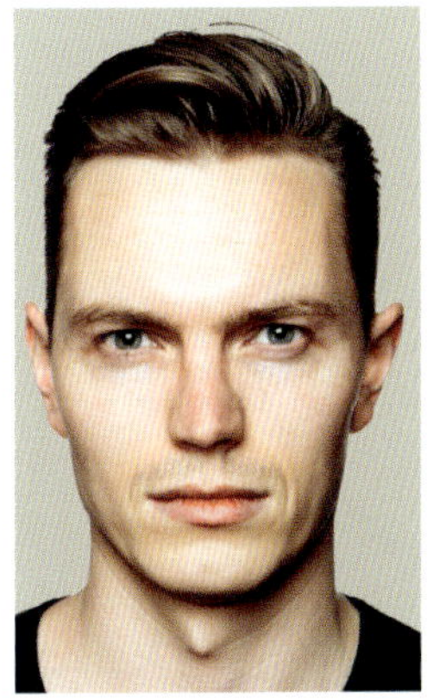

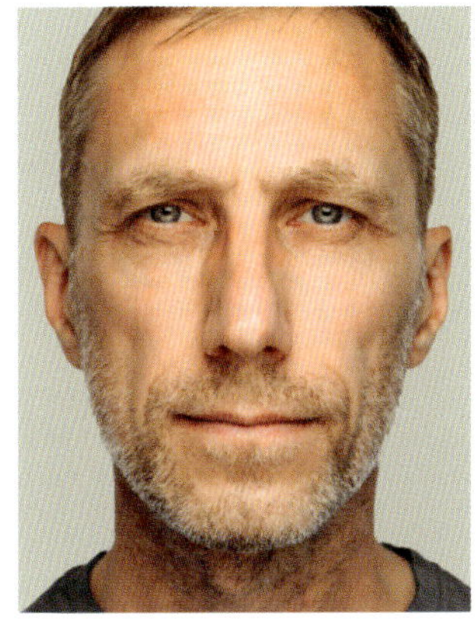

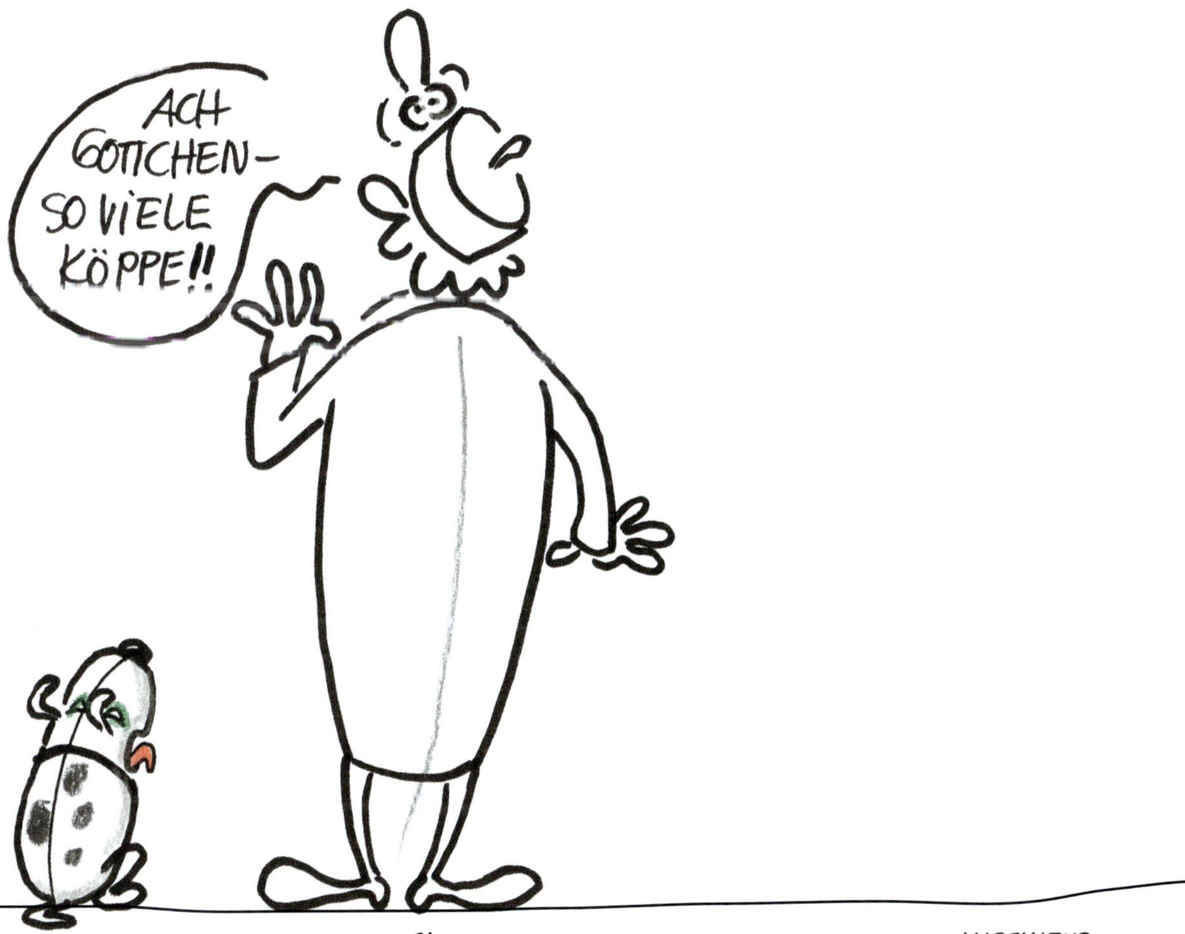
ACH
GOTTCHEN-
SO VIELE
KÖPPE!!

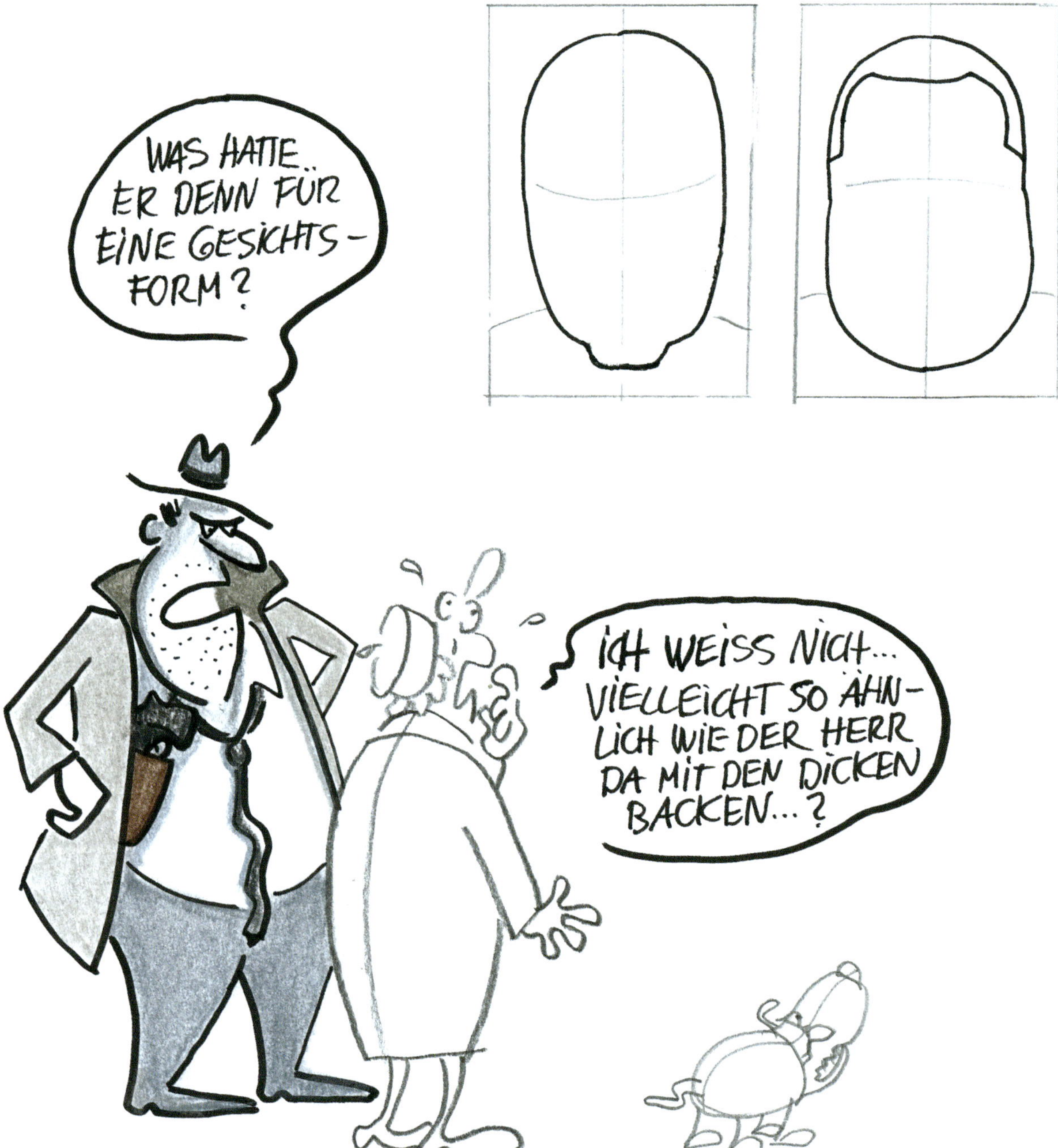
WAS HATTE.. ER DENN FÜR EINE GESICHTS-FORM?
ICH WEISS NICH... VIELLEICHT SO ÄHN-LICH WIE DER HERR DA MIT DEN DICKEN BACKEN...?

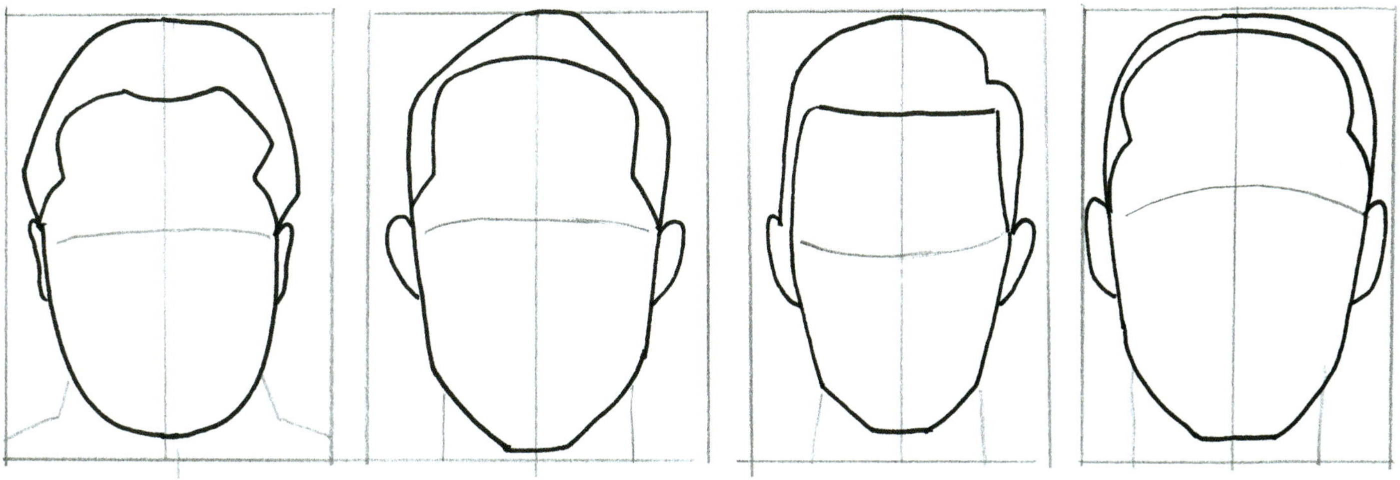

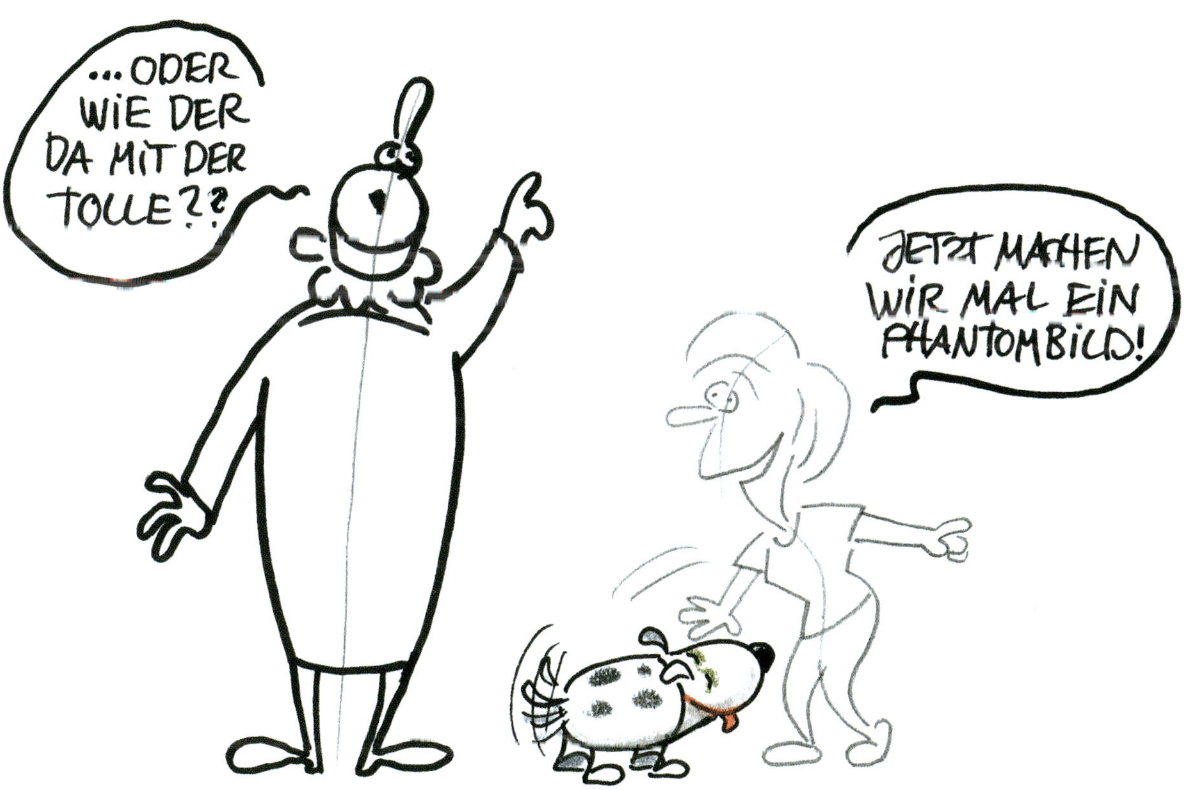
...ODER WIE DER DA MIT DER TOLLE??
JETZT MACHEN WIR MAL EIN PHANTOMBILD!

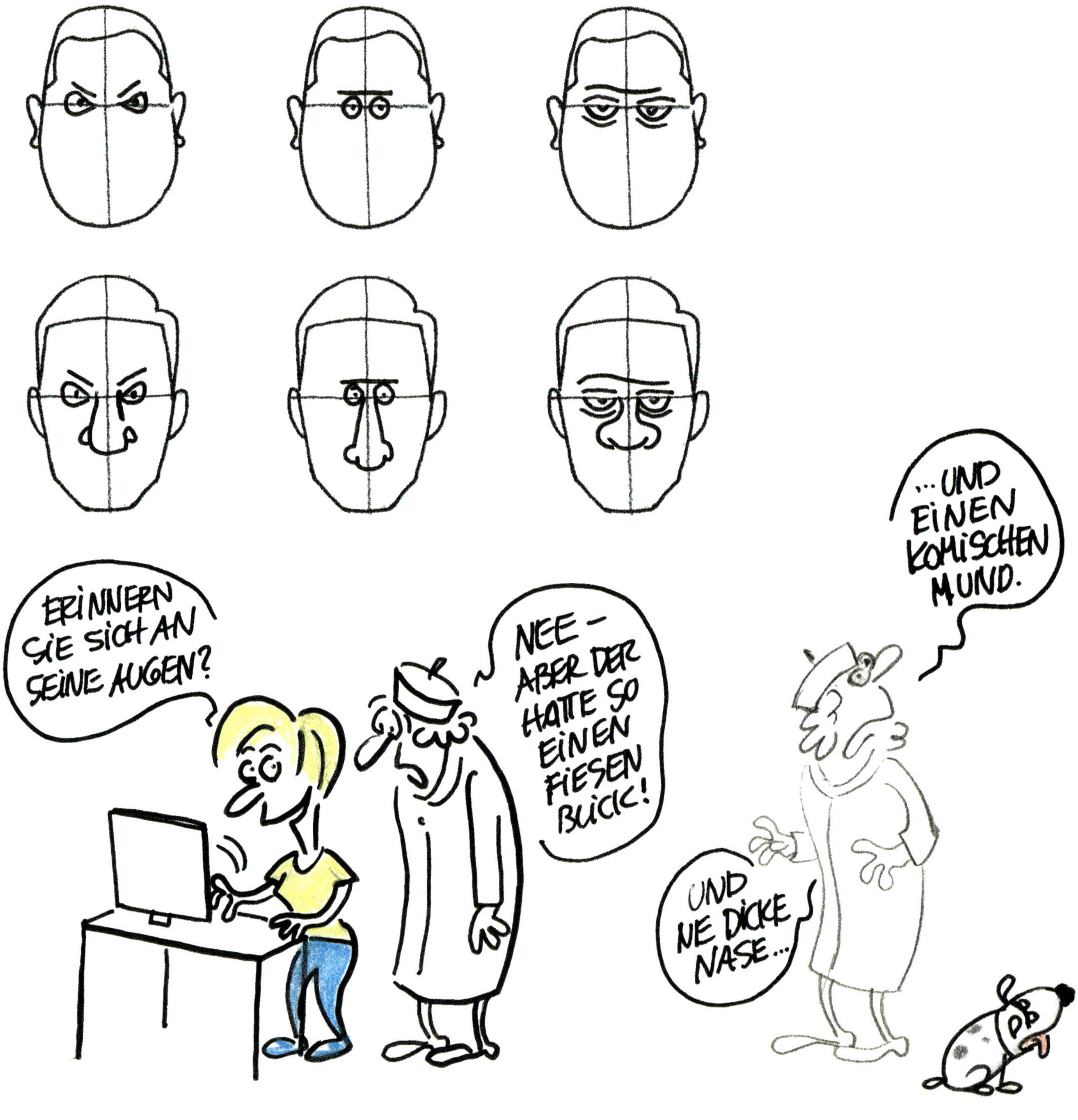
ERINNERN SIE SICH AN SEINE AUGEN?
NEE – ABER DER HATTE SO EINEN FIESEN BLICK!
UND NE DICKE NASE ...
... UND EINEN KOMISCHEN MUND.

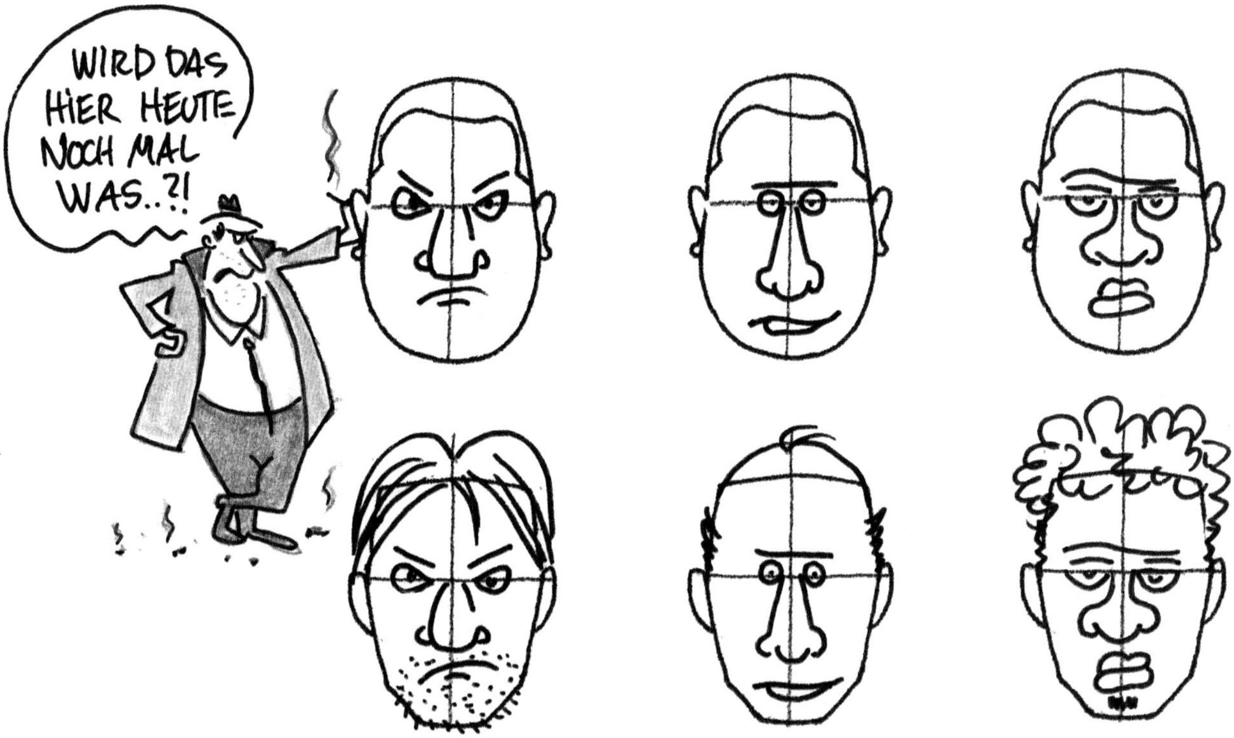
WIRD DAS HIER HEUTE NOCH MAL WAS..?!

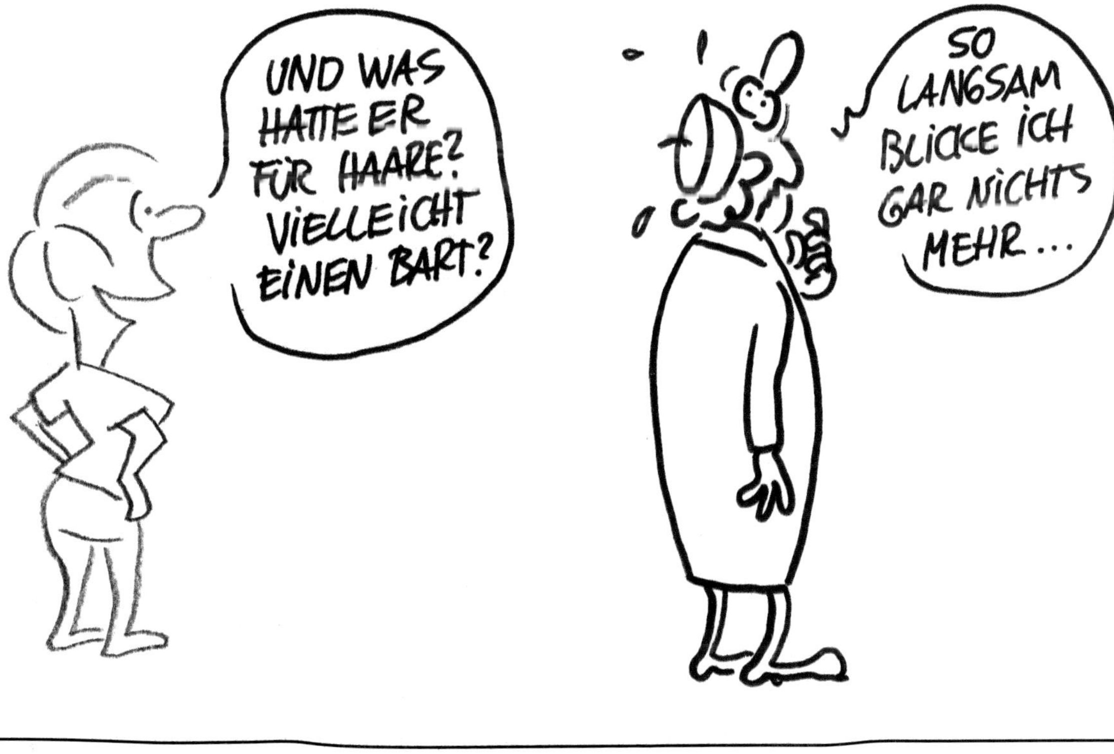
UND WAS HATTE ER FÜR HAARE? VIELLEICHT EINEN BART?
SO LANGSAM BLICKE ICH GAR NICHTS MEHR ...

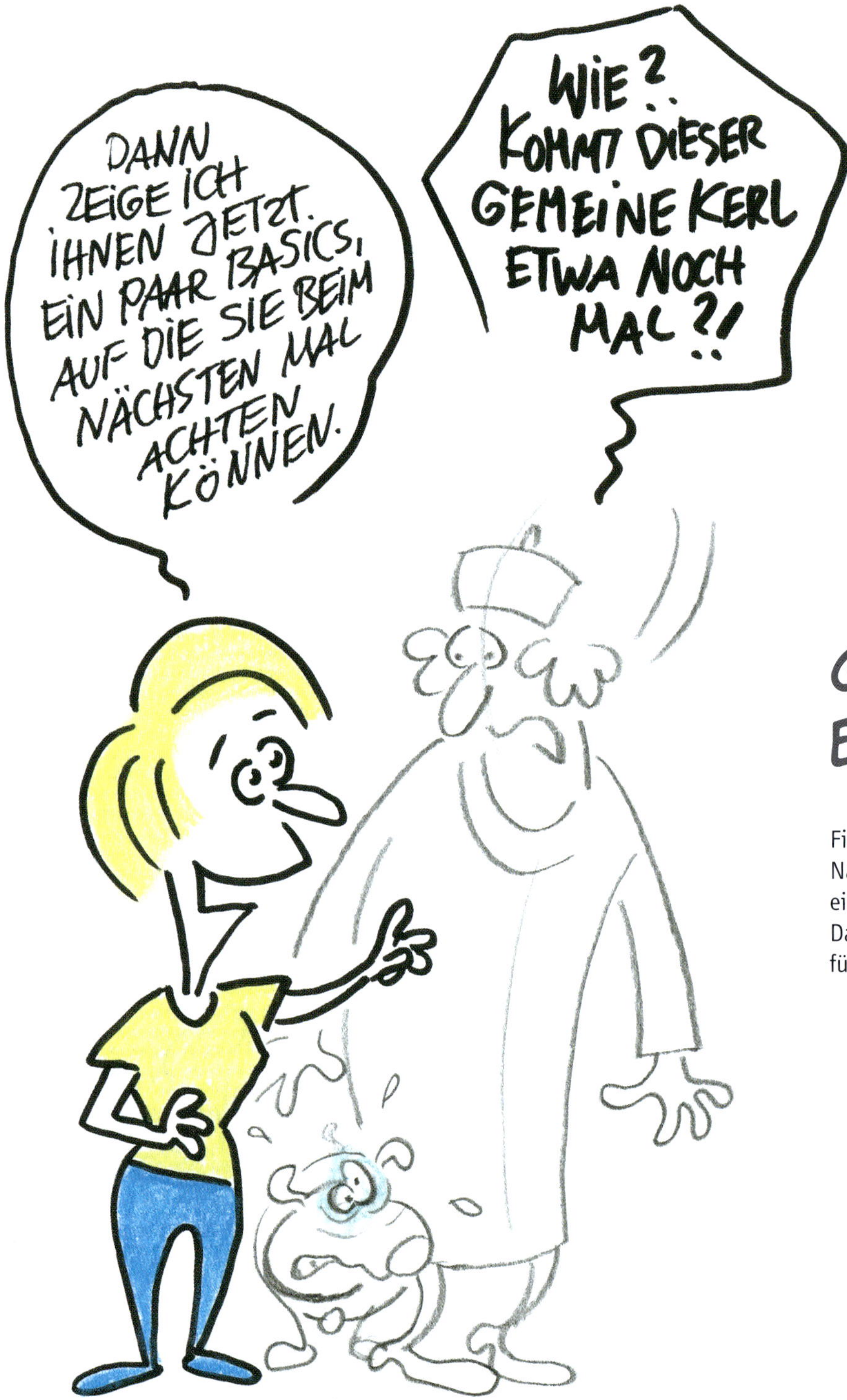

GESICHTS-ERKENNUNG

Fieser Blick, dicke Backen, komische Nase, Haare, Bärte! Und das alles auf einen Blick sehen und unterscheiden? Das ist ein bisschen viel! Lieber Schritt für Schritt.

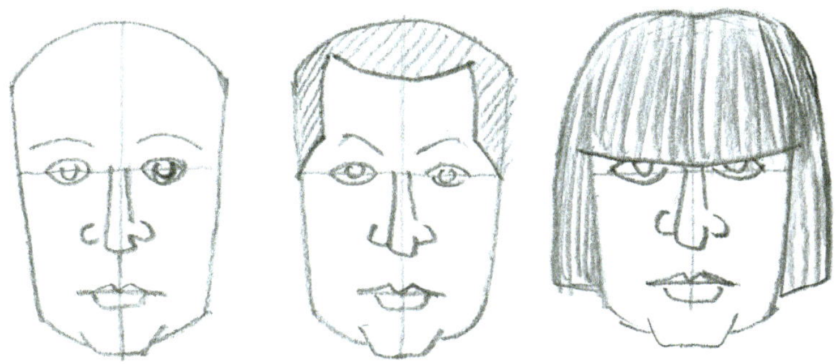

Hier sind ein paar Anhaltspunkte, die helfen, die Besonderheiten eines Gesichts zu erfassen. So lassen sie sich später für die Karikatur nutzen.

1 Ist die Form des Kopfs identisch mit der Gesichtsform? Haaransatz oder Frisur können das Gesicht optisch stark verändern.

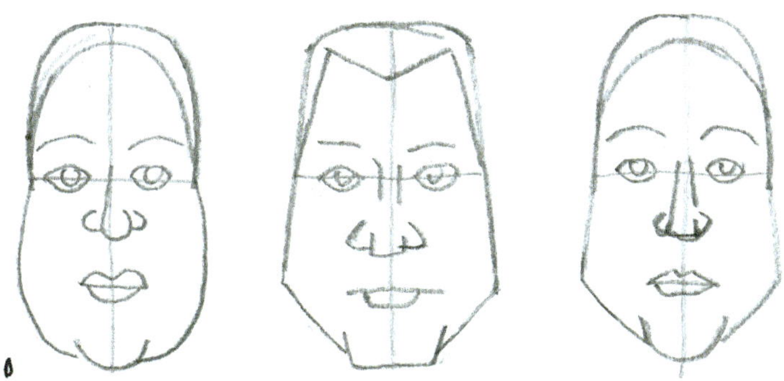

2 Besteht der Kopf aus Rundungen oder eher aus Ecken und Kanten? Oft sind es Mischformen.

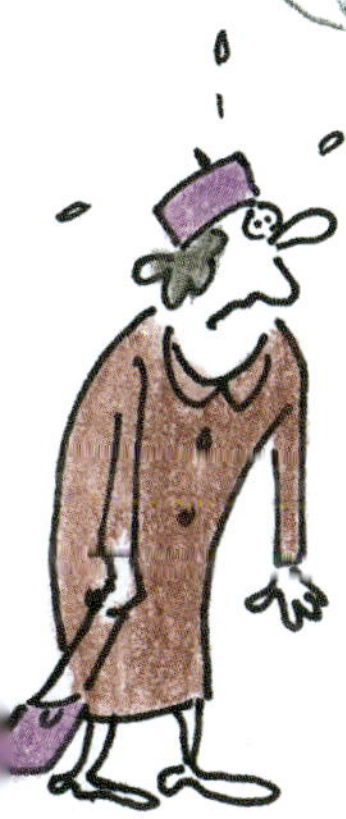

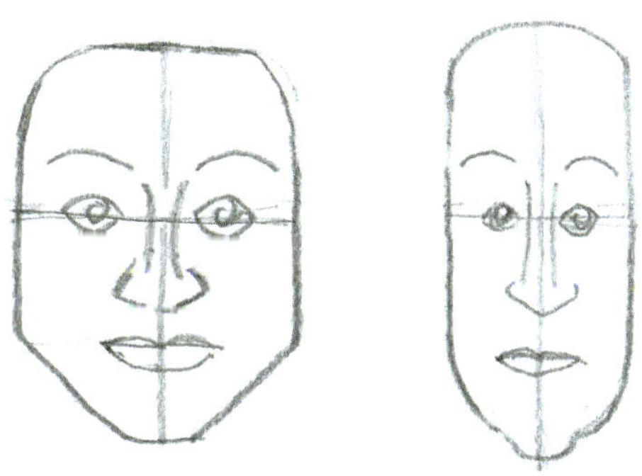

3 Ist es ein schmales, längliches oder ein breites Gesicht?

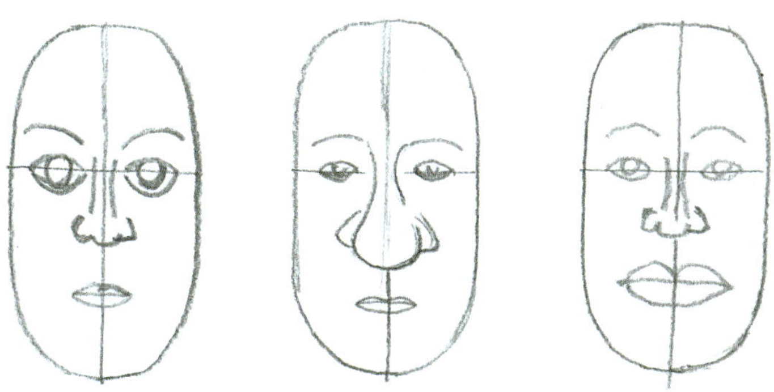

4 Augen, Mund, Nase, Kinn oder Stirn, was dominiert?

5 Sind die Gesichtszüge markant oder eher unauffällig, sodass eher die Gesichtsfläche ins Auge sticht?

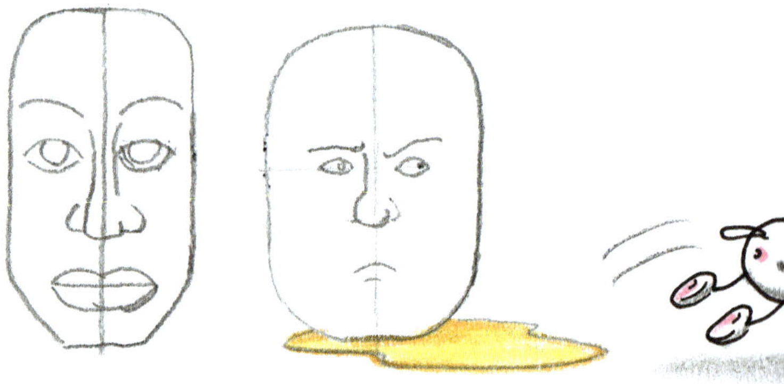

6 Was ist stärker ausgeprägt, die Stirnpartie oder Kiefer und Kinn?

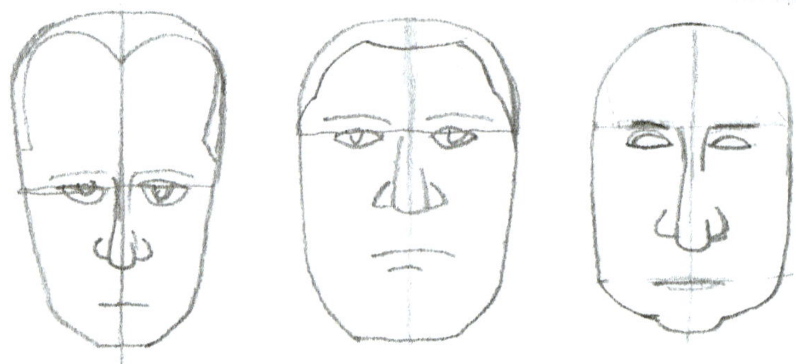

7 Auch sehr charakteristisch ist der Abstand zwischen Nase und Mund …

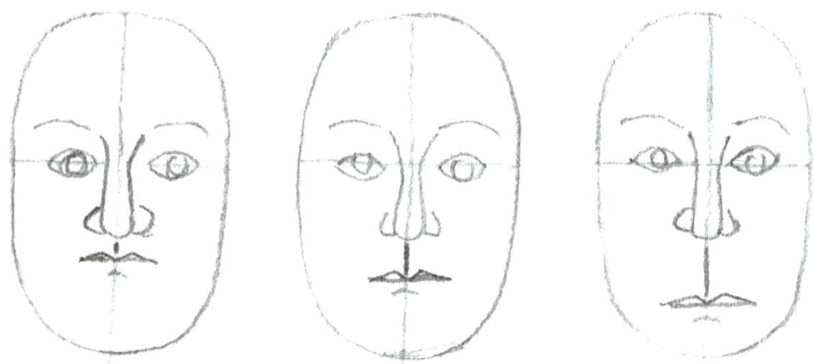

8 … und der Abstand der Augen zur Nasenwurzel.

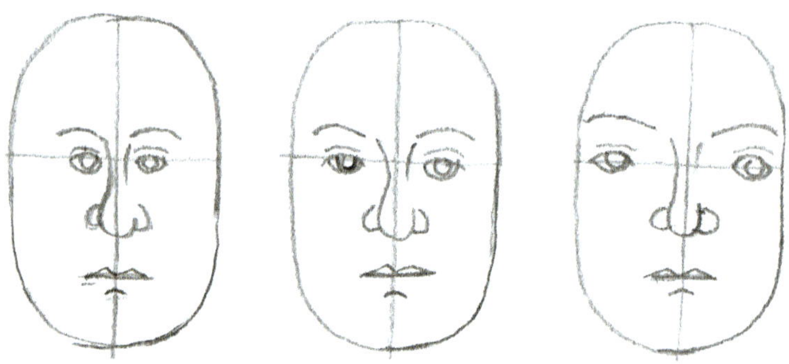

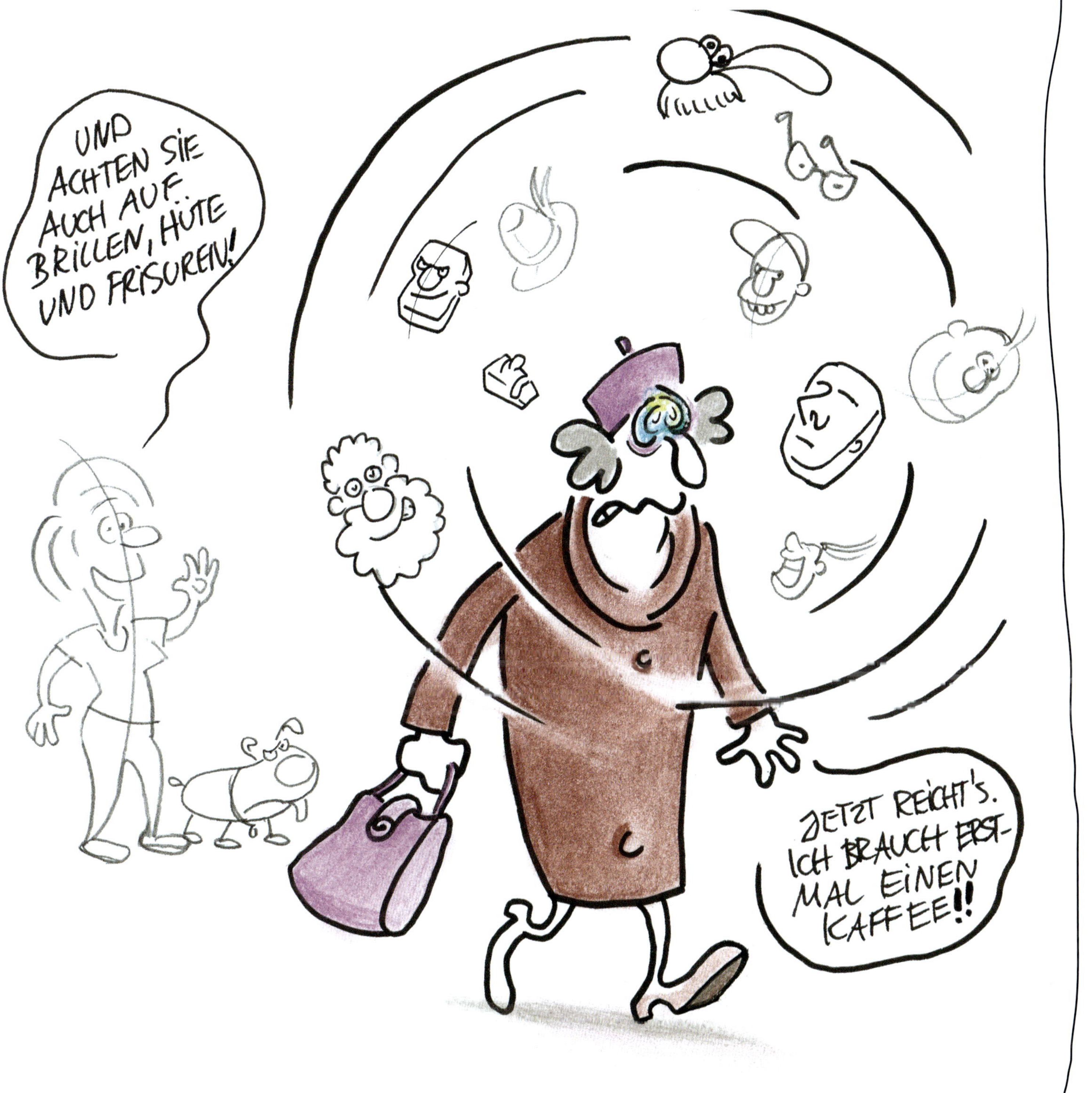
UND ACHTEN SIE AUCH AUF BRILLEN, HÜTE UND FRISUREN!
JETZT REICHT'S. ICH BRAUCH ERST-MAL EINEN KAFFEE!!

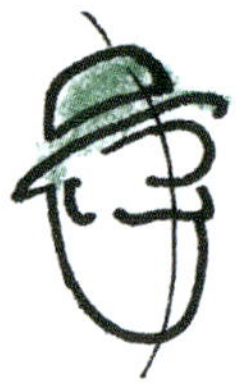

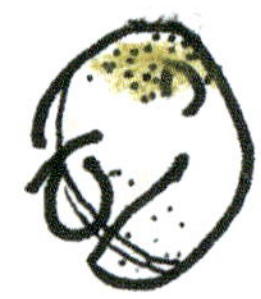

WATCH OUT – KLEINES SEHTRAINING

Wenn Sie bisher wenig gezeichnet haben, setzen Sie sich auf eine Caféterrasse oder an einen anderen Ort, wo Sie entspannt Leute beobachten können. Nicht zeichnen, nur schauen! Lassen Sie den Blick schweifen und achten Sie darauf, wo er hängenbleibt. Machen Sie sich bewusst, warum.

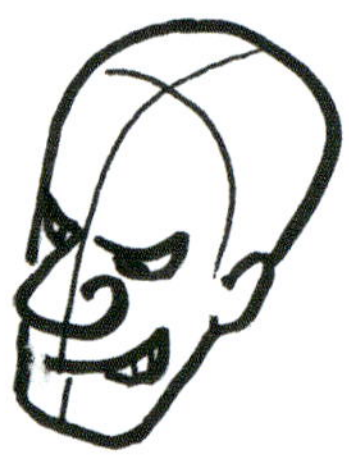

Was fällt Ihnen an der Person auf? Die Frisur, ein komischer Hut, eine große Nase, die Augen, der finstere Gesichtsausdruck, die Körperhaltung ... Es kann alles Mögliche sein. Was Ihnen da ins Auge springt, ist später die Grundlage für die Karikatur, bei der man das Augenfällige einsetzt und verstärkt und alles, was nicht so prägnant ist, weglässt.

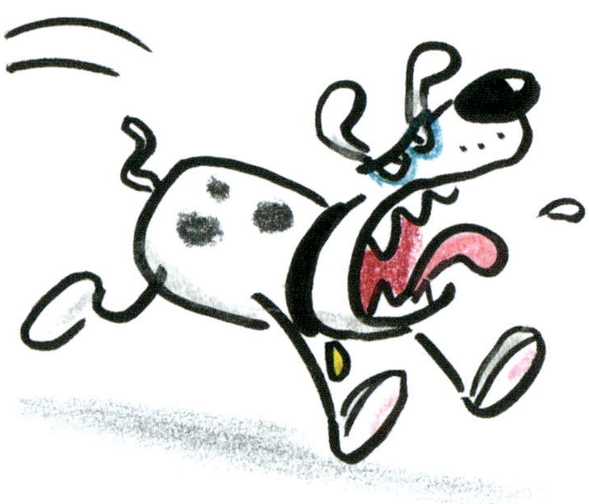

DER NÄCHSTE BITTE

In der freien Wildbahn hetzen die Leute von einem Ort zum anderen. Man muss oft schnell sein, in der Wahrnehmung und später dann in der Umsetzung. Sehen Sie sich nicht an einer Person fest. Lassen Sie los, sobald die nächste in Ihr Gesichtsfeld tritt und machen Sie sich erneut bewusst, was Ihnen auffällt. Und wieder loslassen ... So trainieren Sie Ihr Gehirn, nur das Wesentliche zu speichern und sich nicht in Details zu verlieren.
Und wenn es zu viel wird, gönnen Sie sich eine kleine Pause und schließen Sie die Augen.

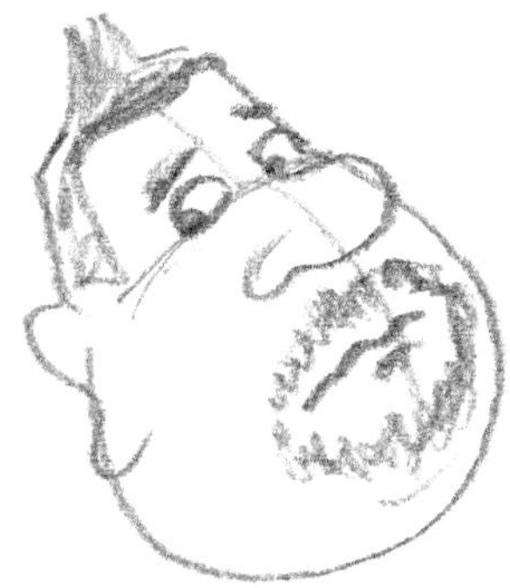

HARDWARE & SOFTWARE

Wir bestehen aus einer Melange aus Hardware (Körperbau, Kopfform, Gesichtsschnitt und Gesichtszüge) und Software (Ausdruck, Mimik, Körperhaltung, Gestik). Das macht den Gesamteindruck einer Person so komplex, dass es einen am Anfang oft überfordert, das Wesentliche vom Unwesentlichen zu unterscheiden.

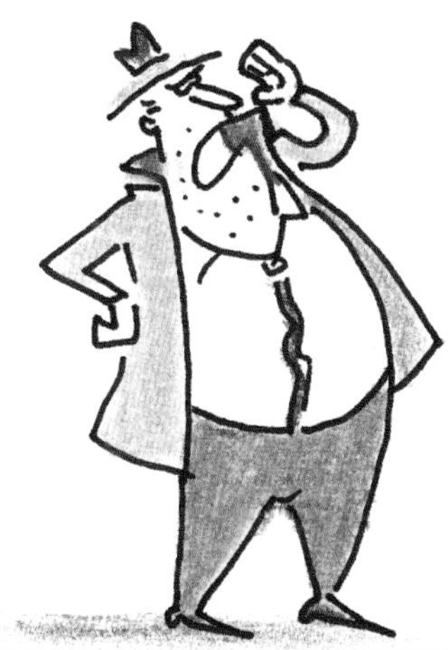

KÖRPERBAU & CO

Deshalb schalten Sie im zweiten Teil dieser Übung in einen aktiveren Modus und wählen selber, auf welches Detail des Körpers Sie Ihre Aufmerksamkeit richten. Konzentrieren Sie sich beispielsweise eine Weile nur auf alle an Ihnen vorüberziehende Nasen – dick, rot, schmal, stupsig ... Dann wechseln Sie zu einem anderen Körperteil. So arbeiten Sie sich Schritt für Schritt durch die gesamte Anatomie und vergleichen Haaransätze, Körperhaltungen, Münder, Unterkiefer, Frisuren ... Wodurch unterscheiden sie sich oder ähneln einander?

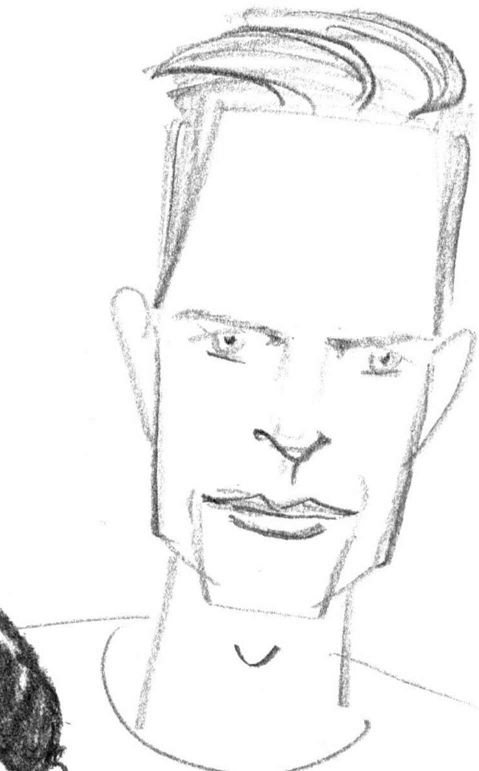

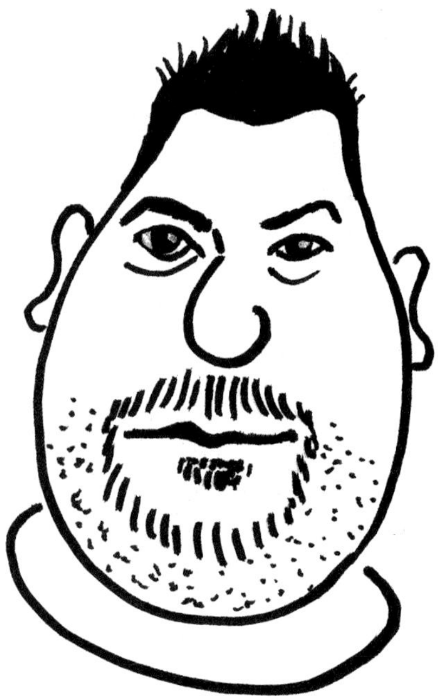

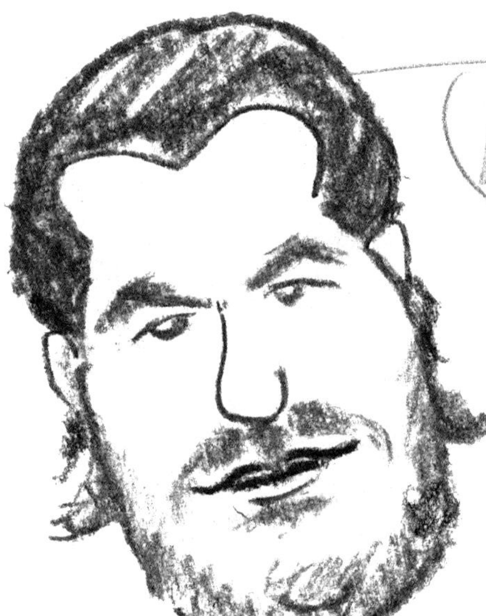

Massig erkennt sich nur, wenn es etwas Zartes zum Vergleich hat. Groß wird sich seiner Größe nur neben etwas Kleinerem bewusst. Durch Vergleichen lernen wir zu erkennen und einzuordnen, was wir sehen.

Und wenn Ihre Aufmerksamkeit nachlässt, hören Sie auf. Sie müssen nicht den gesamten Körper auf einmal durchgehen. Lieber immer mal wieder. Diese beiden Übungen sollte man bei jeder sich bietenden Gelegenheit wiederholen, damit sich die Eindrücke in der Datenbank des Gehirns verankern können.

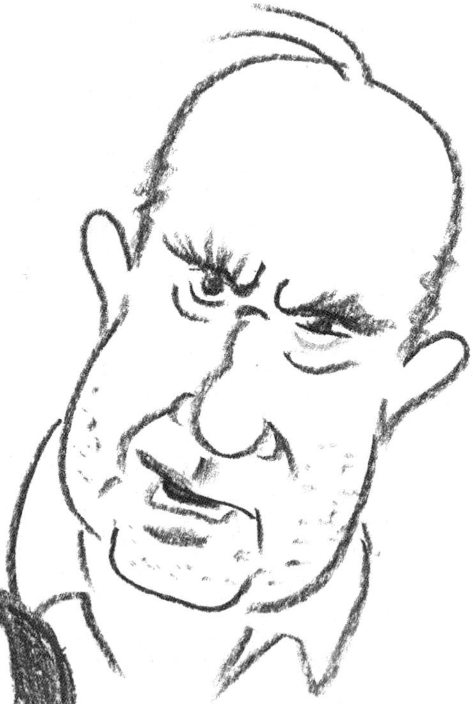

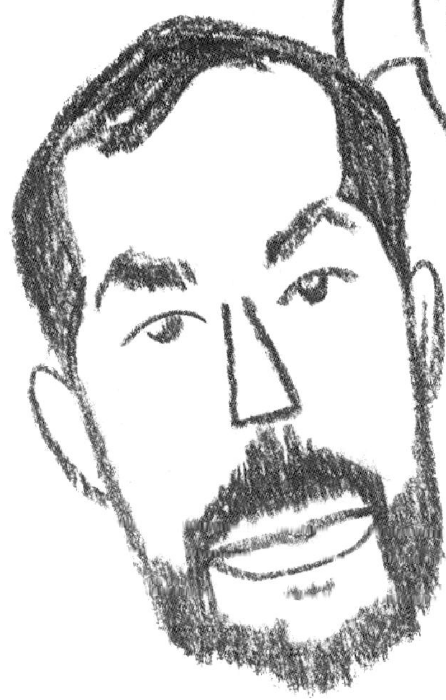

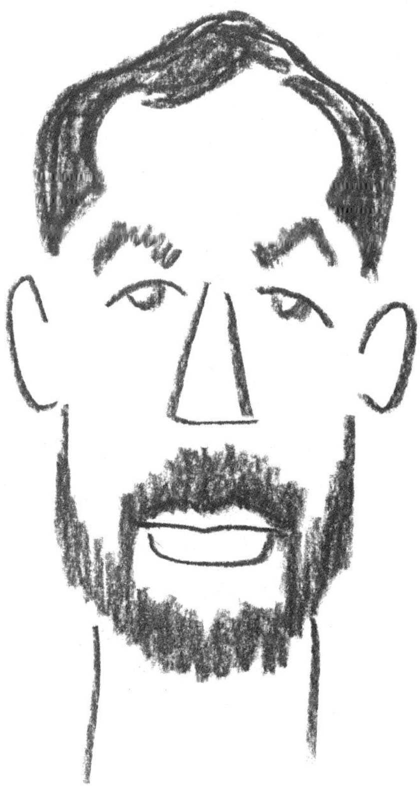

NIE WIEDER LANGEWEILE

Ödes Hocken in Wartezimmern, nerviges Schlangestehen oder frustriertes Warten auf den Bahnsteigen der Deutschen Bahn – vorbei! Ab jetzt sind das alles Gelegenheiten für aktives Sehtraining. Statt in einer Zeitschrift zu blättern oder aufs Handy zu schauen, studieren Sie Ihre Leidensgefährt:innen.

PROFIL ZEIGEN

Ein Profil ist eine klare Sache: Stirnpartie, Nase, Mund, Kinn, Halsansatz, Hinterkopf. Was fällt Ihnen auf? Zuerst geht es um eine bewusste Bestandsaufnahme und um Ihren persönlichen Blick. Nur was SIE sehen, können Sie zeichnen. Fangen Sie dort an, wo Ihre Aufmerksamkeit hingeht.

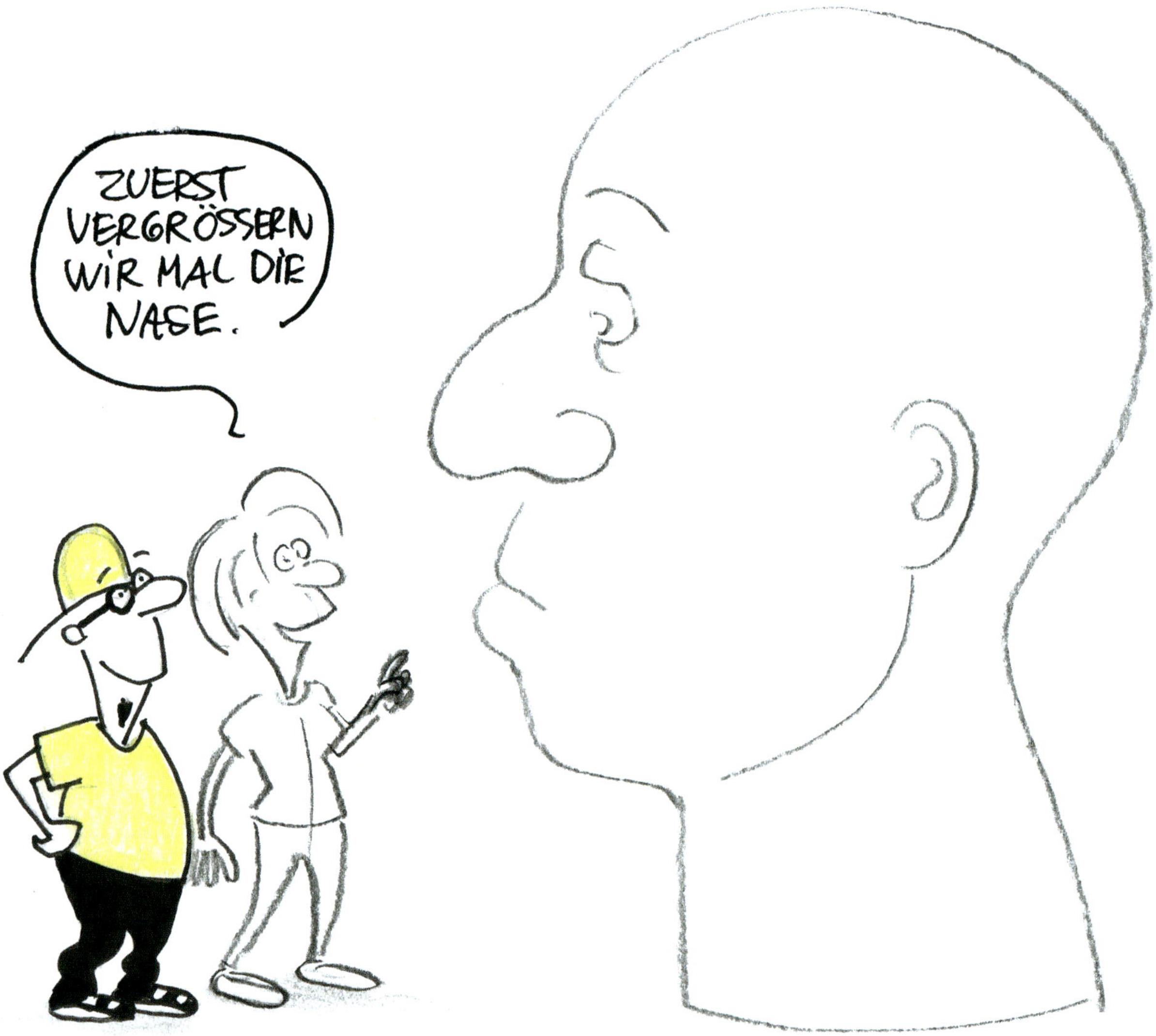

Stellen Sie sich den Kopf als verformbare Tonskulptur vor und drücken, ziehen, dellen Sie, wie es der Kopf Ihnen vorgibt: Eine knollige Nase wird noch knolliger, ein ausladender Hinterkopf wölbt sich noch stärker, ein schmallippiger Mund wird zum Strich. Und wenn Ihnen etwas nicht wichtig erscheint, lassen Sie es erst mal weg.

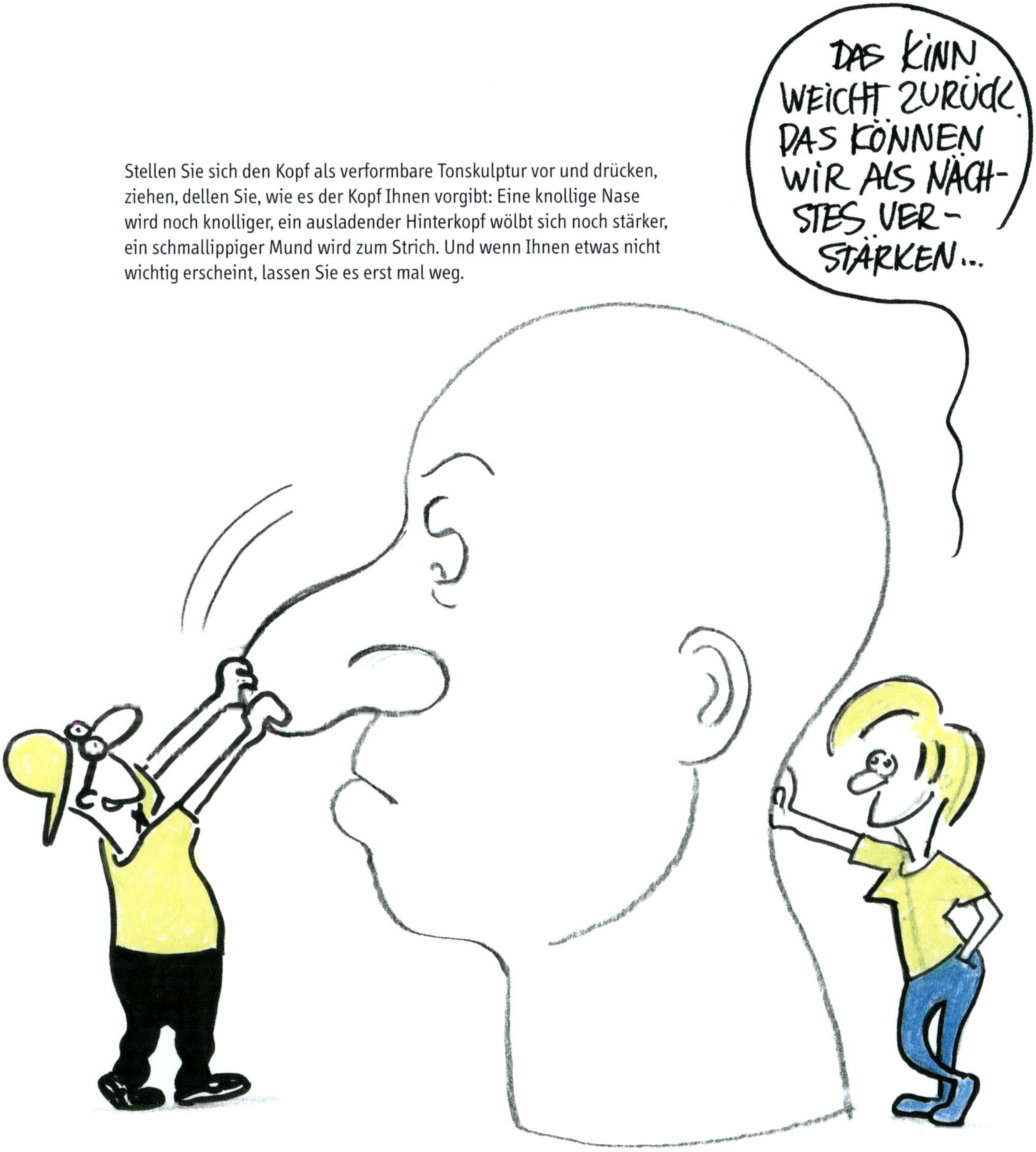

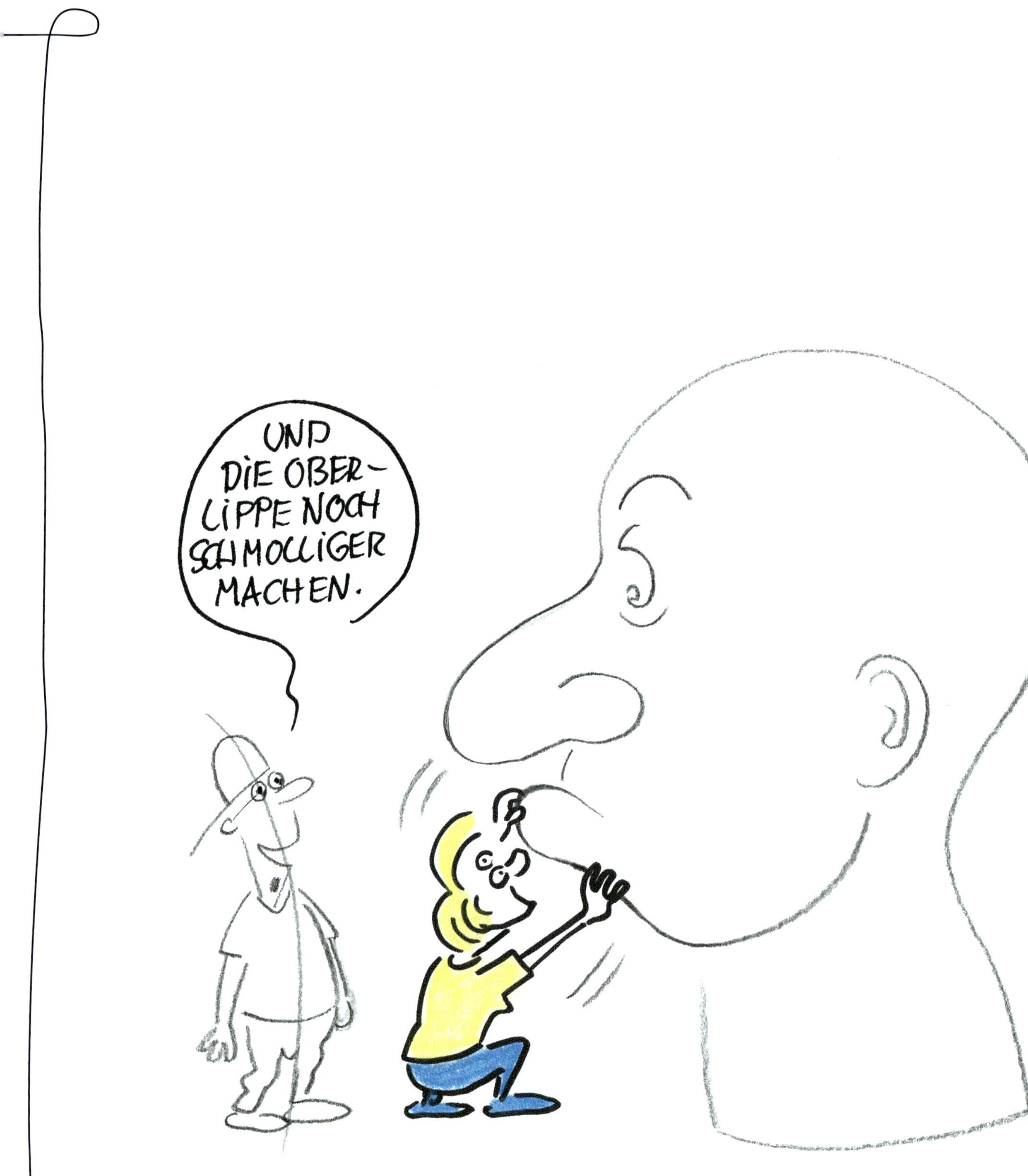
UND DIE OBER-LIPPE NOCH SCHMOLLIGER MACHEN.

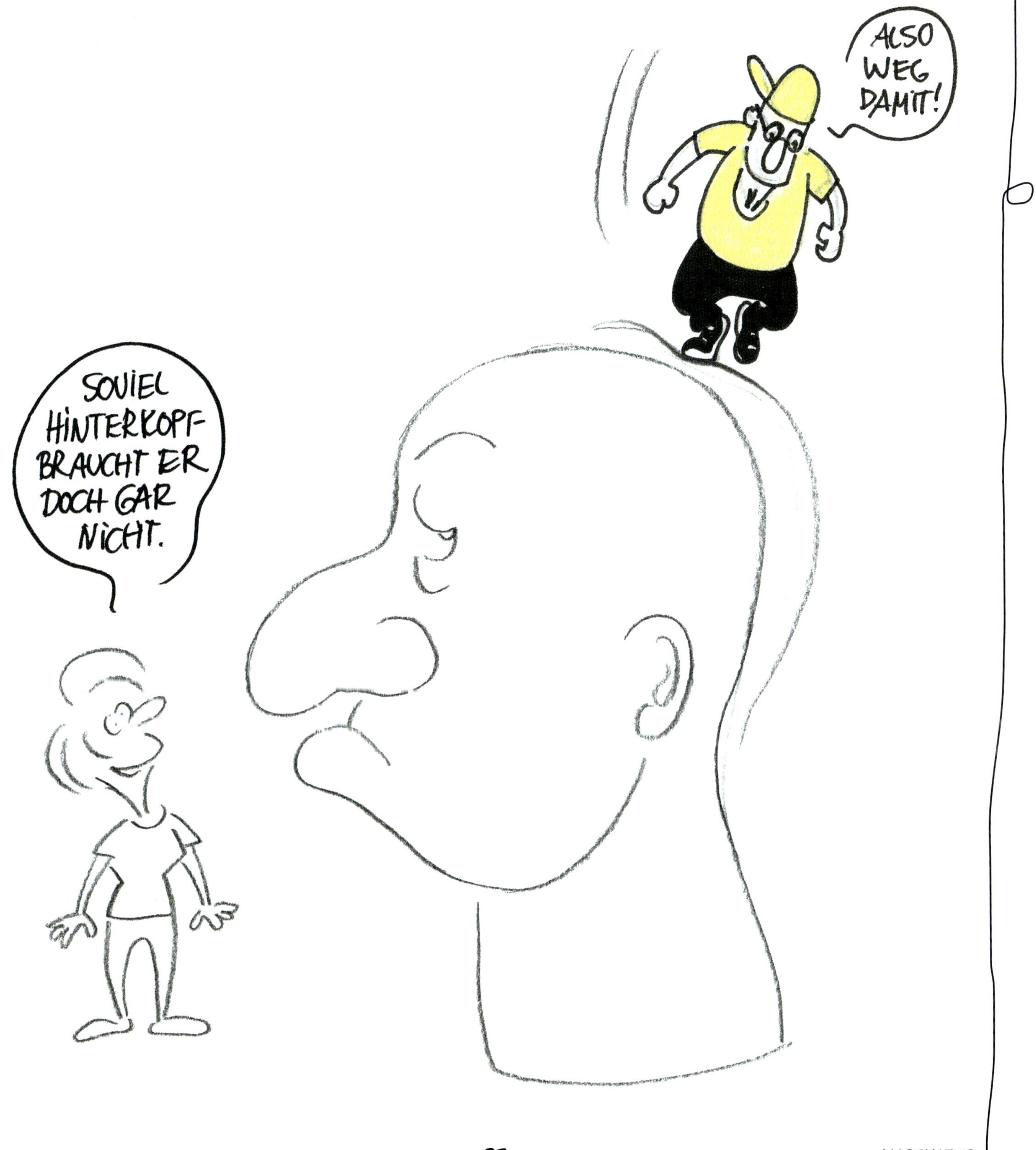
ALSO WEG DAMIT!
SOVIEL HINTERKOPF BRAUCHT ER DOCH GAR NICHT.

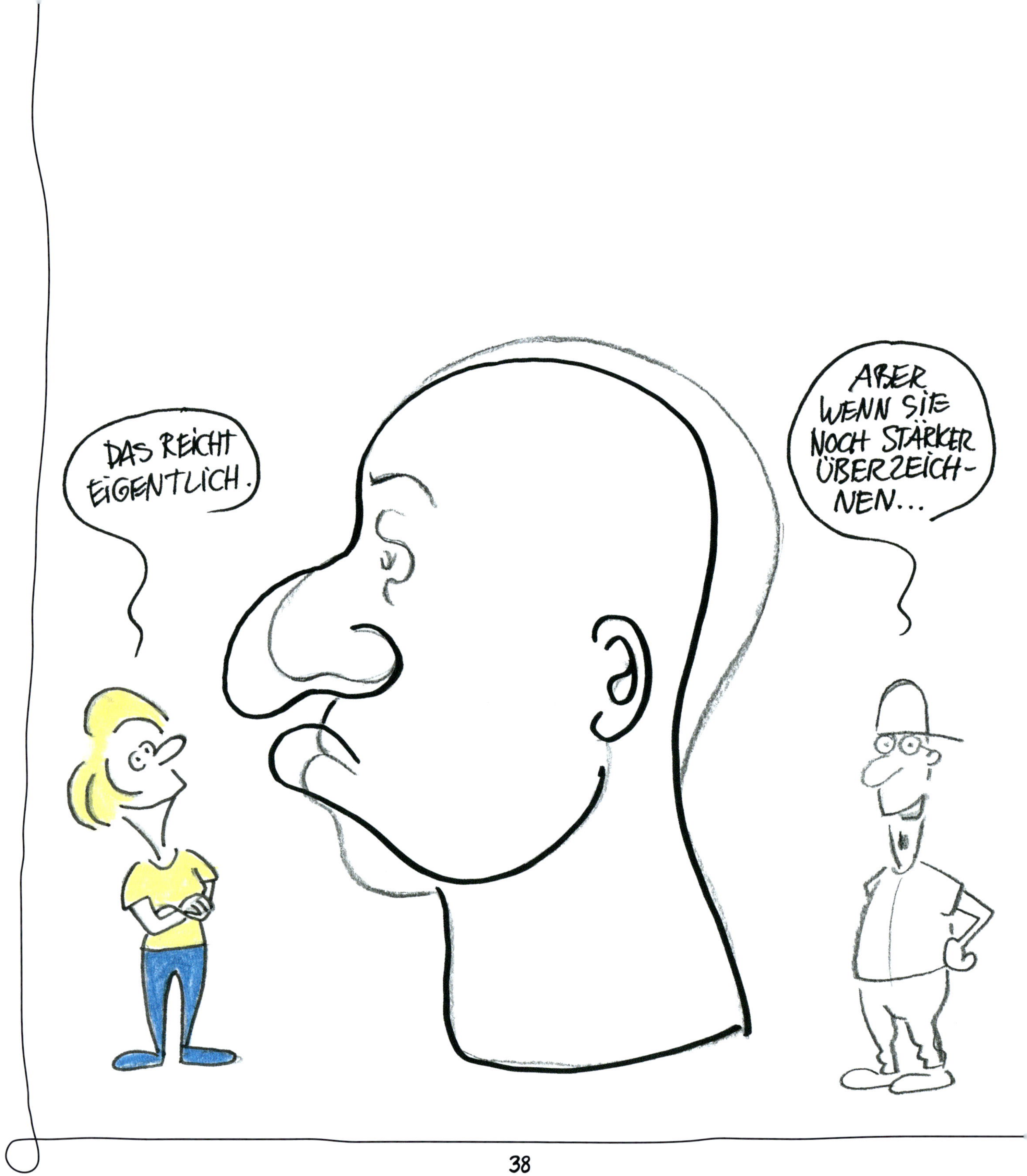
DAS REICHT EIGENTLICH.
ABER WENN SIE NOCH STÄRKER ÜBERZEICHNEN...

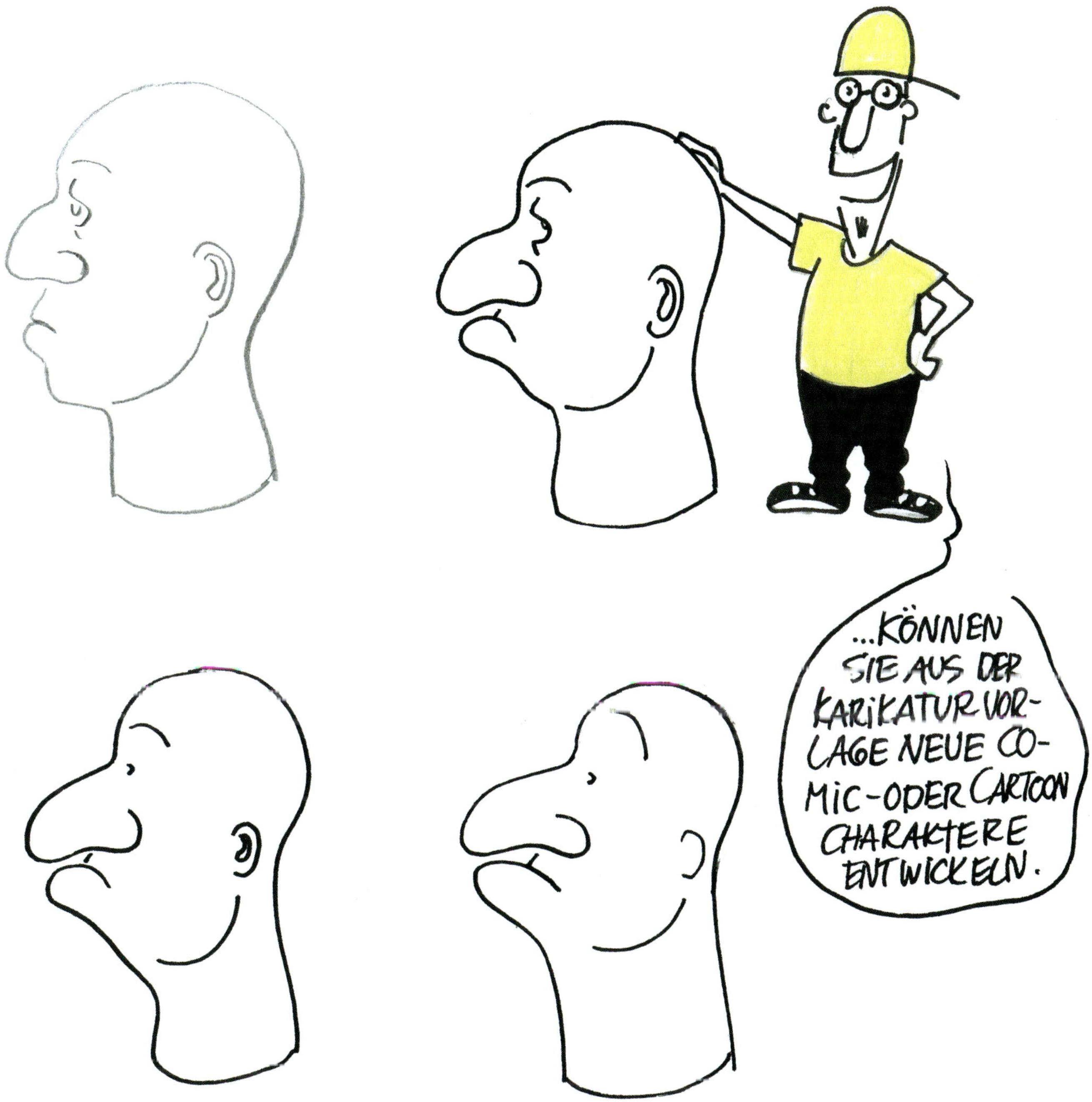
...KÖNNEN SIE AUS DER KARIKATURVOR-LAGE NEUE CO-MIC-ODER CARTOON CHARAKTERE ENTWICKELN.

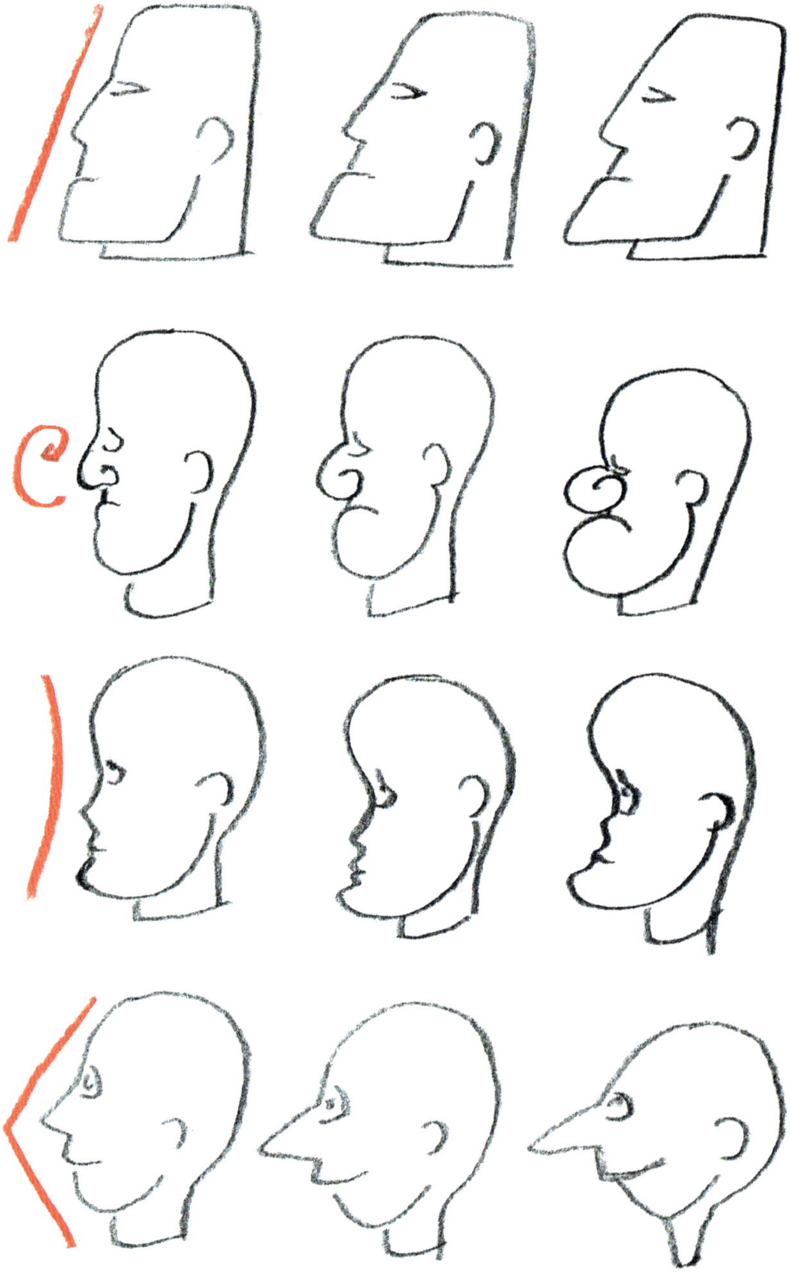

SCHRÄGE STIRN, KECKES KINN

Klassische Profile sind selten. Viel häufiger trifft man auf gewisse Auffälligkeiten. Durch eine zurückweichende Stirn und einen starken Unterkiefer entsteht beispielsweise eine Schräglage, die Sie verstärken können. Eine gewölbte Stirn und ein vorspringendes Kinn erwecken manchmal den Eindruck, das Profil würde sich nach innen biegen. Oder eine spitze Nase gibt die Richtung vor. Lassen Sie sich davon anregen.

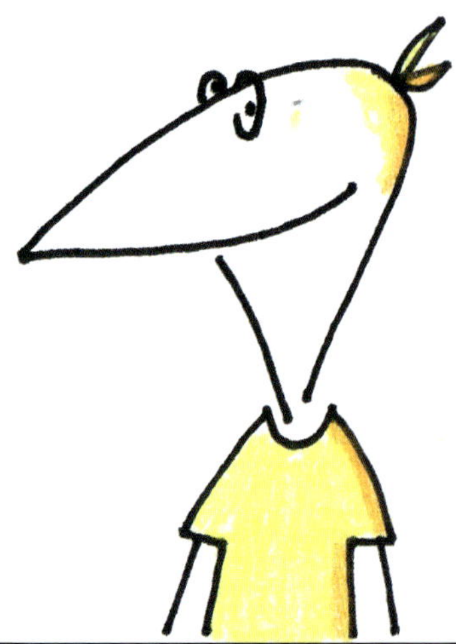

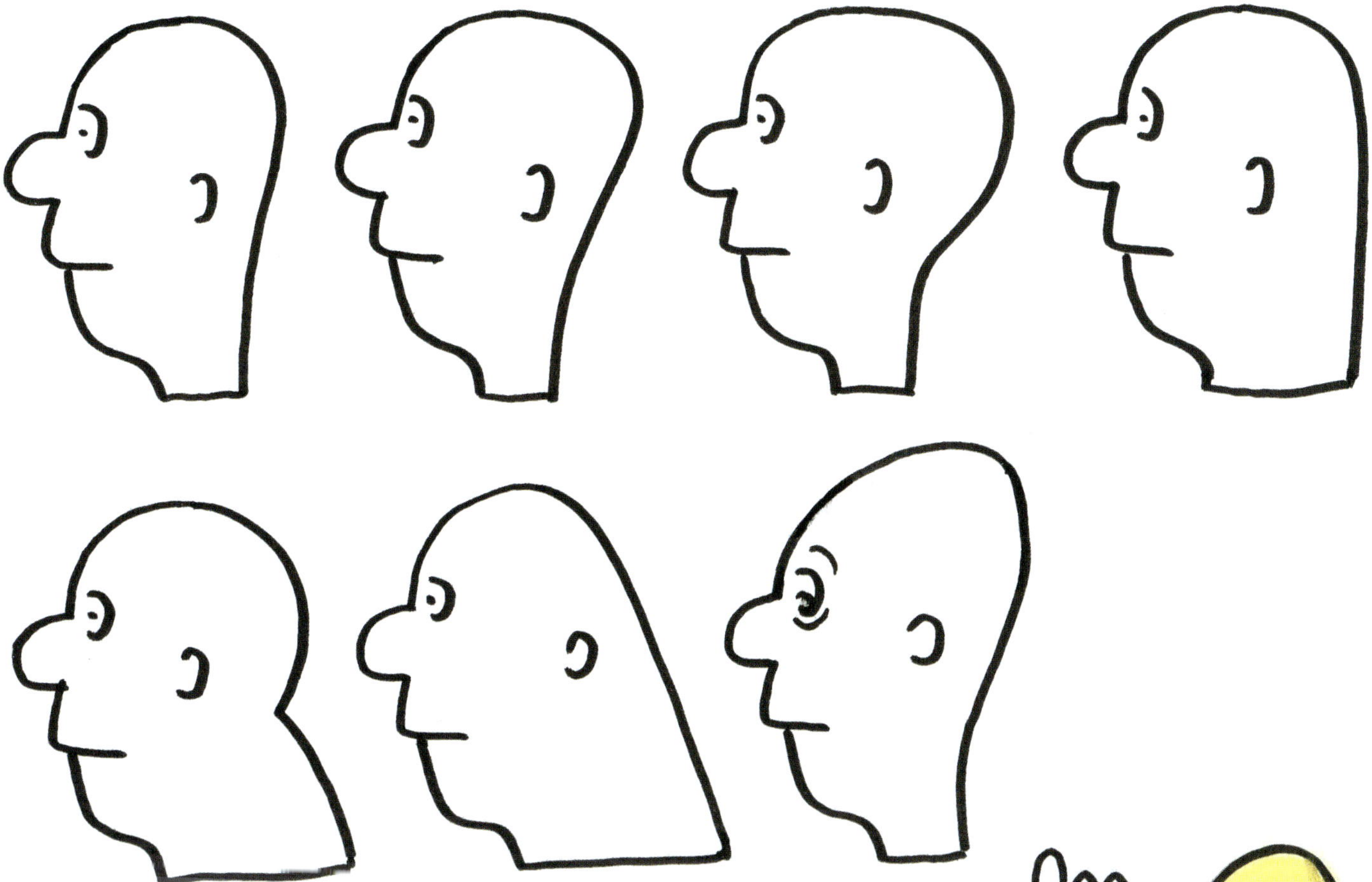

ALLES IN EINEM

Auch die Form des Hinterkopfs kann bei Karikaturen im Profil wichtig sein. Wie Sie sehen, können Hinterkopf und Halsansatz den Typus total verändern. Haare oder Kopfbedeckungen lassen sich oft mit dem Schädel zu einer vereinfachten und prägnanten Kontur zusammenfassen.

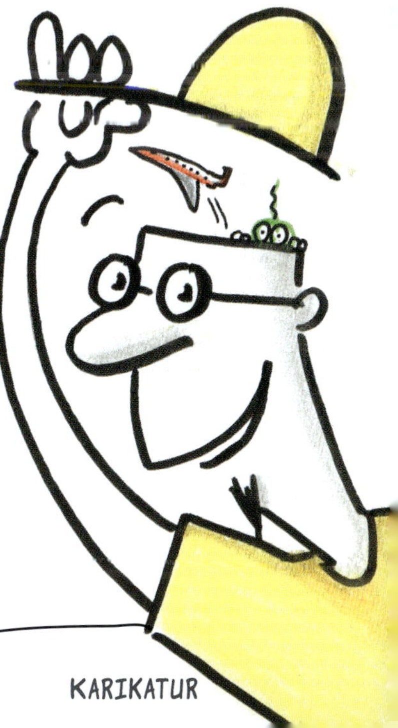

ALLES WAS STILLHÄLT

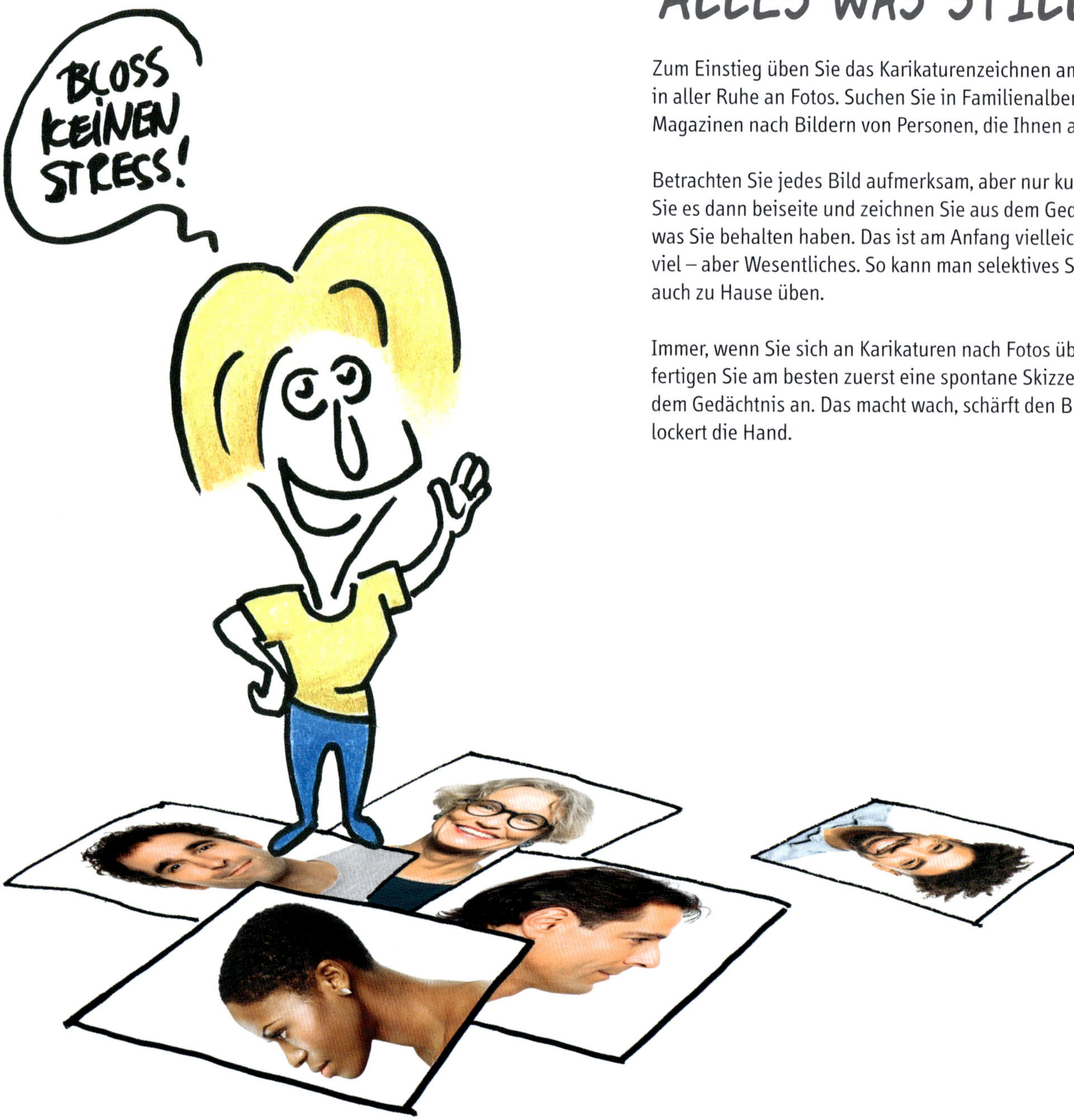

Zum Einstieg üben Sie das Karikaturenzeichnen am besten in aller Ruhe an Fotos. Suchen Sie in Familienalben oder Magazinen nach Bildern von Personen, die Ihnen auffallen.

Betrachten Sie jedes Bild aufmerksam, aber nur kurz, legen Sie es dann beiseite und zeichnen Sie aus dem Gedächtnis, was Sie behalten haben. Das ist am Anfang vielleicht nicht viel – aber Wesentliches. So kann man selektives Sehen auch zu Hause üben.

Immer, wenn Sie sich an Karikaturen nach Fotos üben, fertigen Sie am besten zuerst eine spontane Skizze aus dem Gedächtnis an. Das macht wach, schärft den Blick und lockert die Hand.

RÖNTGENBLICK

Eine auffällige Nase oder ein breiter Mund fallen sofort ins Auge. Aber was ist mit den Proportionen des Kopfs, der das Ganze zusammenhält?

Hier hilft das Arbeiten mit Transparent-/Butterbrotpapier weiter. Legen Sie ein Blatt Transparentpapier über ein Foto und zeichnen Sie die geometrischen Formen, die Sie am Kopf entdecken können, ein. Oft sind es zwei Formen: Schädel und Kinnpartie. Aber es kann auch etwas anderes sein. Ein Ei? Eine Birne? Ein Halbmond? Achten Sie auf Ihre Assoziationen und machen Sie etwas daraus. Manchmal hilft auch ein Raster, das Sie um den Kopf legen, weiter. Probieren Sie es aus!

Auf dieser abstrakteren Ebene können Sie leichter erkennen, welche Kontraste in einem Kopf stecken und diese verstärken – auf immer neuen Blättern übereinander. So können Sie später die einzelnen Stadien vergleichen und sehen, wodurch eine erkennbare Karikatur daraus wird, oder an welchem Punkt ein Gesicht in ein anderes mutiert.

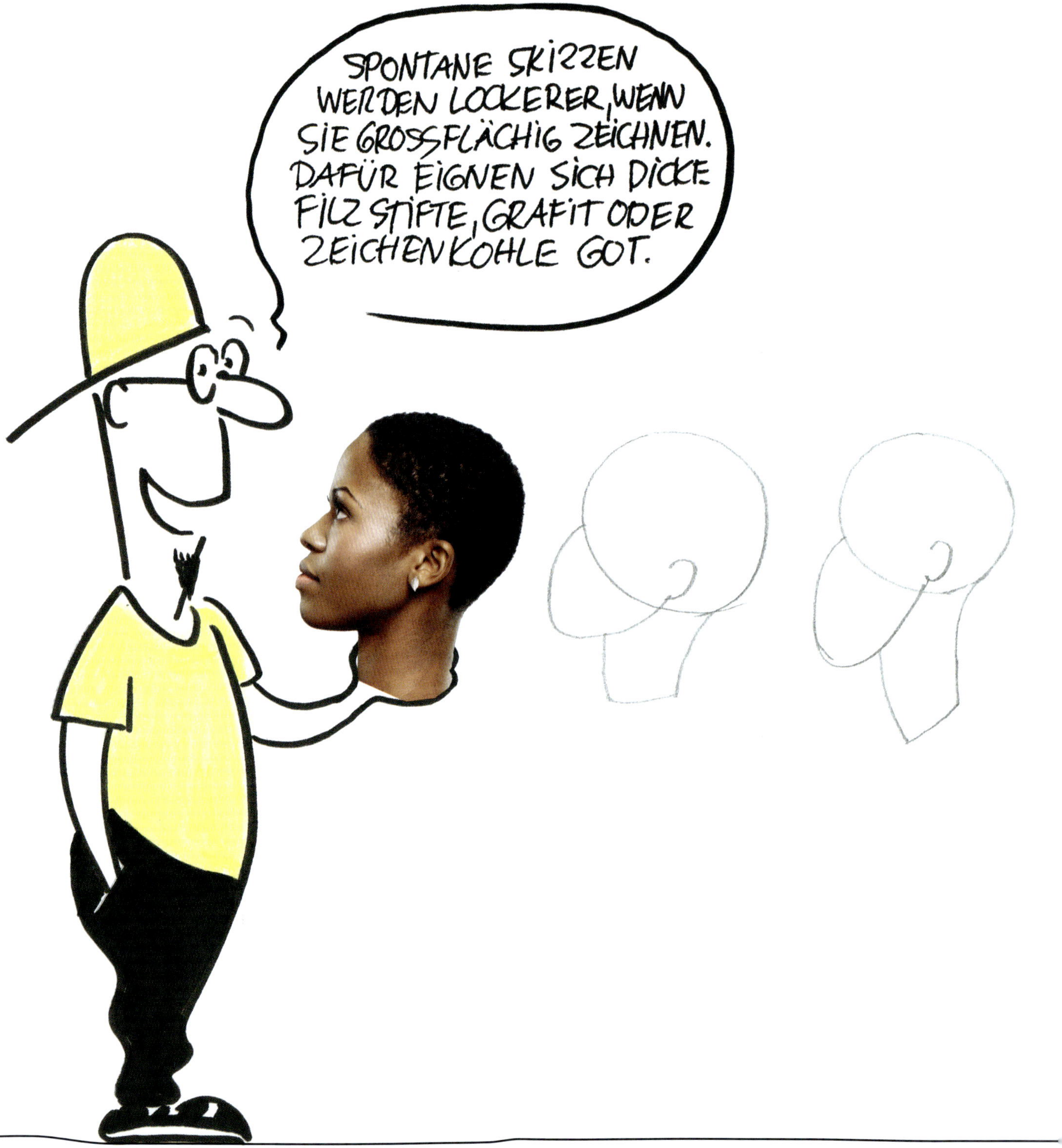
SPONTANE SKIZZEN WERDEN LOCKERER, WENN SIE GROSSFLÄCHIG ZEICHNEN. DAFÜR EIGNEN SICH DICKE FILZ STIFTE, GRAFIT ODER ZEICHENKOHLE GOT.

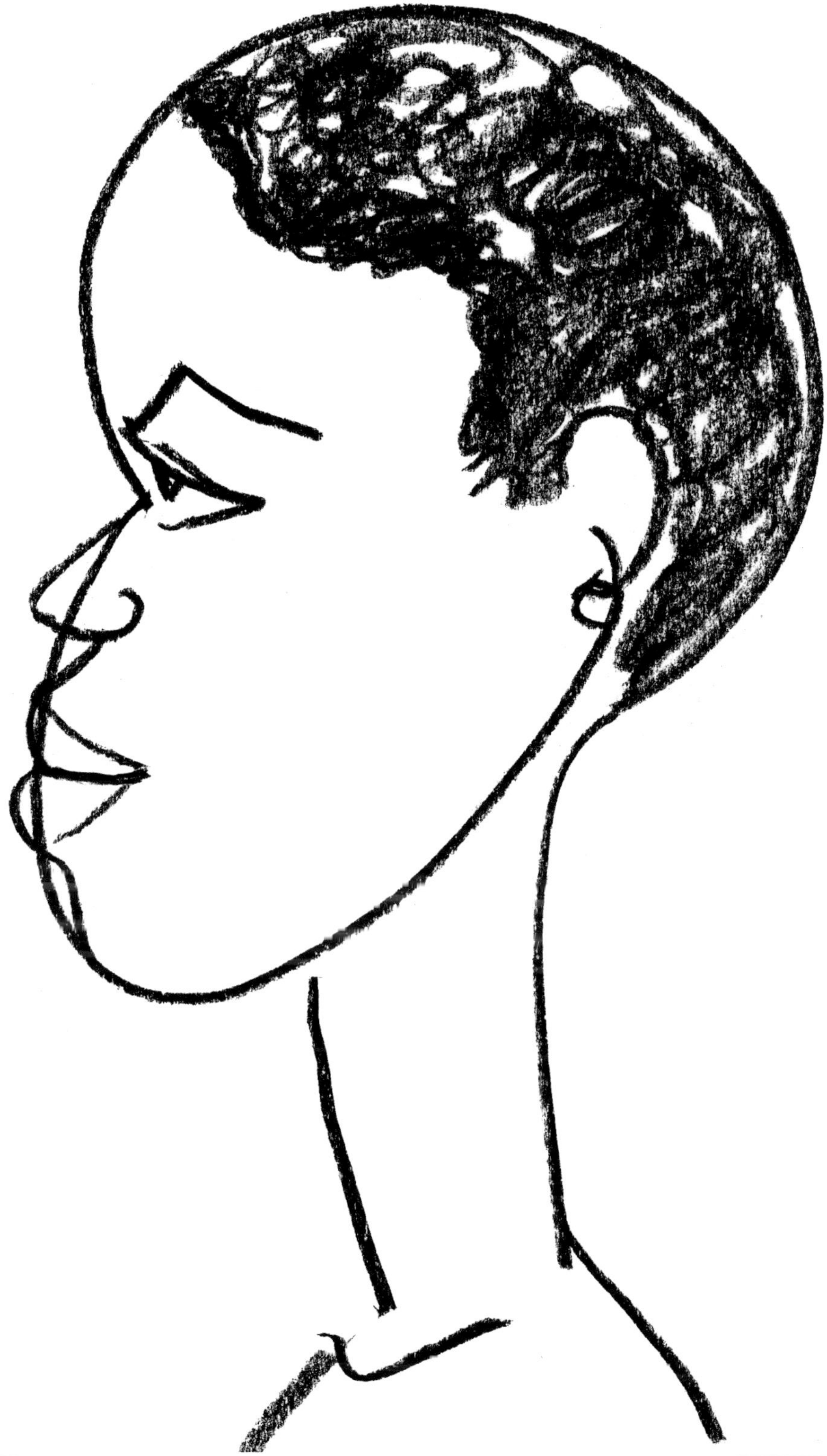

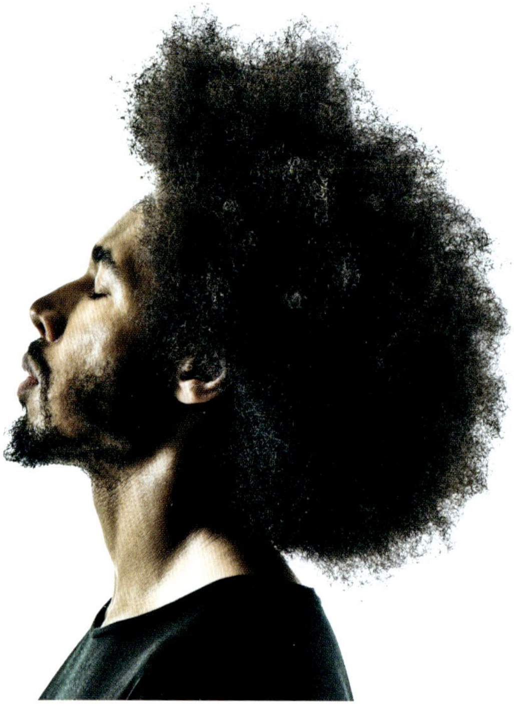

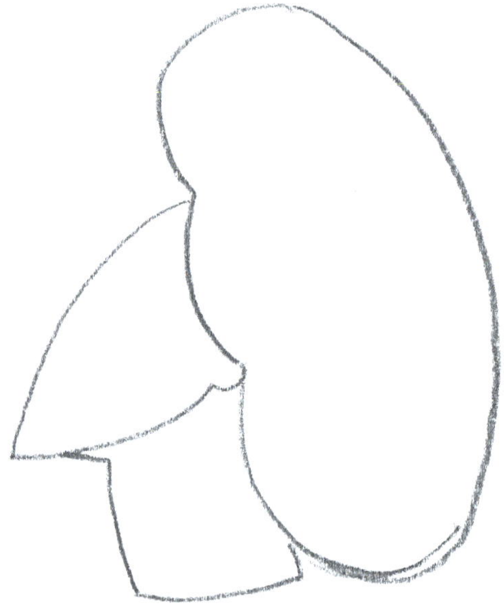

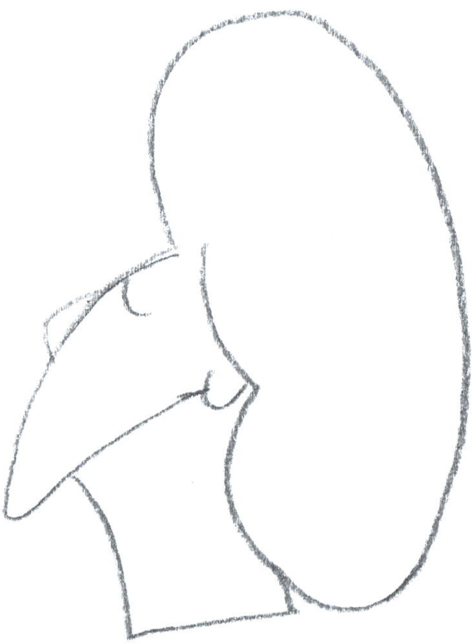

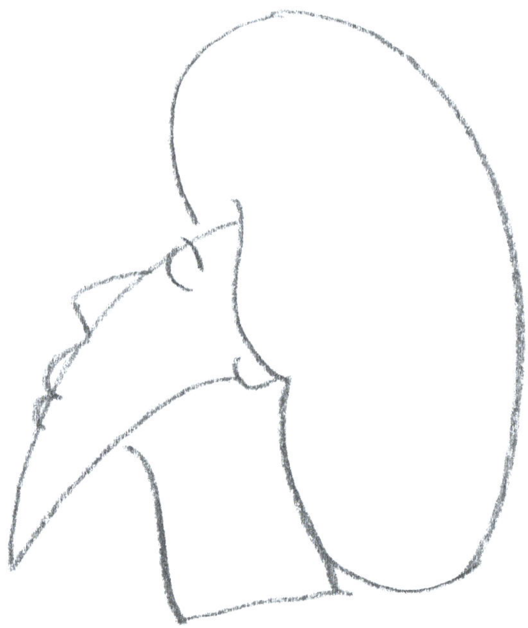

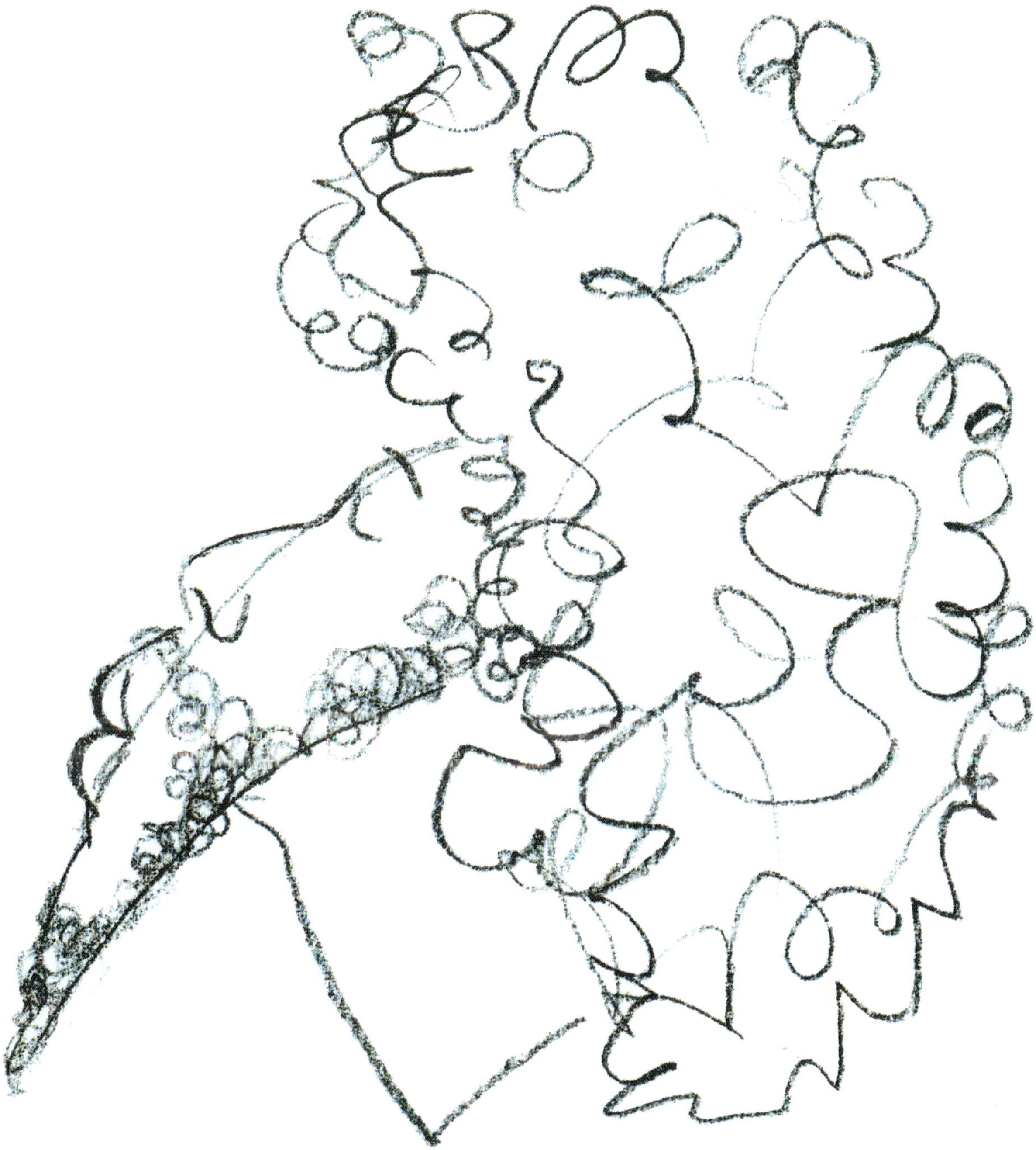

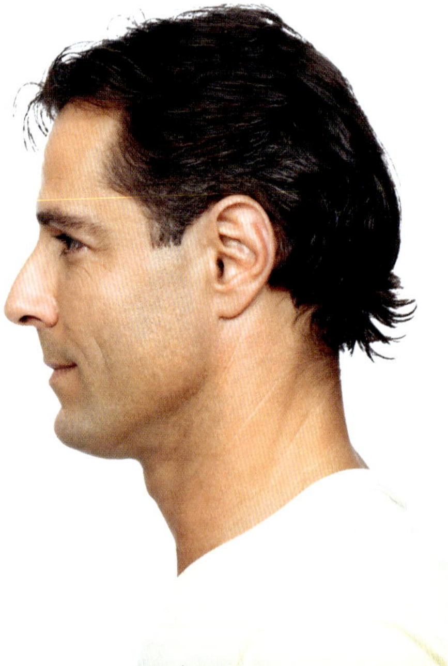

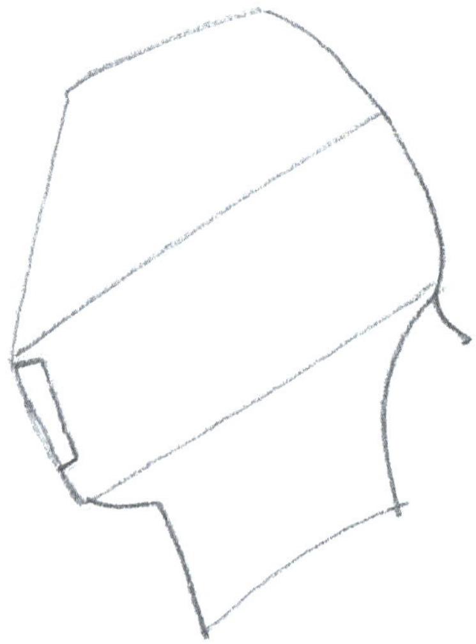

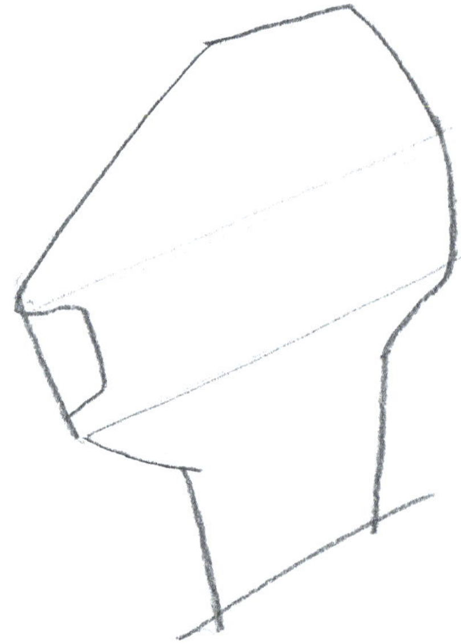

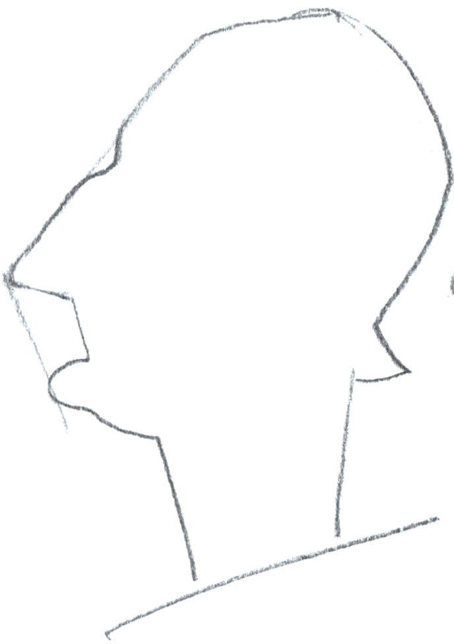

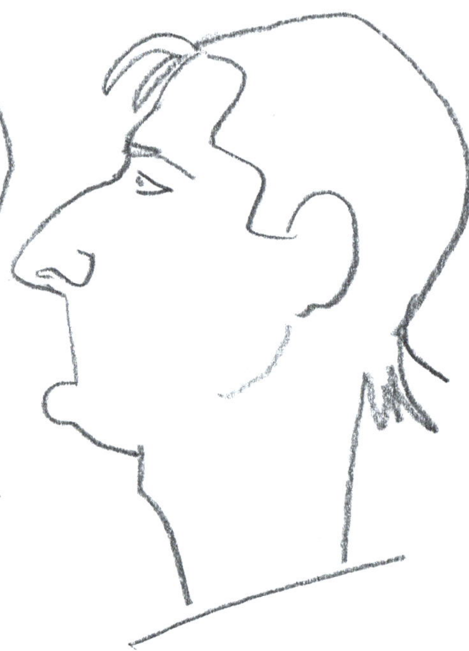

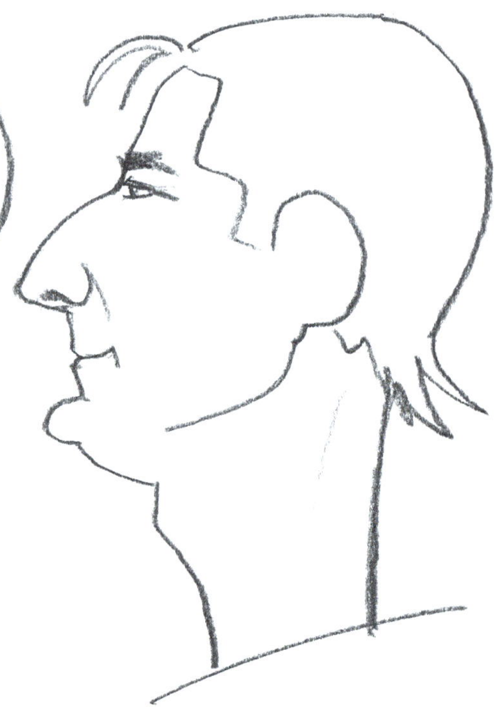

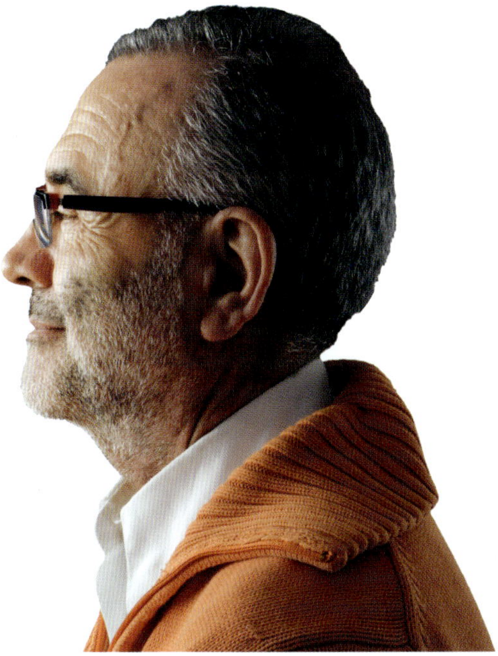

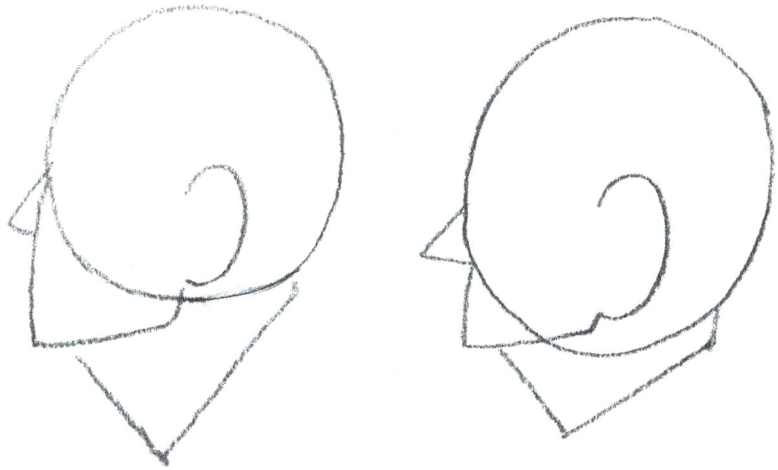

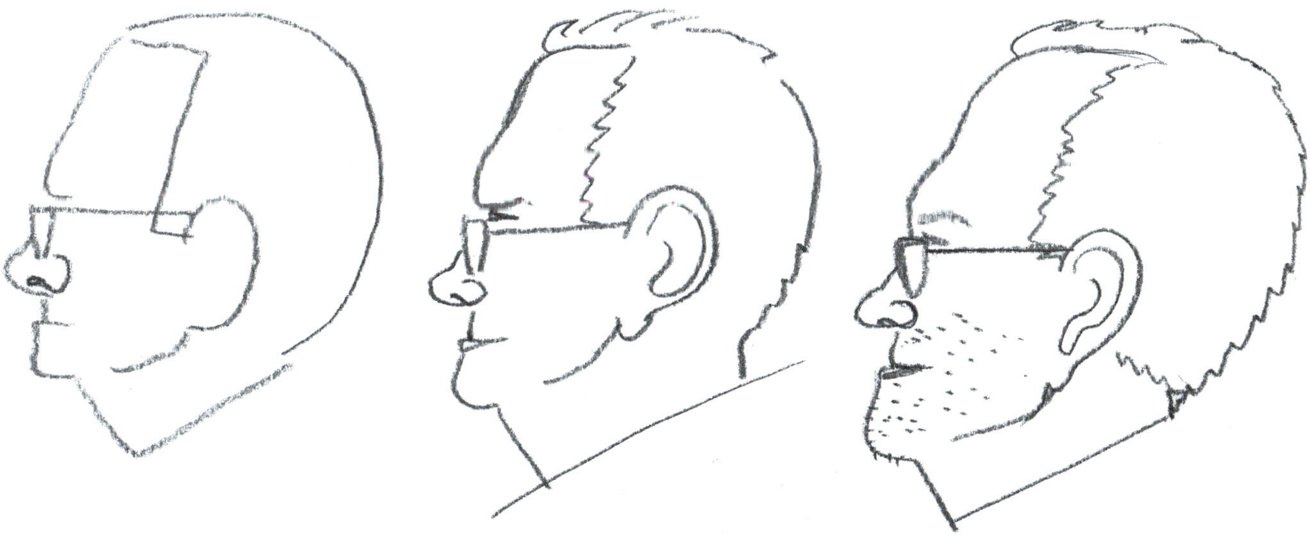

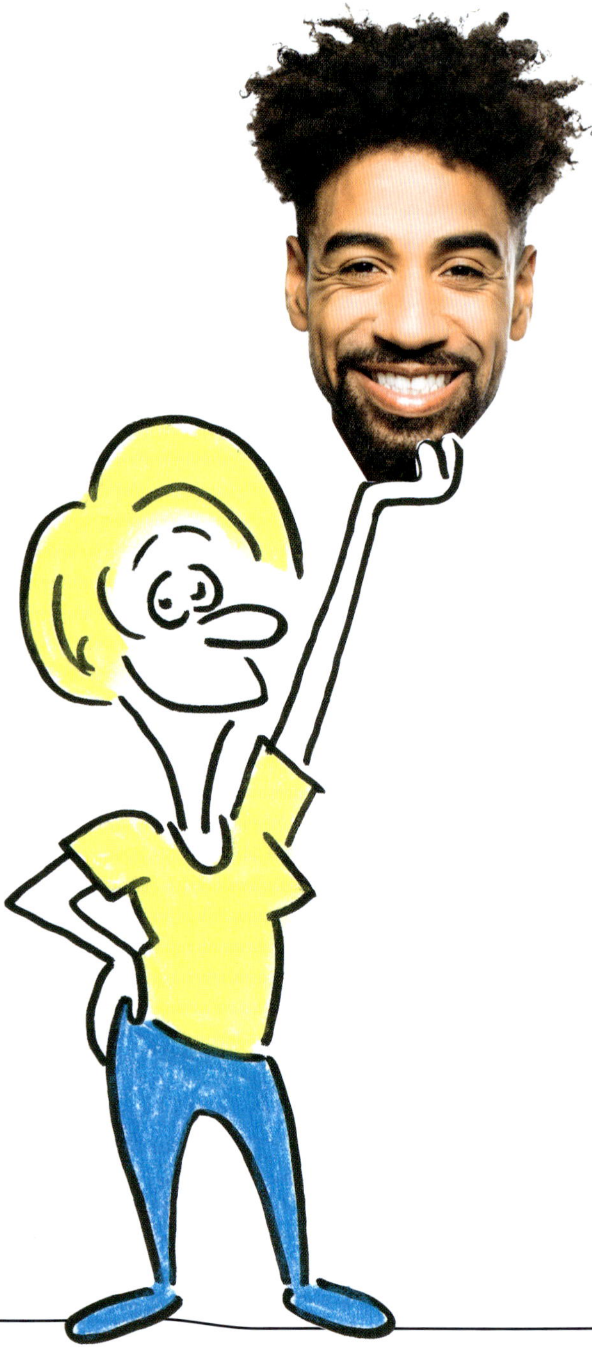

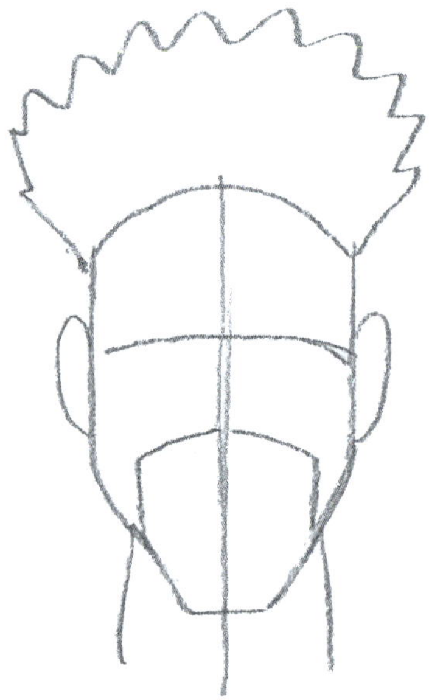

1 Bei Fotos, auf denen das Gesicht frontal von vorn zu sehen ist, können Sie den gesamten Kopfumriss auf Transparentpapier nachzeichnen. Hat der Kopf Ecken und Kanten oder eher Rundungen? Wird er nach oben breiter oder nach unten?

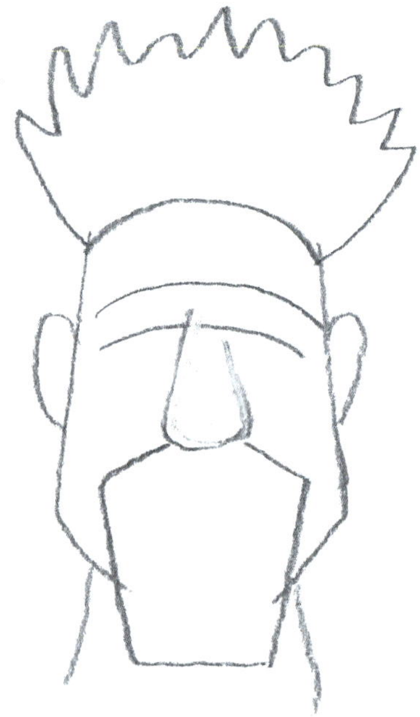

2 Zeichnen Sie auf Augenhöhe eine Trennlinie zwischen oberer und unterer Kopfhälfte ein und vergleichen Sie, was ausgeprägter ist. Dann beginnen Sie, die Gegensätze zu verstärken.

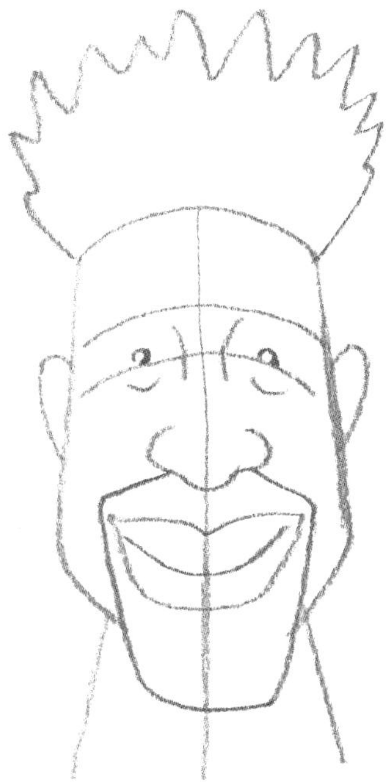

3 Auf der nächsten Papierebene experimentieren Sie mit den Gesichtszügen: vergrößern, verkleinern, vereinfachen. Bei sehr regelmäßigen Gesichtern können Sie sich auch den Gesichtsausdruck vornehmen und ihn überspitzen.

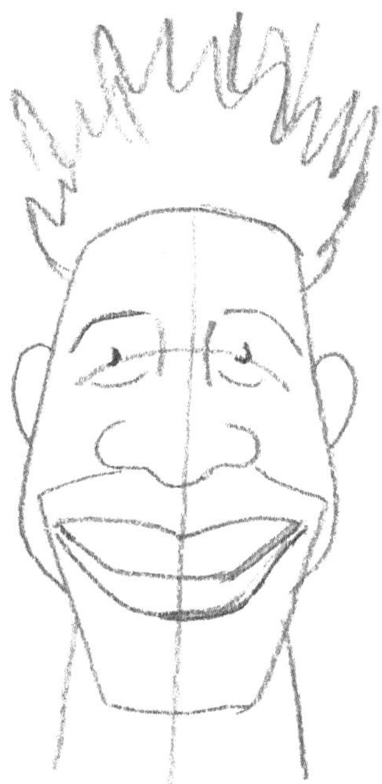

4 Was Ihnen beim Hinsehen nicht besonders auffällt, lassen Sie probeweise weg.

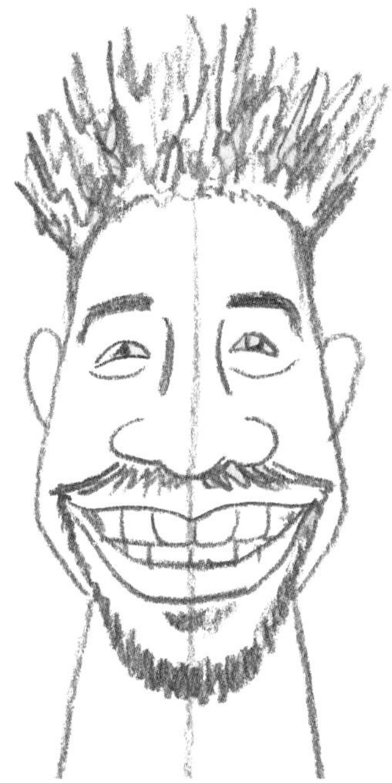

5 Welche Linien sind wirklich wichtig für die Karikatur? Machen Sie verschiedene Versuche und verzichten Sie dabei auf immer mehr Striche. Experimentieren Sie!

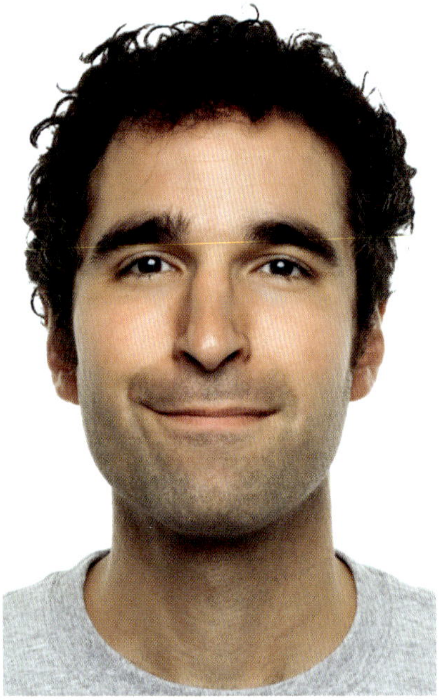

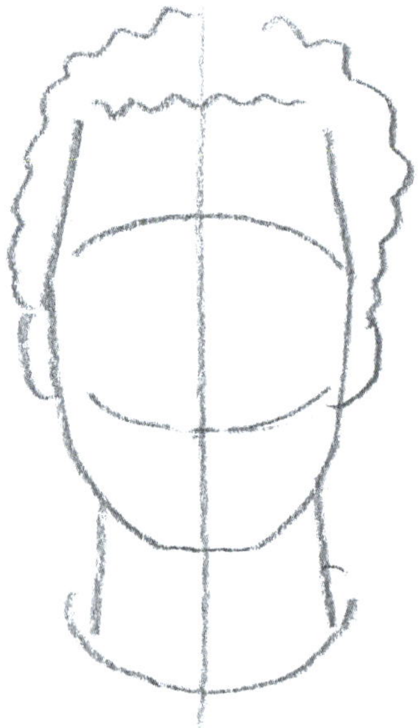

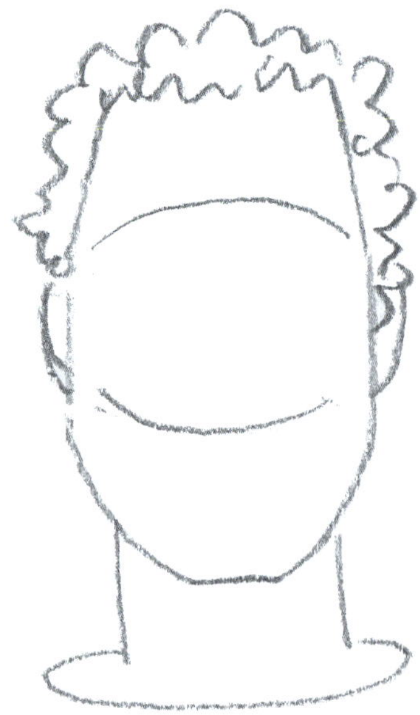

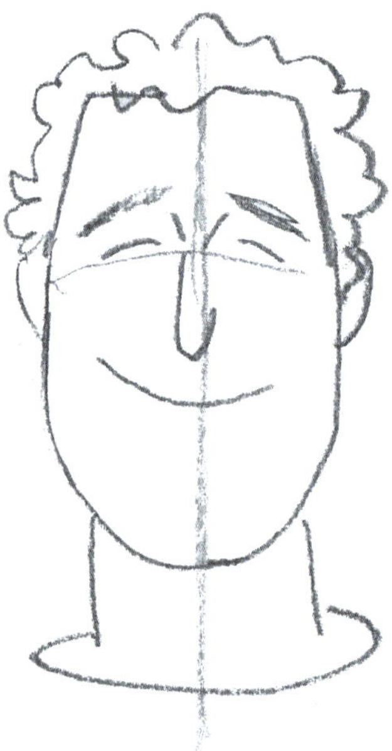

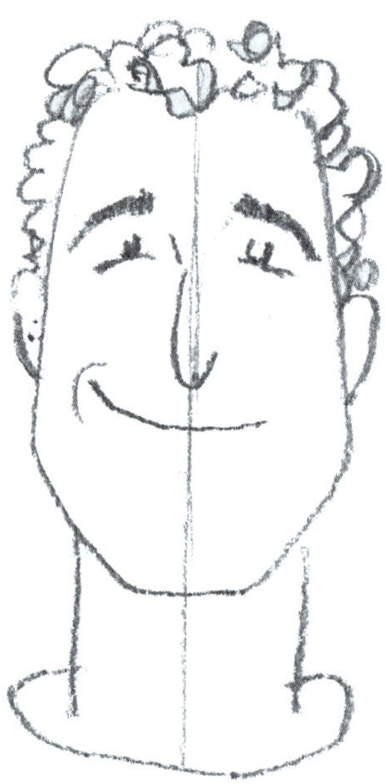

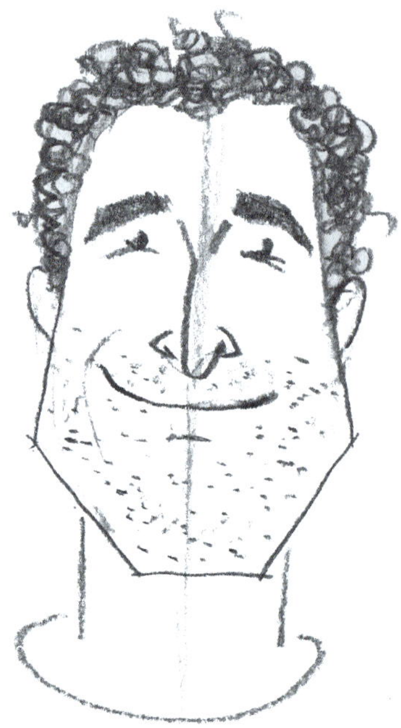

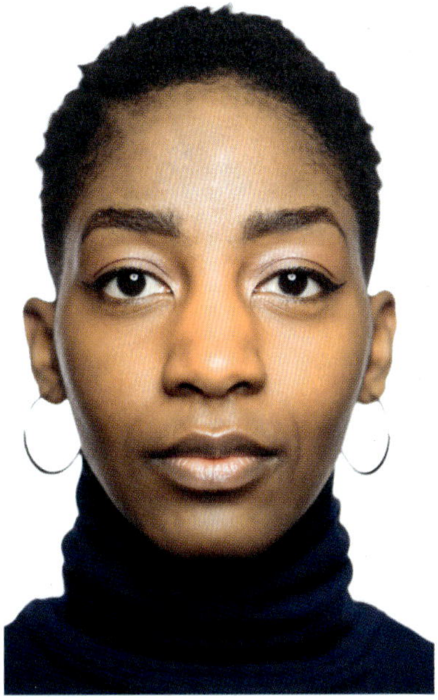

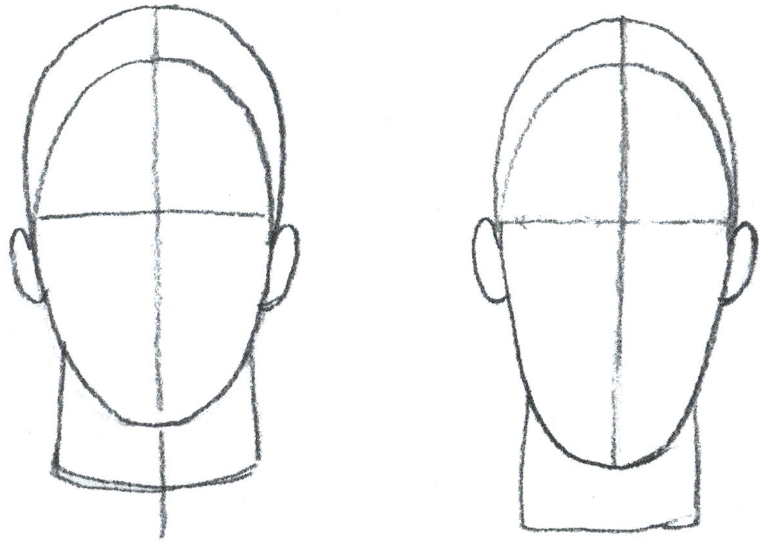

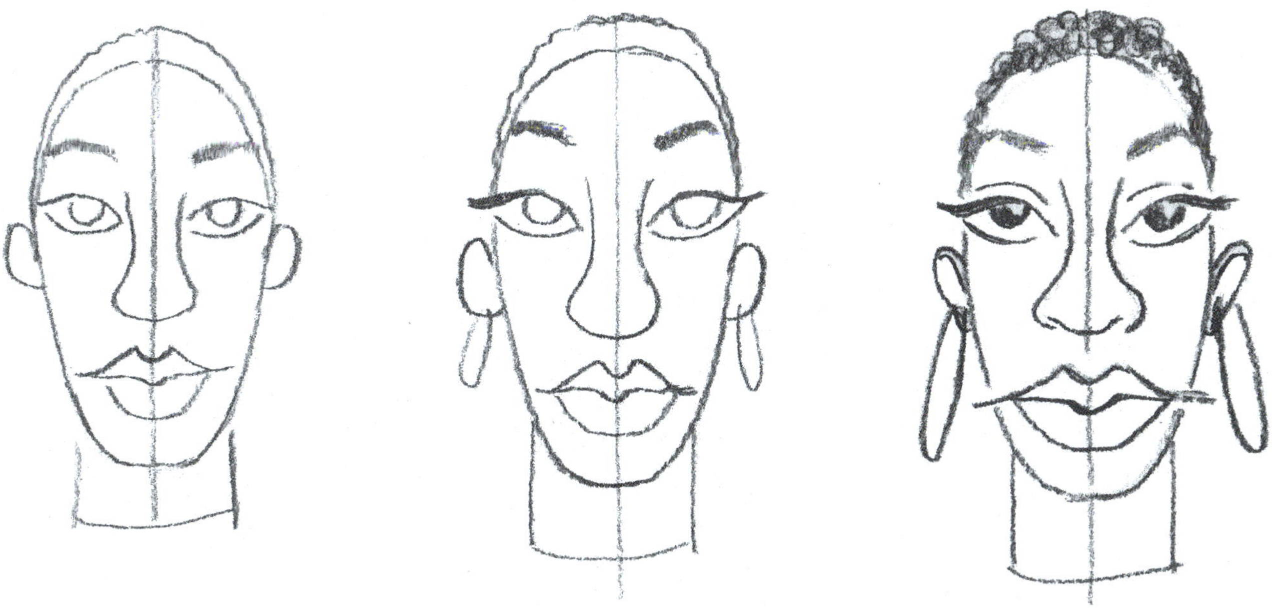

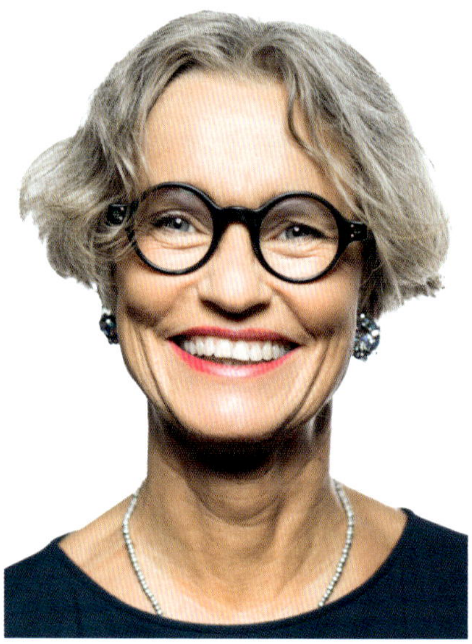

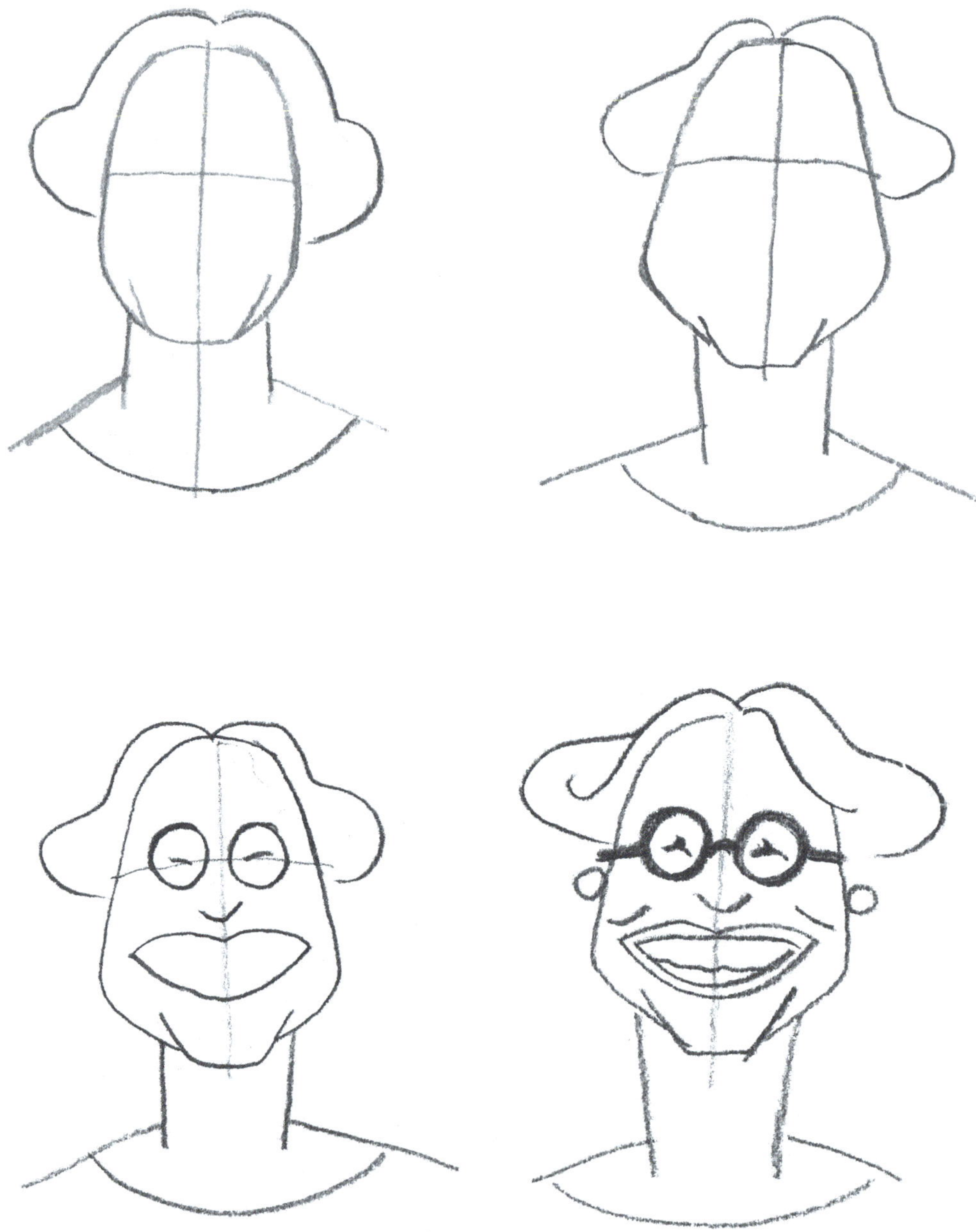

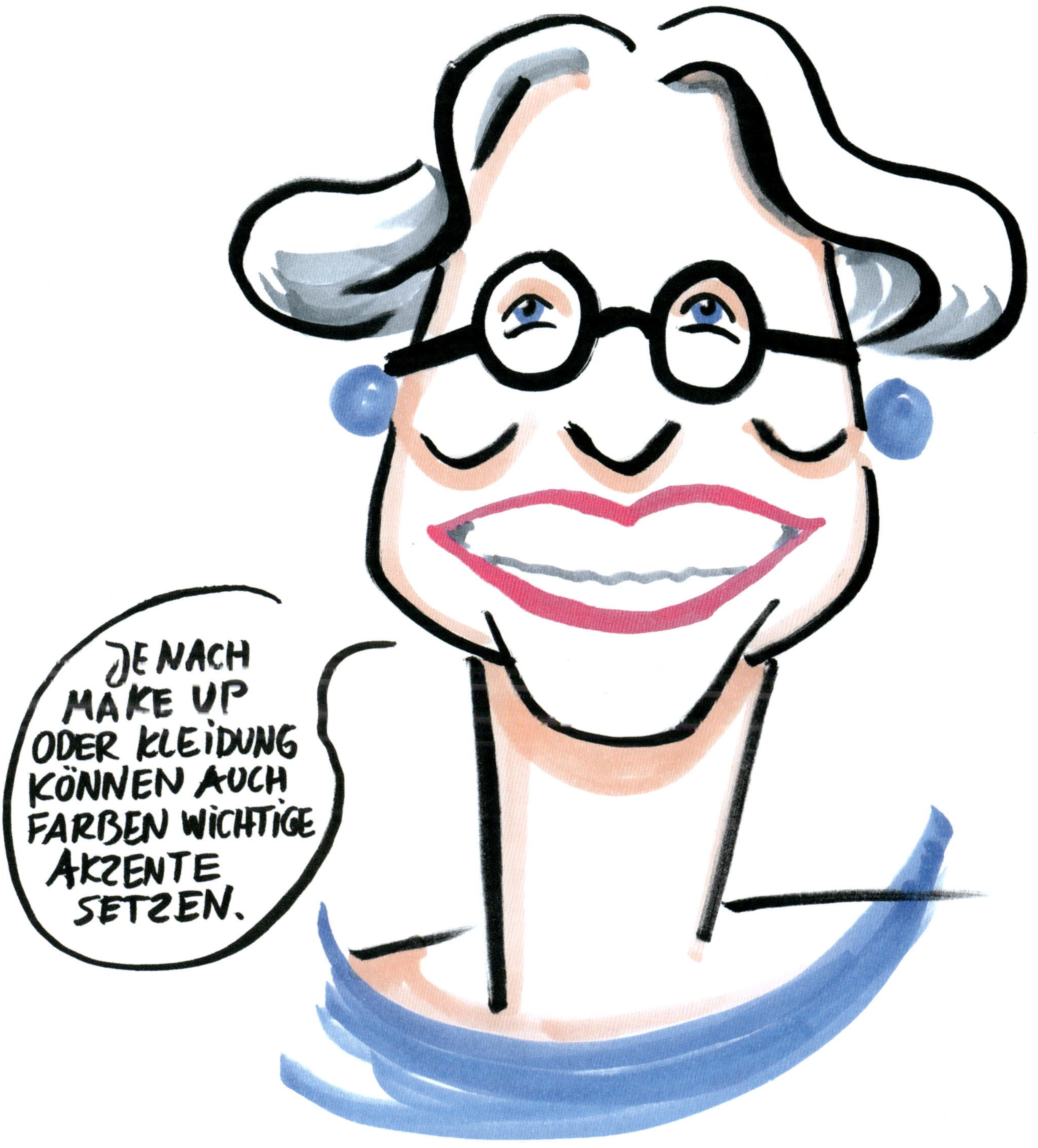
JE NACH MAKE UP ODER KLEIDUNG KÖNNEN AUCH FARBEN WICHTIGE AKZENTE SETZEN.

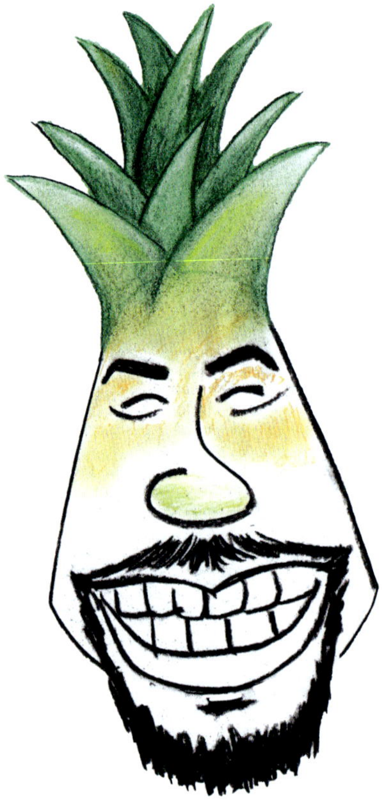

PROBIEREN SIE AUS!

Haben Sie sich ausreichend mit Köpfen auseinandergesetzt, sind Hand und Hirn locker und bereit für assoziatives Arbeiten.

Die einzig wahre Karikatur gibt es nicht, sondern immer nur verschiedene Möglichkeiten und Sichtweisen. Möchten Sie nur ganz leicht überzeichnen oder es auf die Spitze treiben? Versuchen Sie beides!

Experimentieren Sie auch mit unterschiedlichen Zeichenmaterialien: mit Pinsel, Feder, Copic-Marker, Kreiden und verschiedenen Papiersorten. Wenn Sie mögen, auch auf dem Tablet. Bis Sie gestalterisch zufrieden sind und Ihren eigenen Stil gefunden haben.

Gestatten Sie Ihren Assoziationen ruhig etwas Auslauf. Es ist verblüffend, welche Gedankenverbindungen beim Karikaturenzeichnen von Personen manchmal entstehen können.

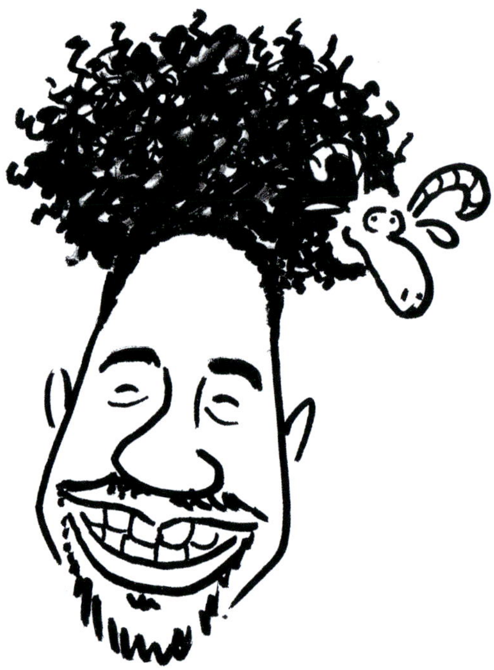

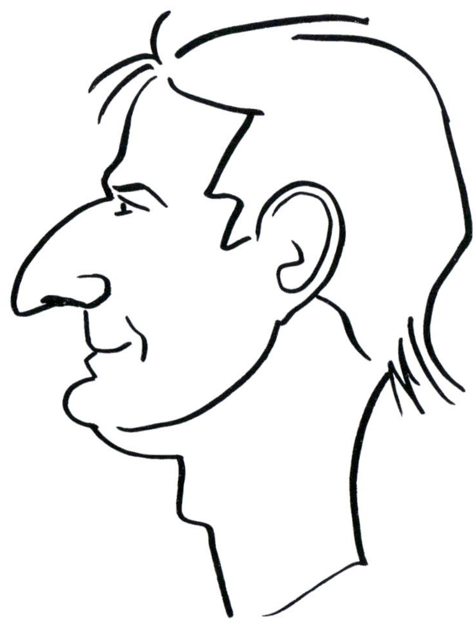

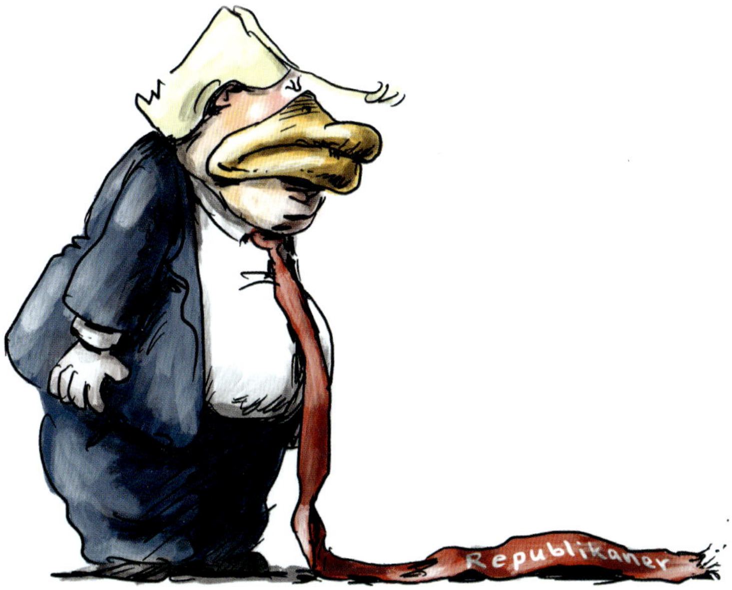

Klaus Stuttmann

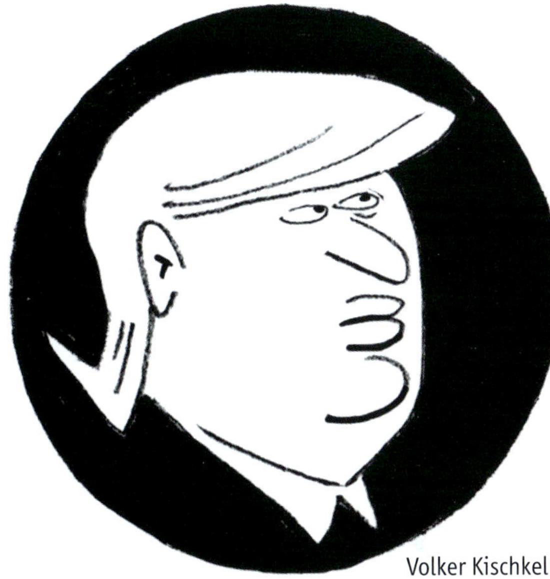

Volker Kischkel

Schauen Sie sich Karikaturen von Personen aus dem Politikgeschehen von verschiedenen Zeichner:innen an. Sie werden ganz unterschiedliche Interpretationen und Striche entdecken.

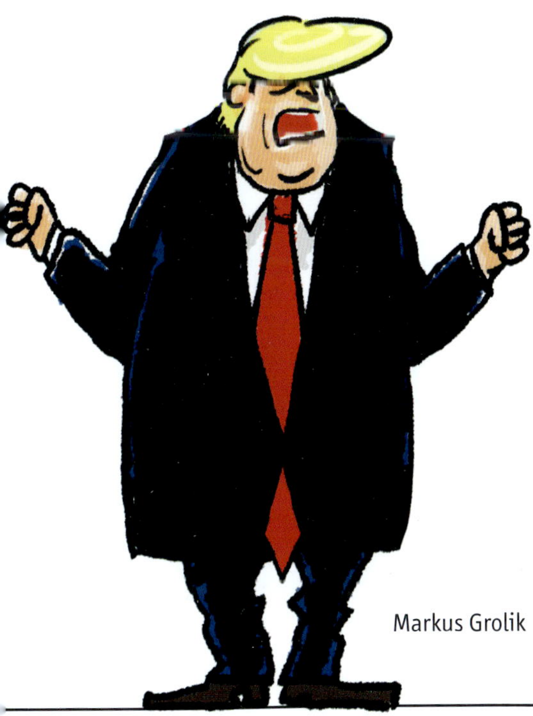

Markus Grolik

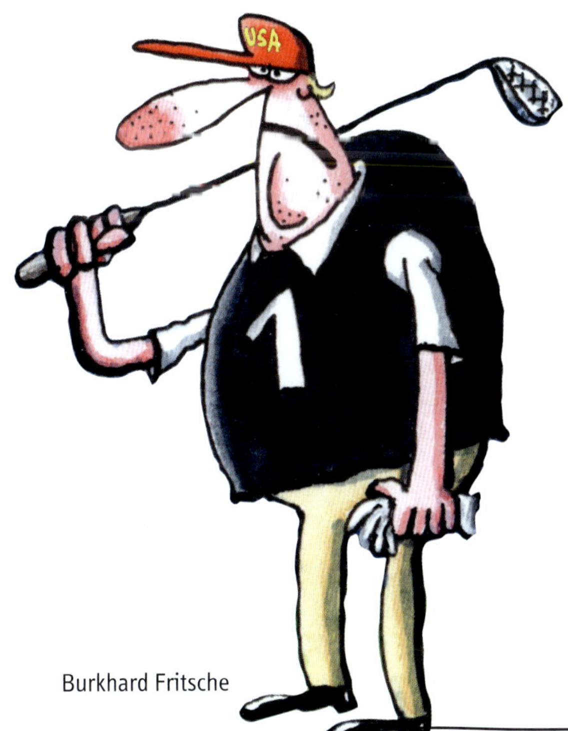

Burkhard Fritsche

AUGEN – NASE – MUND

Sie müssen nicht jedes Nasenloch zeichnen, jede Locke, jede Falte. Vereinfachen Sie Augen, Münder, Nasen, Frisuren – sowohl bei der Karikatur als auch beim Cartoon und Comic. Versuchen Sie, den Ausdruck und das Charakteristische der Form zu erfassen und eine einfache grafische Umsetzung dafür zu finden.

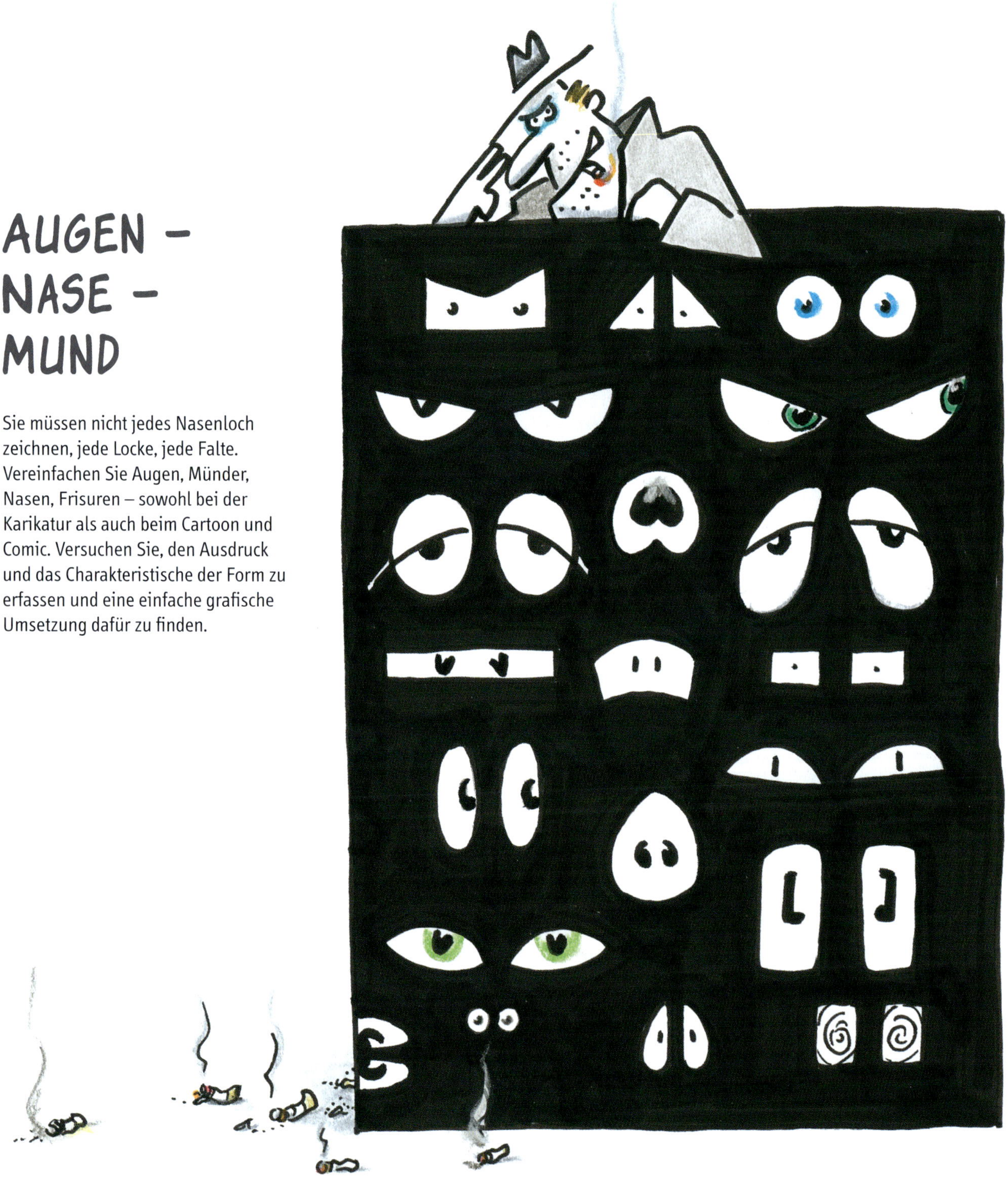

Beim analogen Zeichnen helfen wieder Butterbrotpapier und/oder ein Leuchtpult. Legen Sie das Papier auf Ihre Zeichnung oder auf ein Foto und probieren Sie verschiedene Linien und Formen aus, bis Form und Ausdruck stimmen.

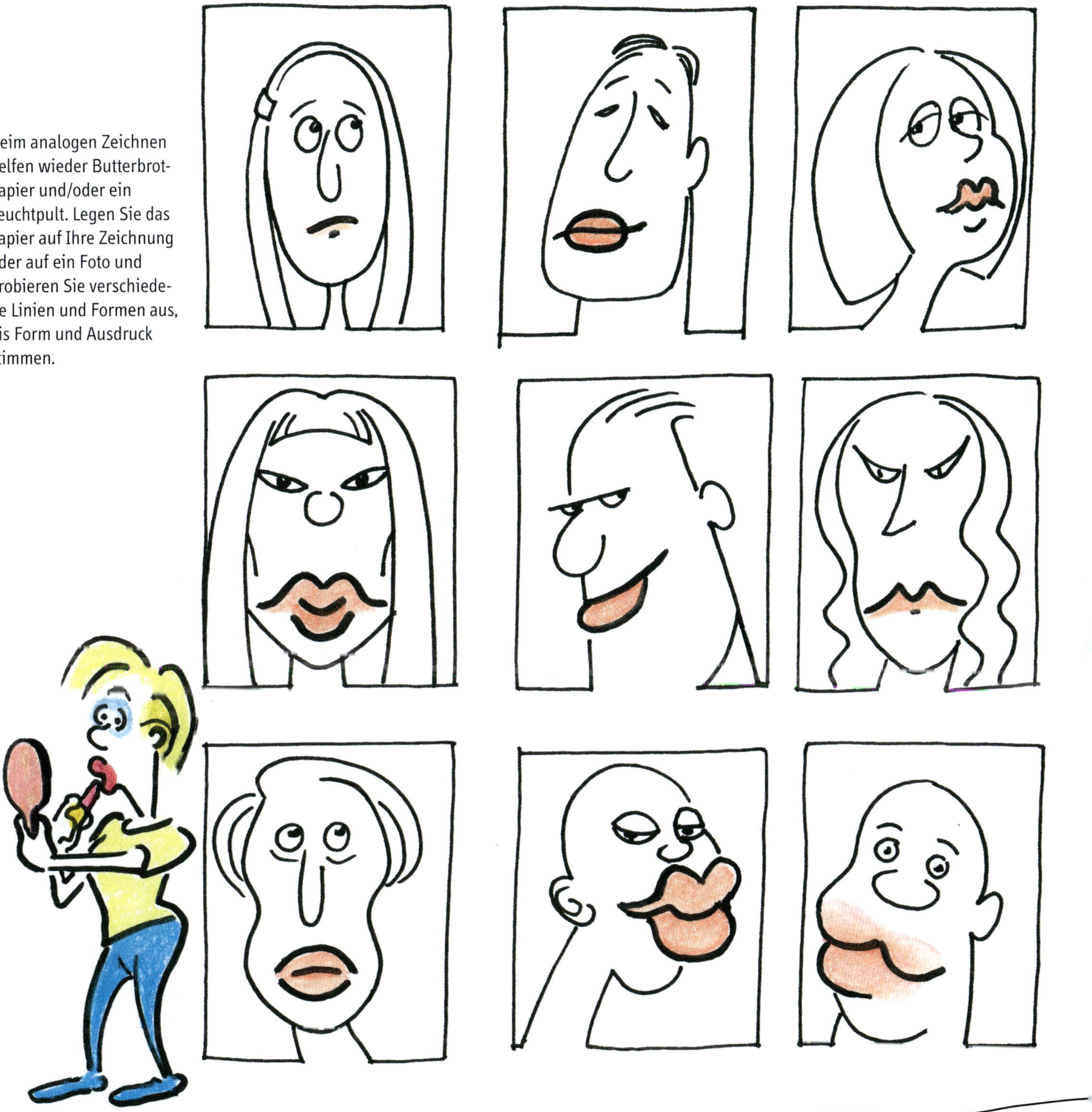

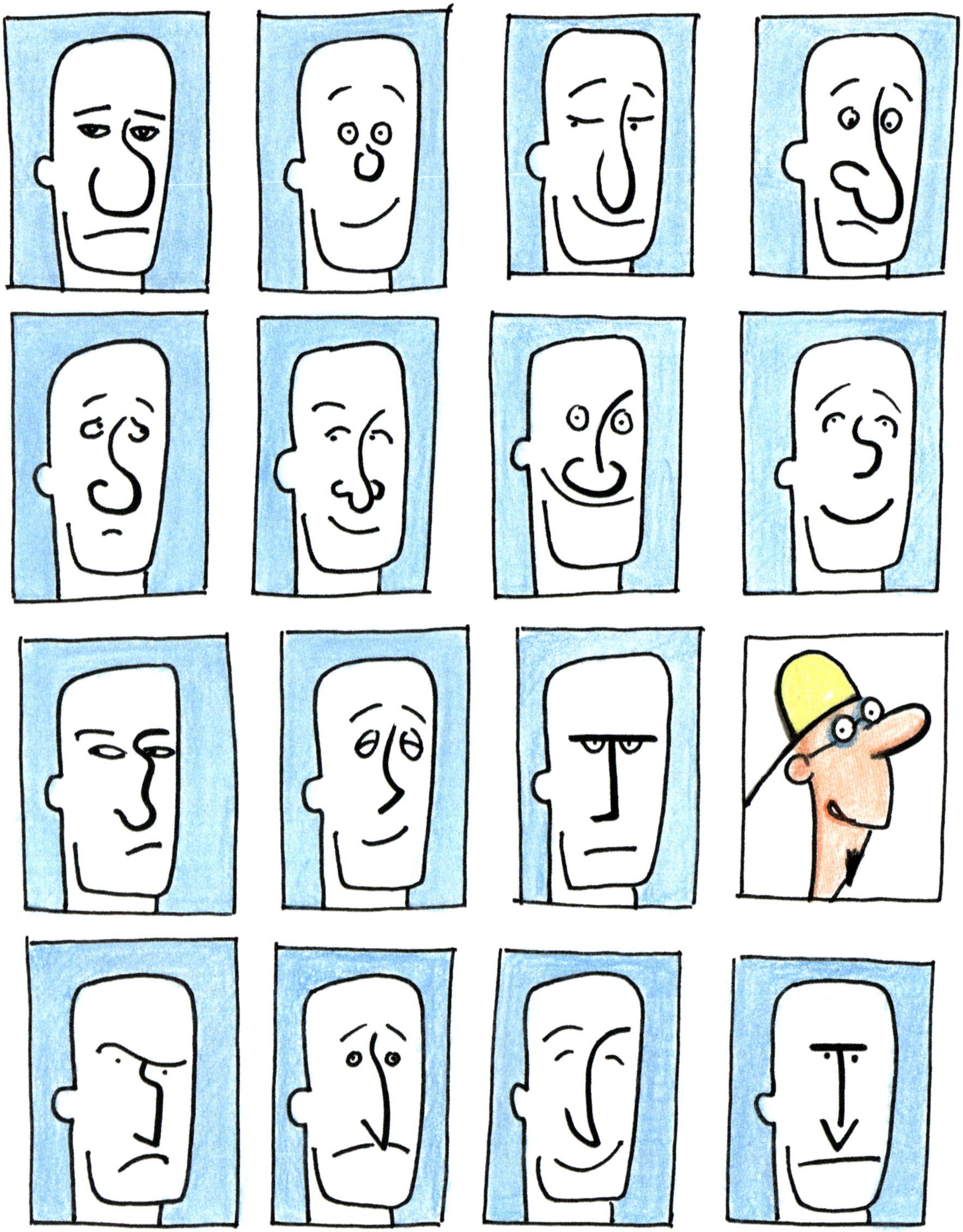

Selbst, wenn man Übung hat, braucht es oft einige Anläufe, bis man ein Gesicht oder einen Ausdruck erfasst hat und eine treffende, einfache Umsetzung gefunden hat, deshalb ...

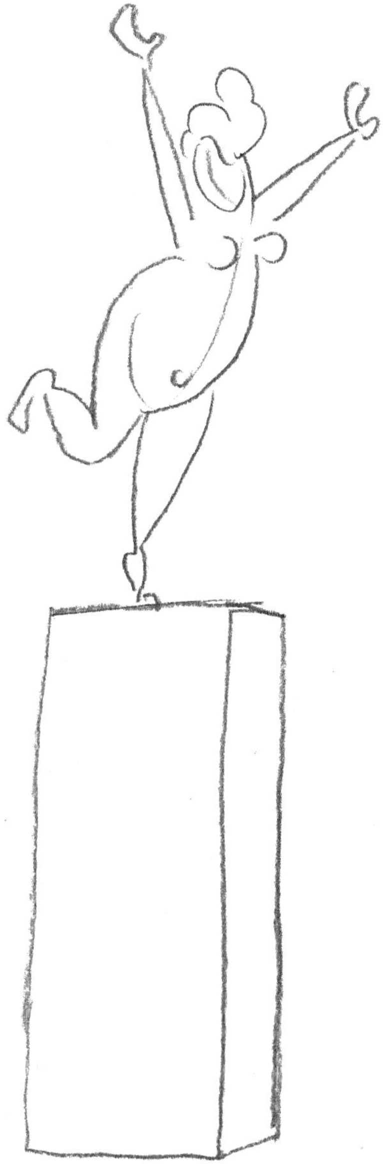

FRAU GEDULD BITTET ZUM TEE

Bitte gehen Sie hin und trinken ein Tässchen mit der Dame. Sie ist sehr ausdauernd und belastbar. In ihrer Gesellschaft geht die Arbeit leichter und entspannter von der Hand.

Von keinem Sportler würde man ohne intensives Training olympiareife Leistungen erwarten. Doch wenn man mit dem Zeichnen beginnt, hat man oft genau diese Erwartung an sich selbst: Höchstleistung aus dem Stand. Aber Sehen will geübt werden. Und der Weg vom Auge zur Hand muss im Gehirn erst angelegt werden, bevor man Sprints hinlegen kann.

KLASSISCHE POSEN

Bevor Sie vom beschaulichen Zeichnen nach Fotos zum schnellen Skizzieren in Parks oder Einkaufspassagen übergehen, machen Sie doch mal einen Abstecher in die Skulpturensammlungen der Museen. Dort macht all das Posen in Gips, Bronze und Marmor Lust auf entspanntes Abzeichnen.

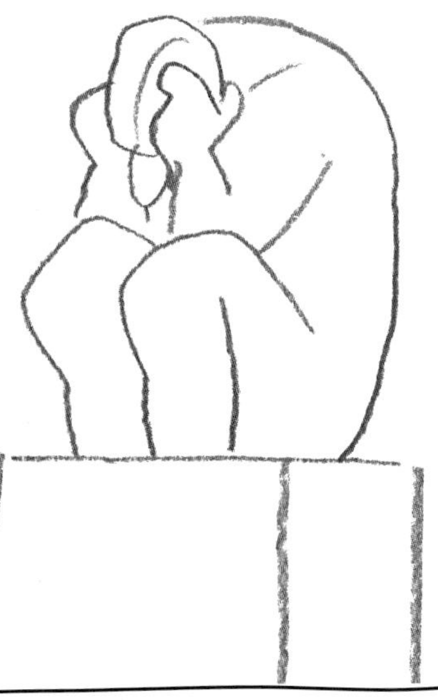

AM ANFANG WAR DIE BIRNE

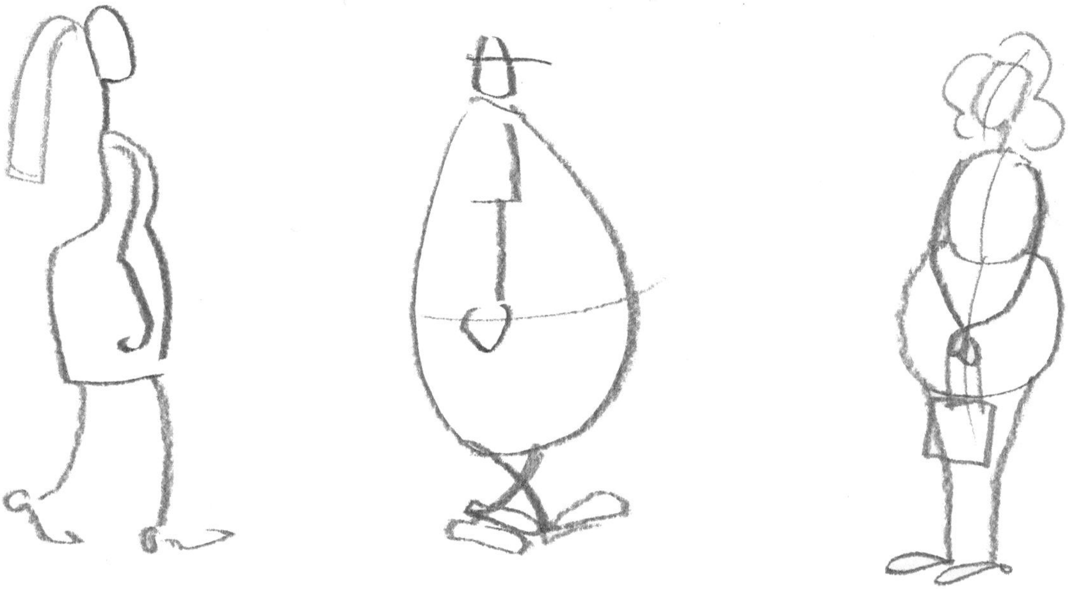

Fühlen Sie sich nun bereit für Tempo und Bewegung? Dann setzen Sie sich in ein Café und bringen sich mit einem Cappuccino auf Betriebstemperatur. Beginnen Sie wie bei den Sehübungen mit dem Skizzieren von Details – Hüte, Nasen, Hände ... Dann stellen Sie Ihren Blick auf einfache, geometrische Formen ein und schauen, mit welchen Formen sich die Personen in Ihrem Blickfeld am besten erfassen lassen: mollige Ovale, Quadrate, hüftbetonte Birnen, magere Rechtecke, Dreiecke? Versuchen Sie nun, die unterschiedlichen Körpertypen, ihre Haltungen und Bewegungen möglichst reduziert aufs Papier zu bringen, gerne auch aus dem Gedächtnis.

Lassen Sie die Personen vorübergehen und zeichnen Sie sie erst im Nachhinein. Bleiben Sie nicht zu lange an einer Person haften. In freier Wildbahn ist schneller Wechsel angesagt, Details können Sie später hinzufügen.

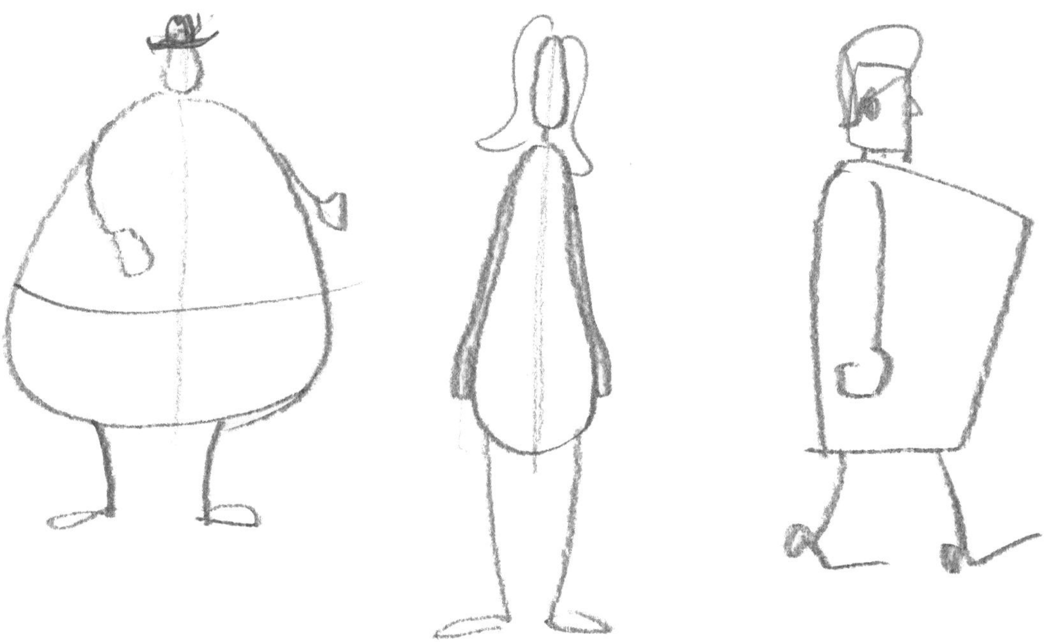

DAS KARIKATURISTEN-MANTRA: HINSCHAUEN – VERGLEICHEN – VERSTÄRKEN – WEGLASSEN.

Durch genaues Hinsehen, Überarbeiten und Vereinfachen legen Sie ein Archiv von Beobachtungen, Mustern und Formen an, auf das Ihr Gehirn dann beim spontanen, intuitiven Zeichnen ohne lange Überlegungen zurückgreifen kann.

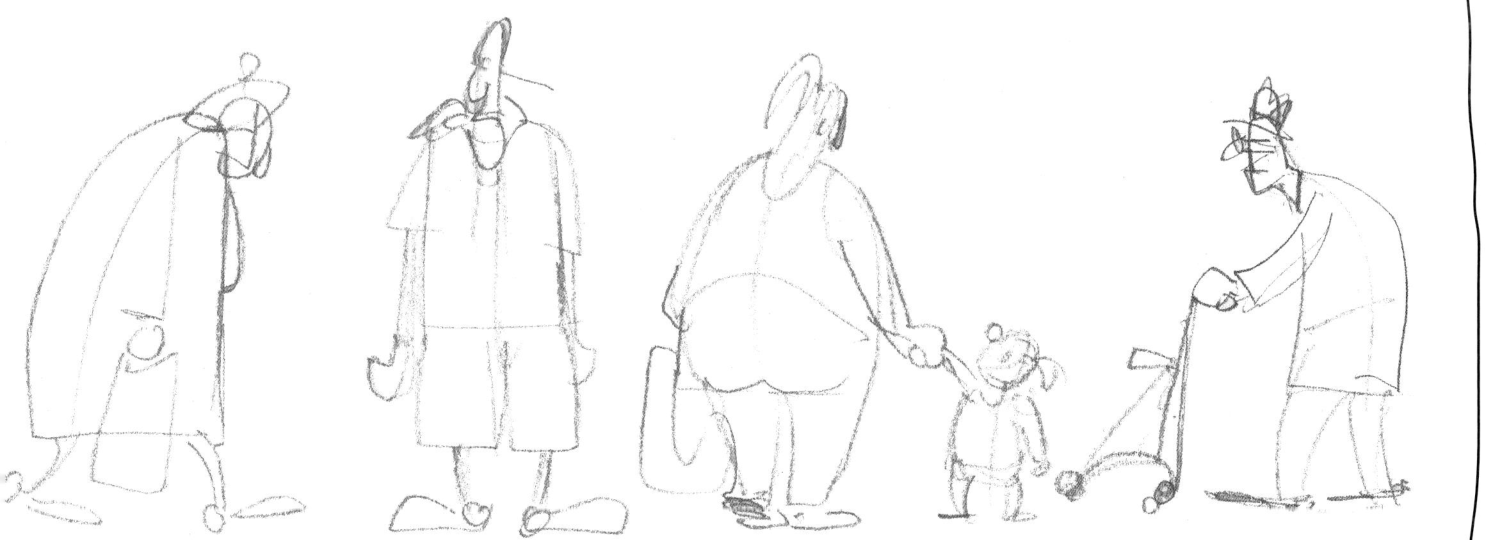

BODYCHECK

Karikaturen sind meist kopflastig. Der Körper wird oft stark verkleinert und, typgerecht proportioniert, angehängt.

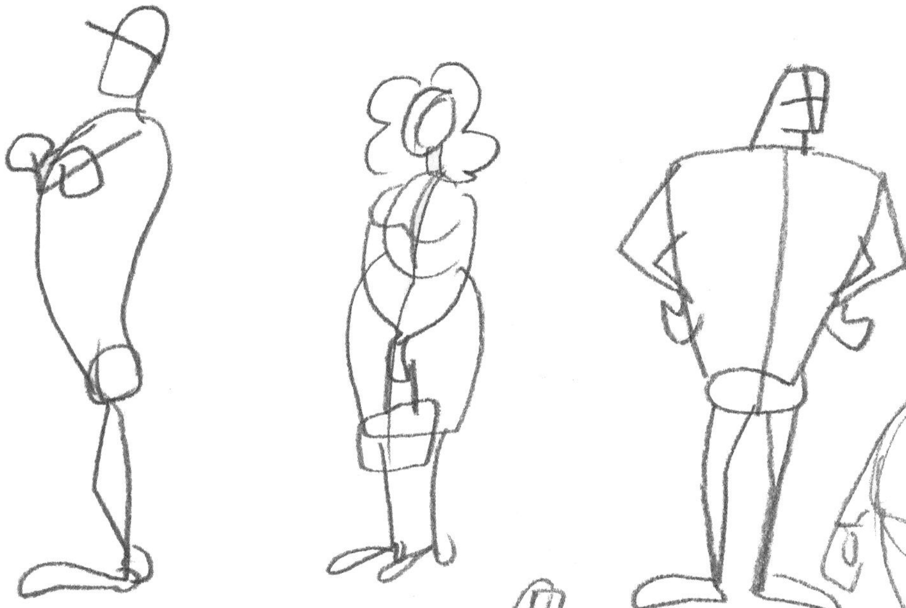

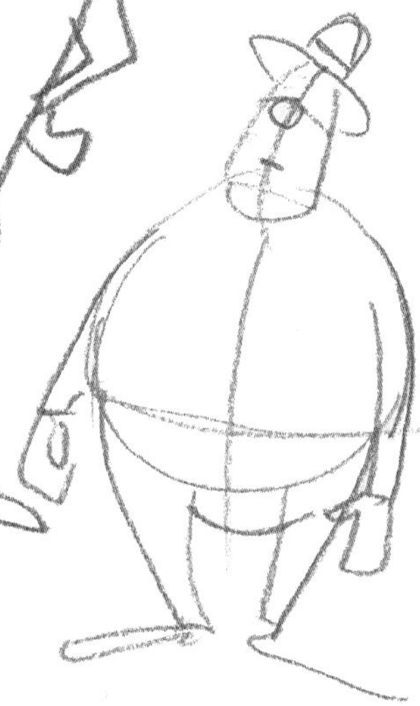

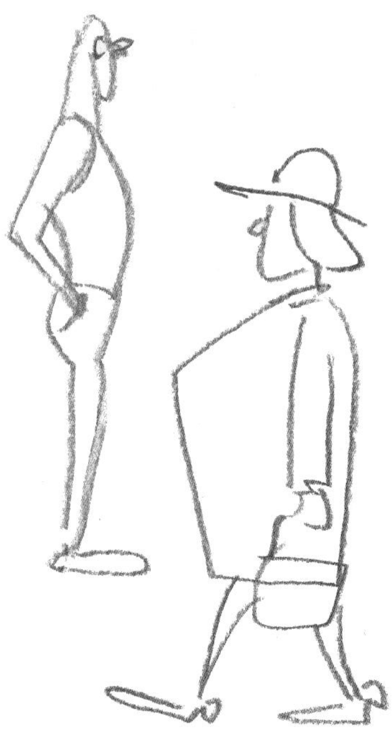

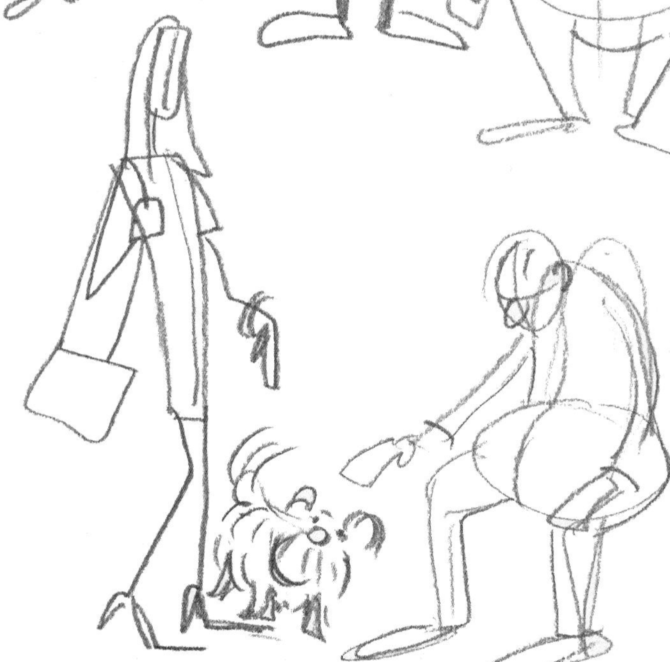

Wenn Sie die Person als Ganzes karikieren möchten, verändern Sie Ihren Blick. Spielt der Kopf im Erscheinungsbild dann weiterhin die Hauptrolle? Oder muss er die Position einem dominanten Bauch, Po, Brustkorb, breiten Schultern oder kurzen Beinen überlassen? Was springt Ihnen im Gesamterscheinungsbild am ehesten ins Auge?

Wie ist die Körperhaltung? Beachten Sie die Körperachse, ist sie militärisch gerade? Oder neigt sie sich leicht nach vorne oder hinten? Biegt sie sich gar zur orthopädisch auffälligen S-Form? Wie steht der Kopf über der Achse?

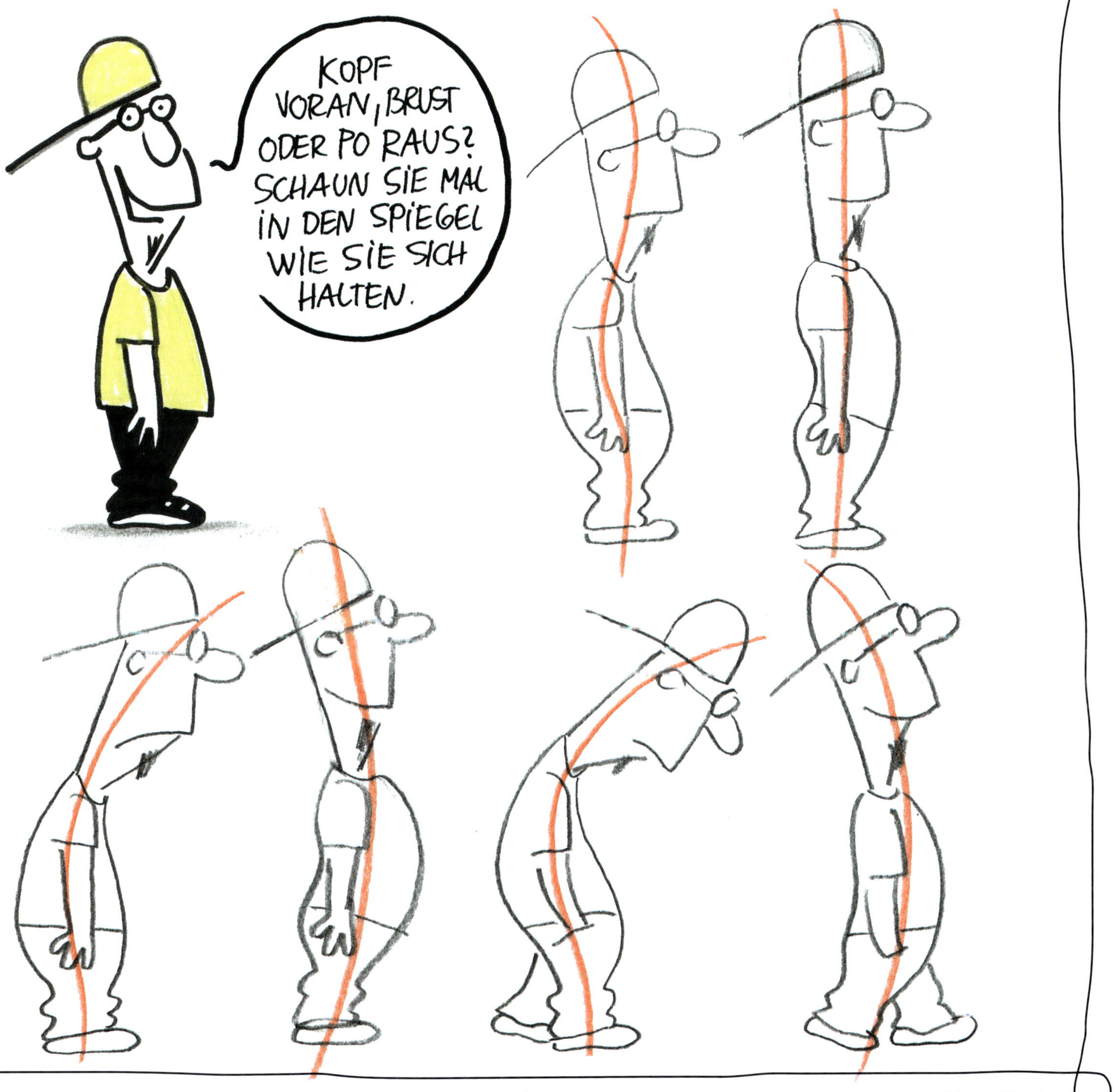

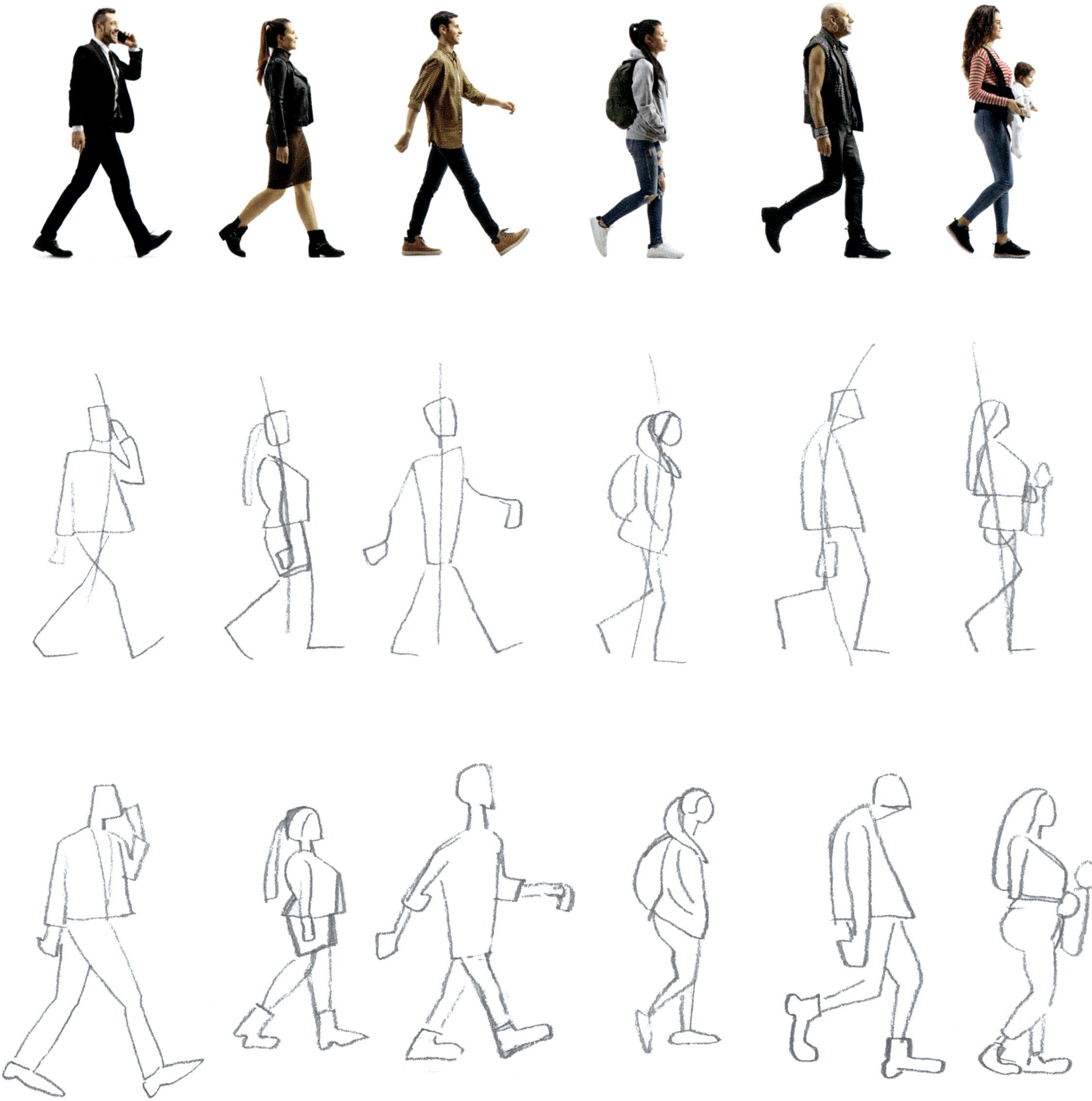

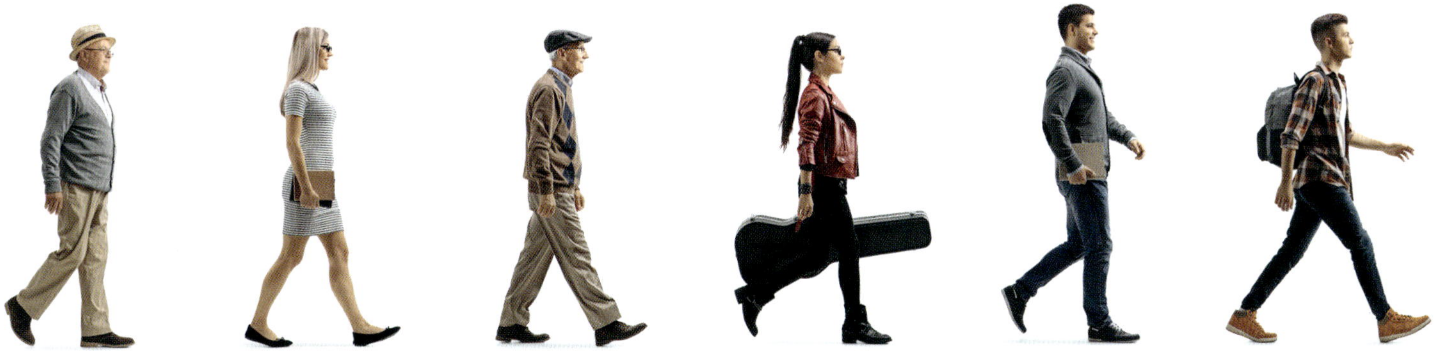

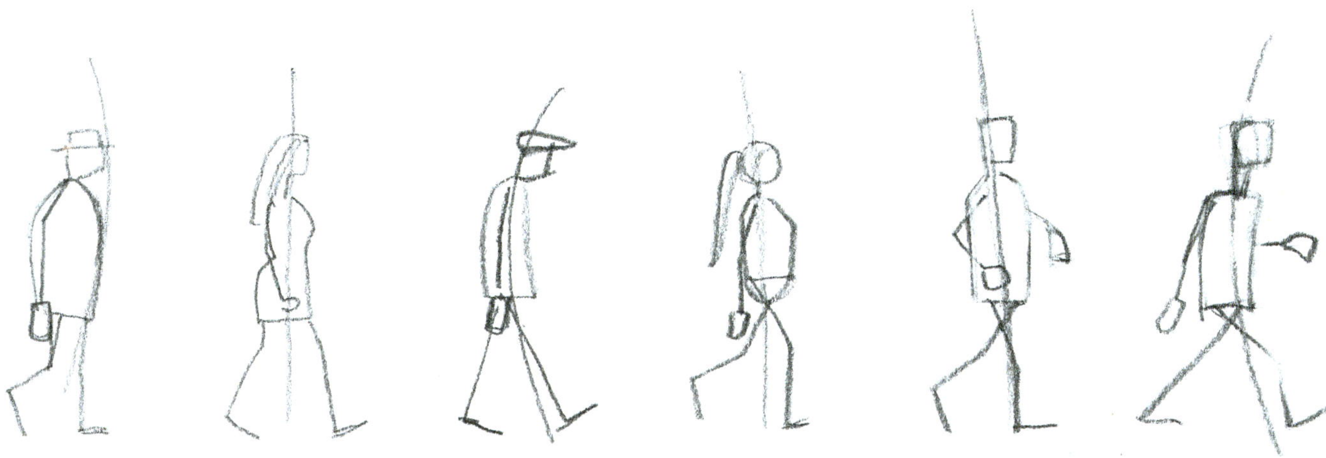

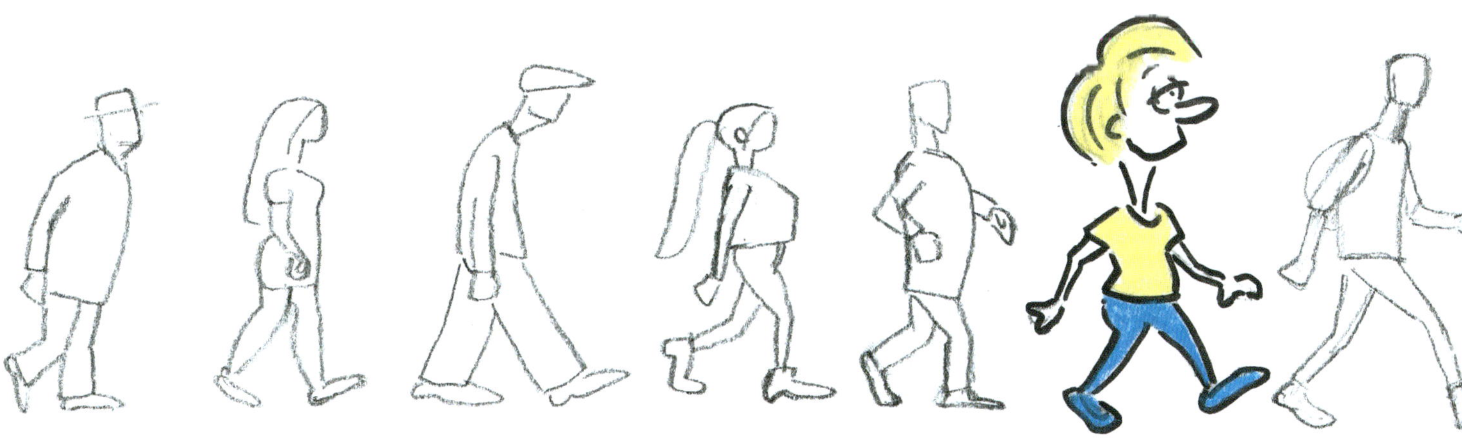

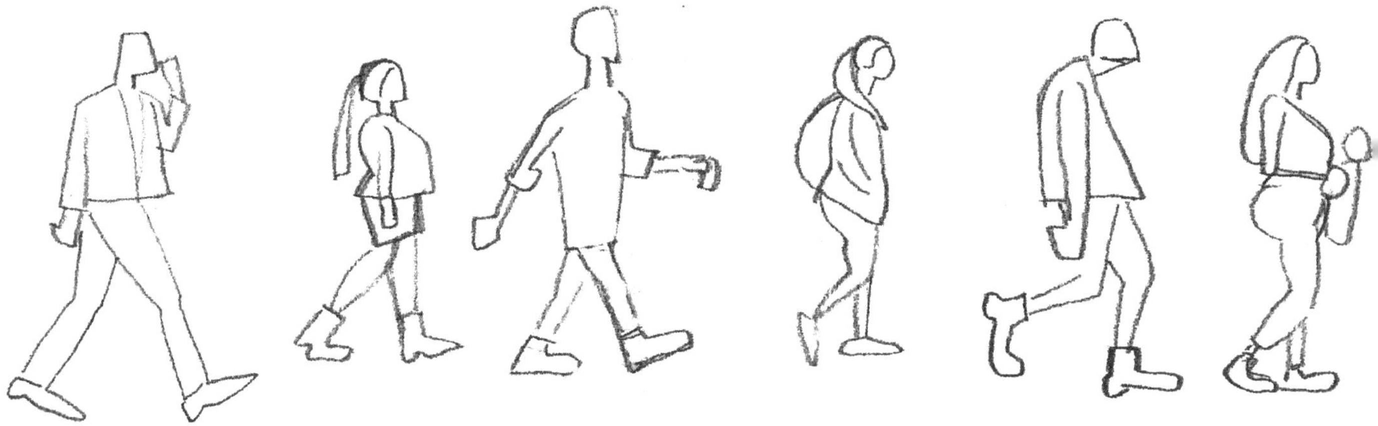

Unterteilen Sie die Figuren auch hier in einfache geometrische Formen …

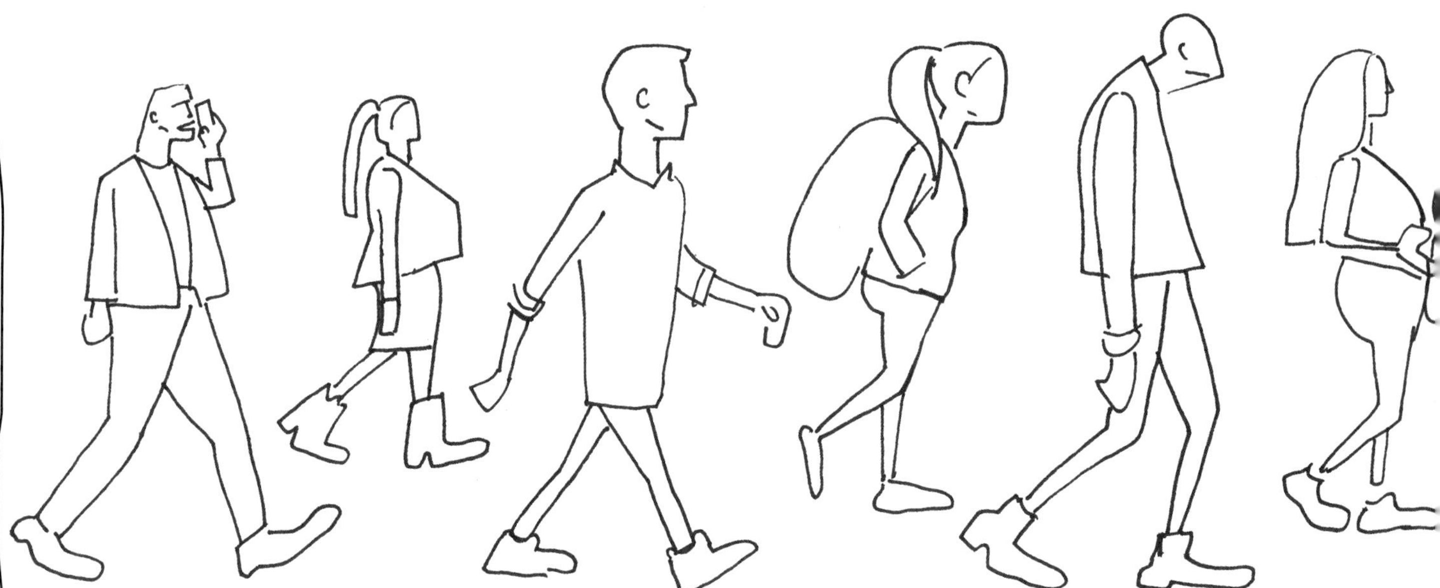

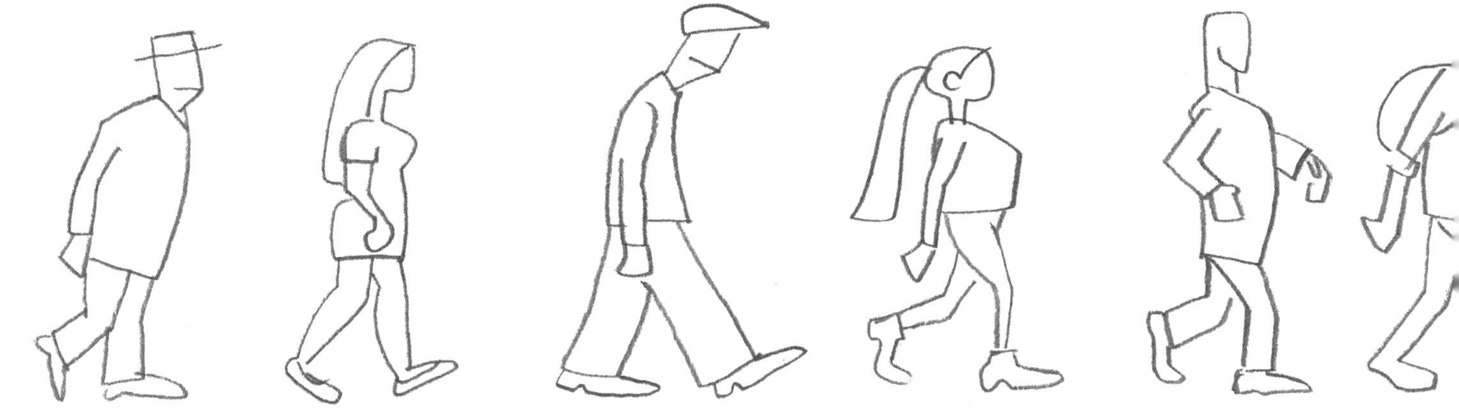

... und treiben Sie Proportionen und Haltungsschäden auf die Spitze.

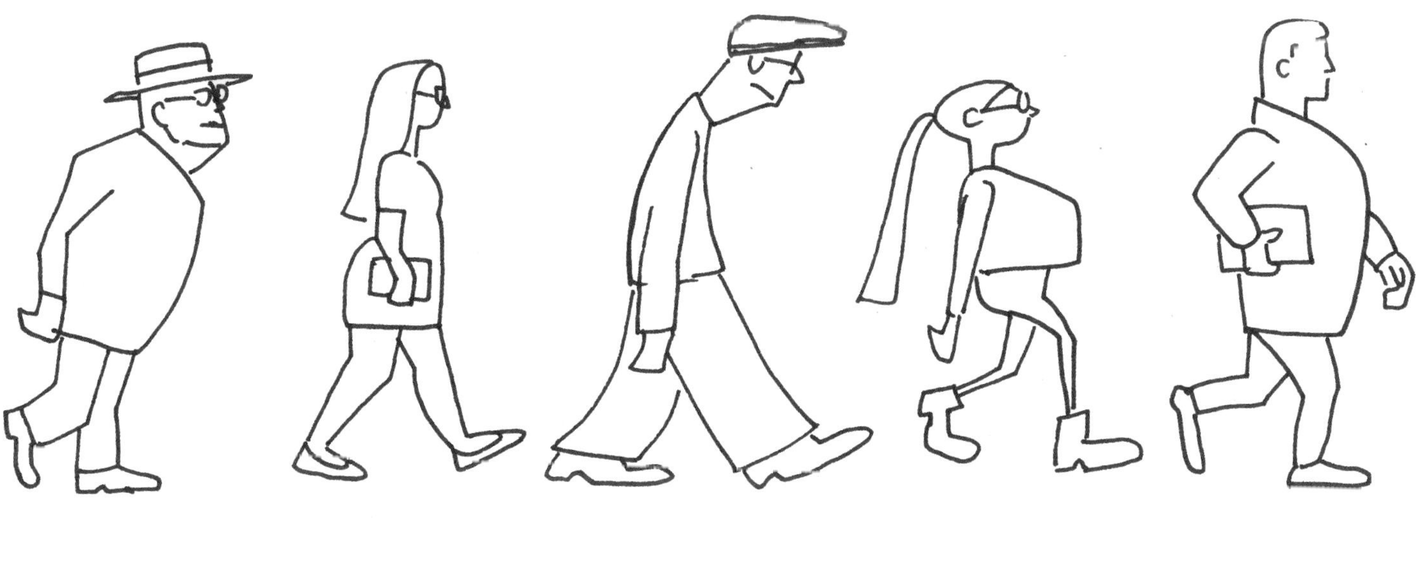

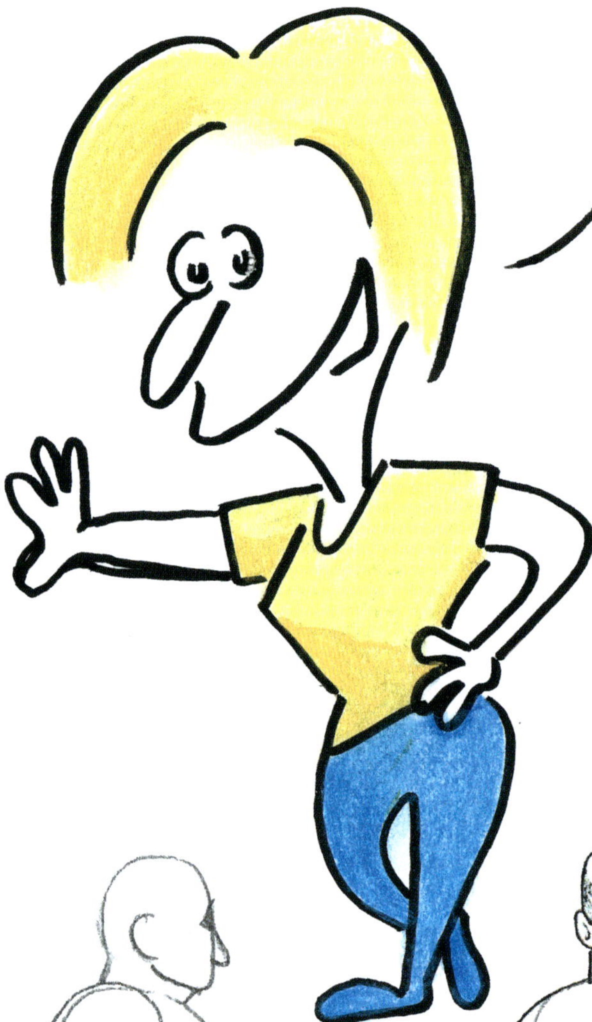

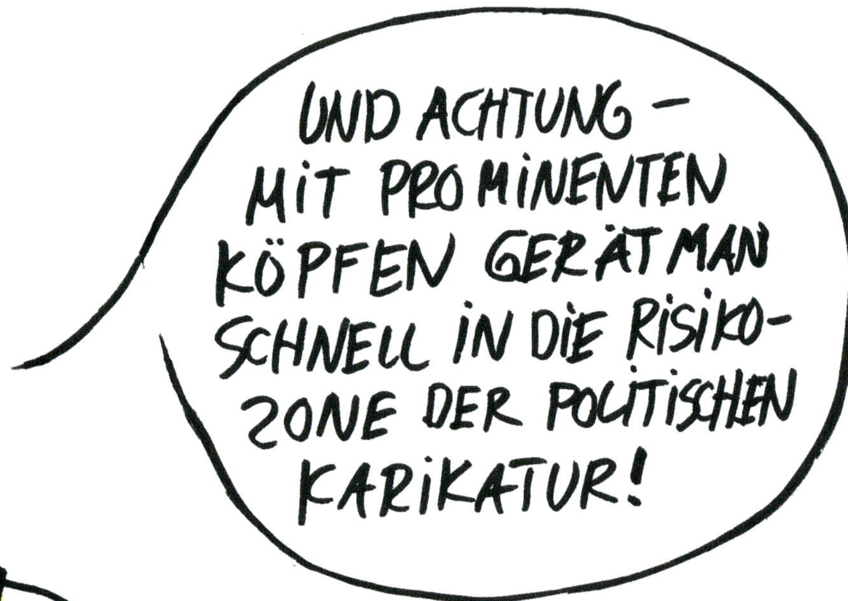

GEFAHRENZULAGE

Ob Herrscher ihre Untergebenen karikiert haben, ist nicht überliefert. Dagegen gibt es unzählige Belege dafür, wie renitente Untertanen ihre Könige, Kirchenfürsten und sonstigen Herrscher gesehen haben.

Politikerinnen, Gelehrte, Celebrities – wer sich exponiert, muss damit rechnen, karikiert zu werden.

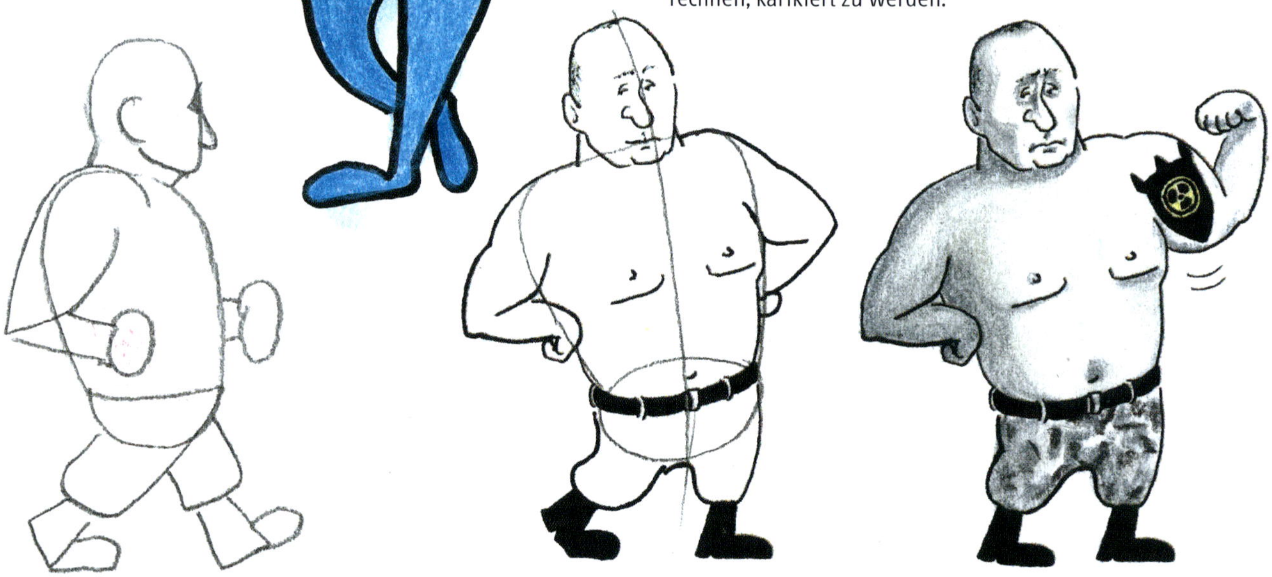

Die politische Karikatur kann aufdecken und entlarven. Sie lässt aufgeblasene Egos platzen und holt Scheingrößen vom Sockel. Deshalb war und ist sie bei Diktatoren und Despoten unbeliebt, denn sie holt den oder die Karikierten auf Augenhöhe.

So gehörte und gehört der Beruf des Karikaturisten, je nach Jahrhundert und Gesellschaft, immer mal wieder zu den Risikoberufen, leider ohne angemessene Gefahrenzulage.

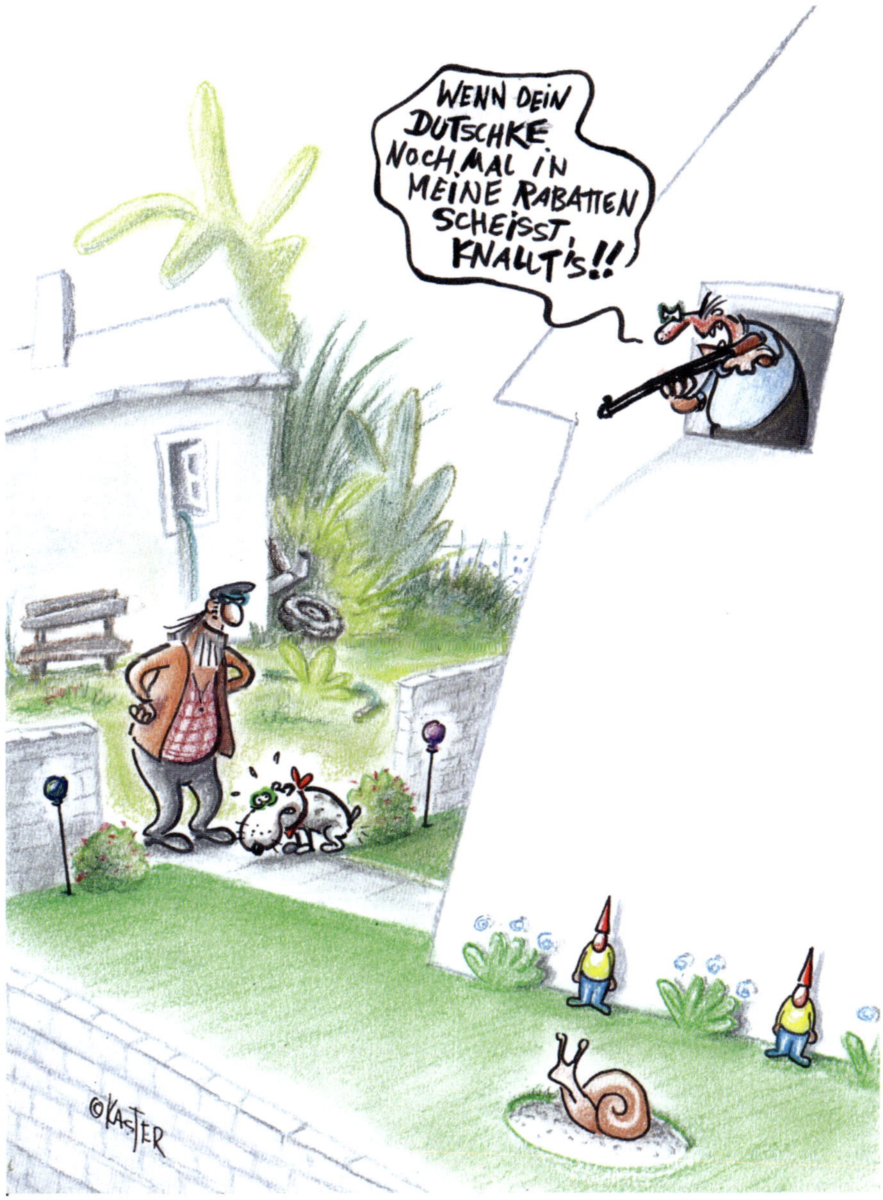

DER CARTOON

Gehen Hühner bei ihrer Karriereplanung über Leichen? Unter welchen Voraussetzungen wird man als Versicherungspolice wiedergeboren? Cartoons beantworten Fragen, die Sie sich wahrscheinlich noch nie gestellt haben. In Cartoons finden Sie Informationen aus allen Bereichen des Diesseits und Jenseits. Oft politisch und tagesaktuell, aber auch die ewigen Menschheitsfragen nach Sinn und Unsinn, Liebe und Tod werden immer wieder neu, aus ungewöhnlichen Perspektiven und von ungewohnten Protagonisten, gestellt, beantwortet und gezeichnet. Dabei werden nie geahnte Zusammenhänge offenbar.

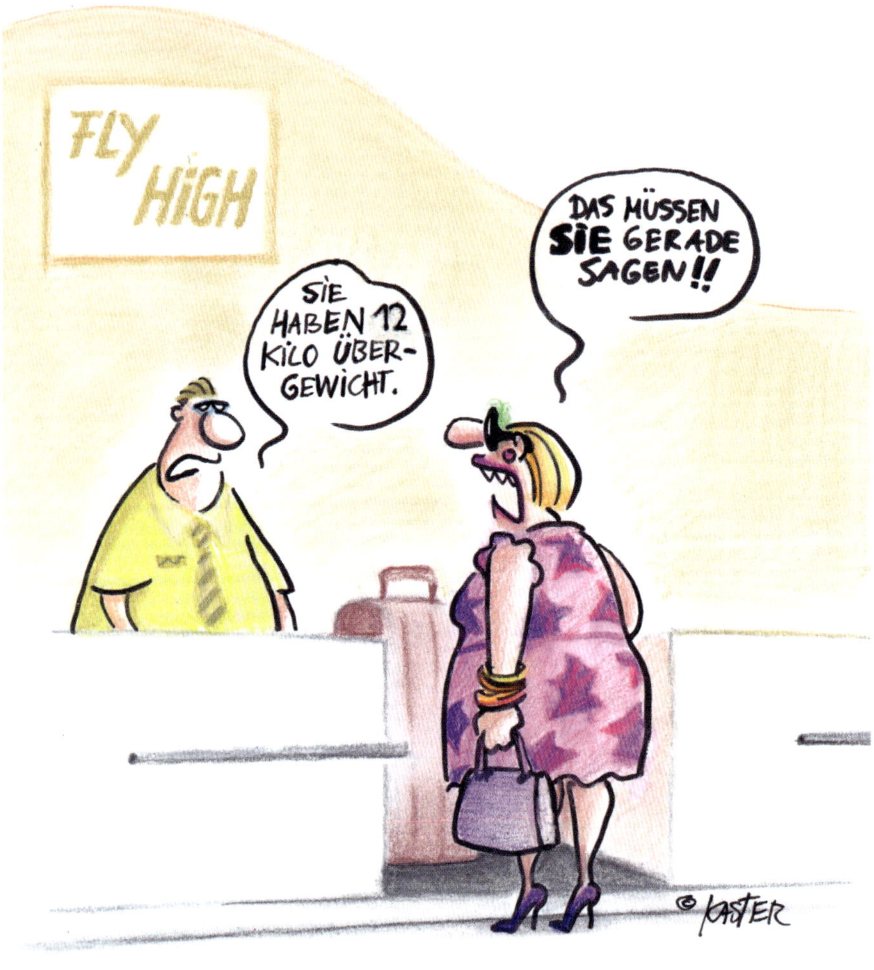

Und das alles auf einen Blick, auf einer Seite. Ebenen, welche die Logik normalerweise nicht miteinander verknüpft, werden im Cartoon assoziativ zu einem neuen, möglichst überraschenden Sinnzusammenhang verschmolzen. Immer auf der Suche nach Widersprüchen und Ungereimtheiten.
Häufig ist es eine Melange aus Bild und Text, wobei der Text das Bild nicht erklärt, sondern ihm eine neue, unerwartete Wendung oder Bedeutung gibt.

Aber es kann auch ganz ohne Worte funktionieren.

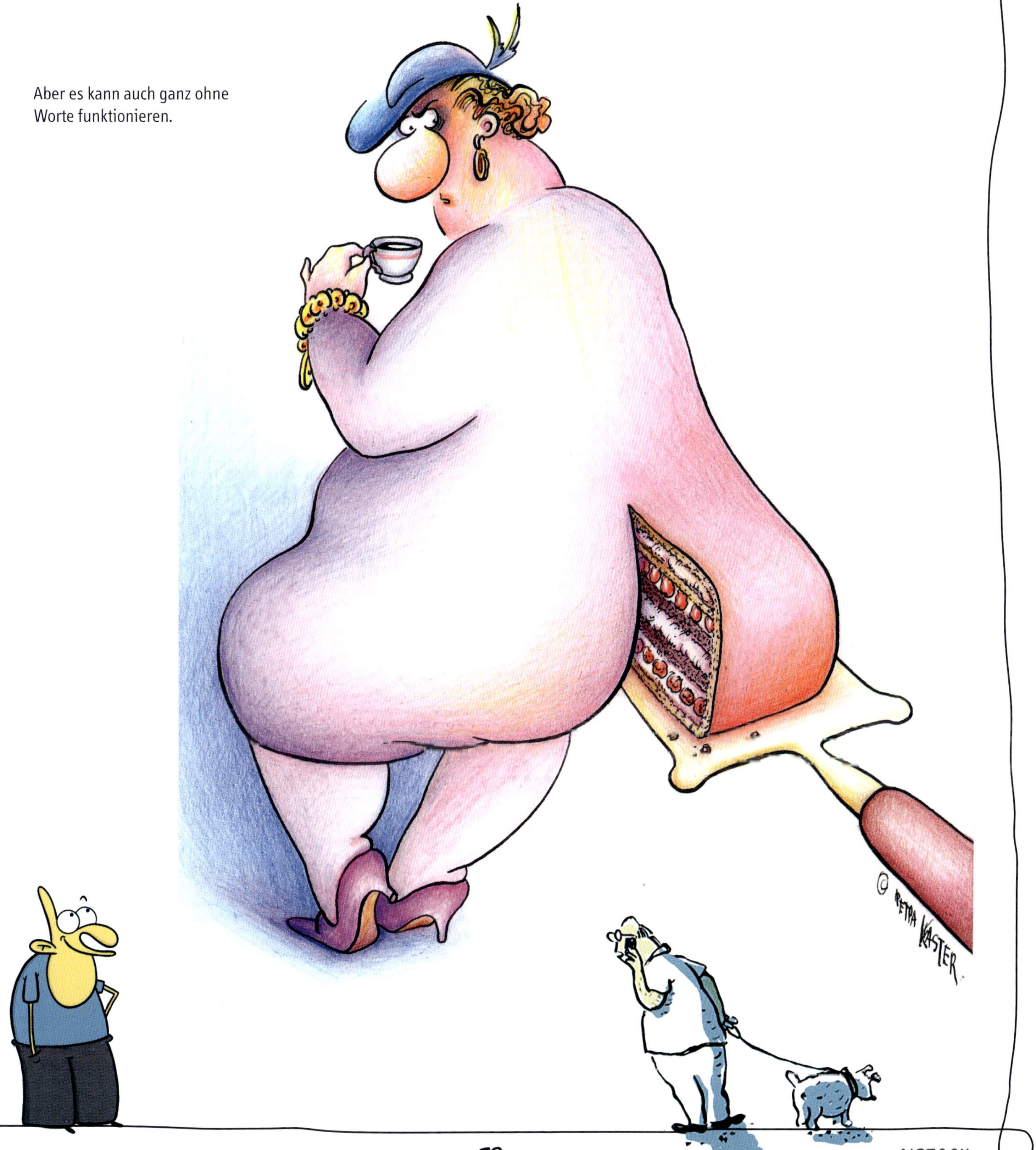

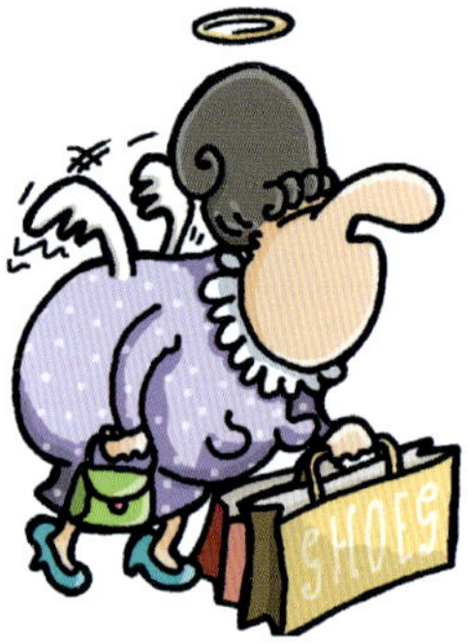

Birgit Dodenhoff

UPDATE PARADIES

Laut Produktionsbericht wurde das gesamte Universum in nur sieben Tagen erschaffen. Das drückt auf die Qualität! Seit Jahrmillionen versucht die Evolution nachzubessern. Helfen Sie mit und vereinfachen Sie! Schaffen Sie neue Menschentypen, neue Tiere und Pflanzen ohne komplizierte Anatomie oder einschränkende Naturgesetze. Treiben Sie die Verschmelzung von Mensch und Maschine voran ...

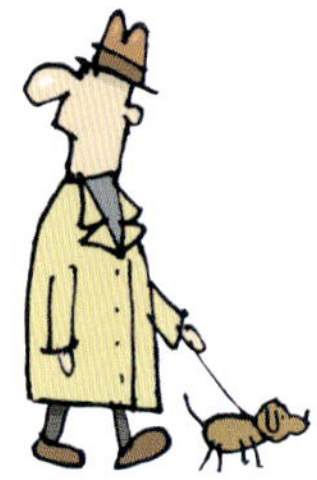

Uli Döring

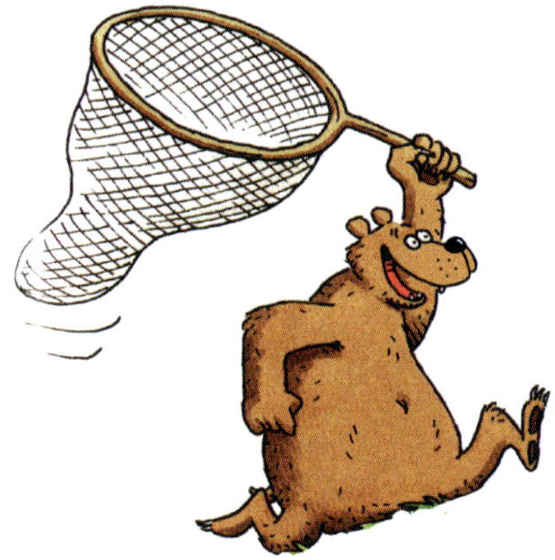

Steffen Butz

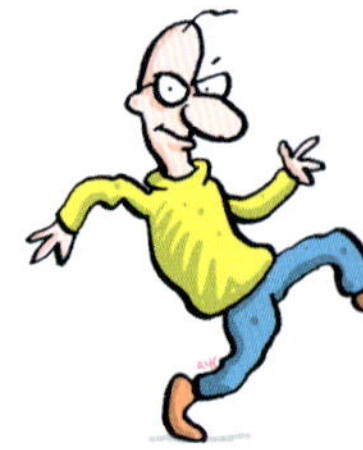

Reinhard Alff

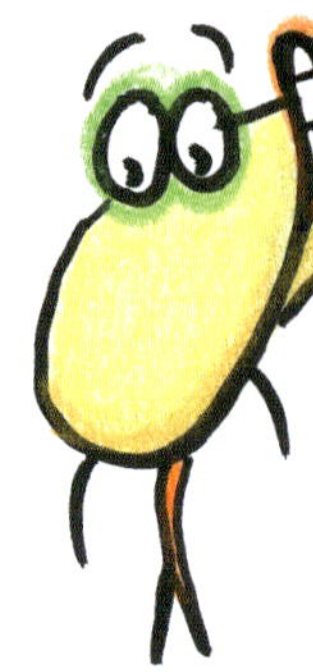

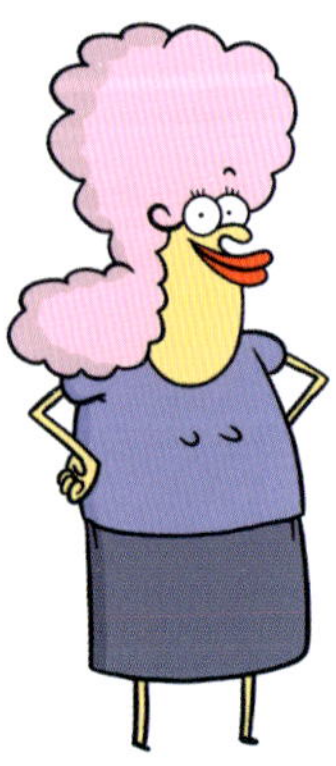

Martin Zack

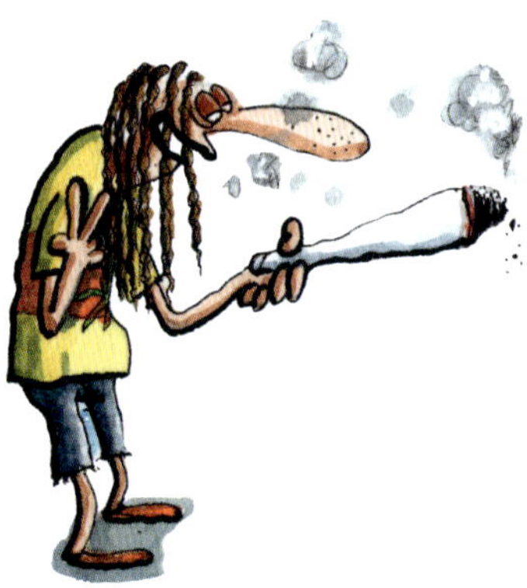

Burgh

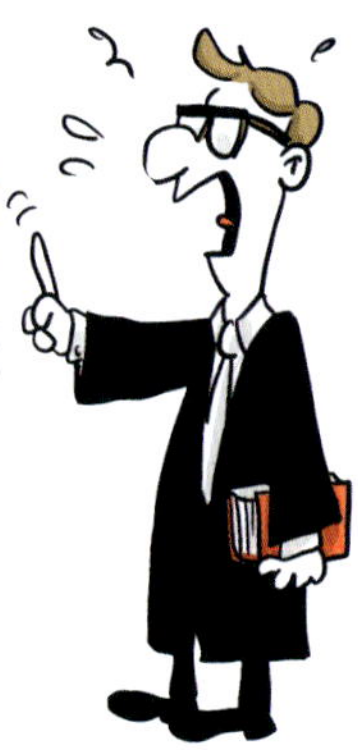

Tim Feicke

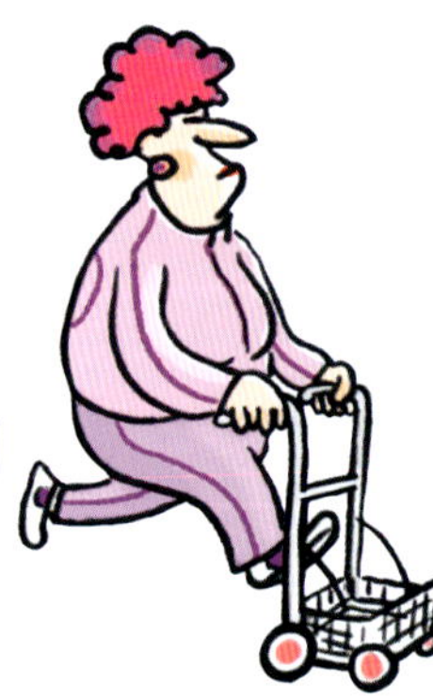

Markus Grolik

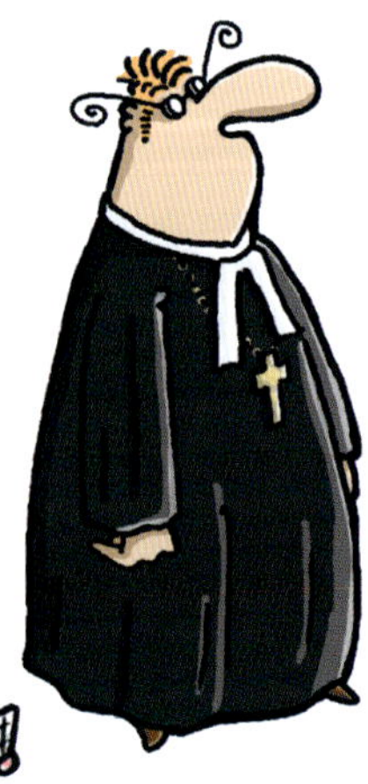

Birgit Dodenhoff

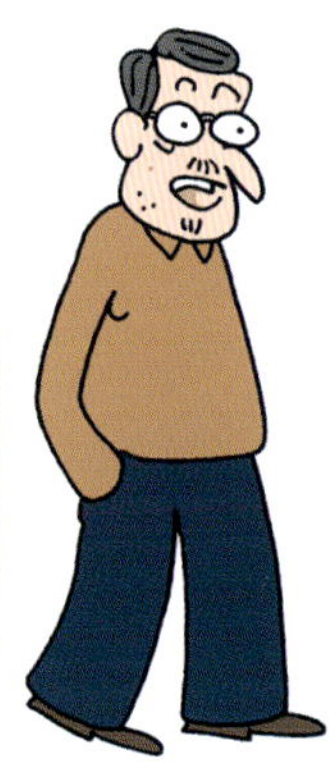

Uwe Krumbiegel

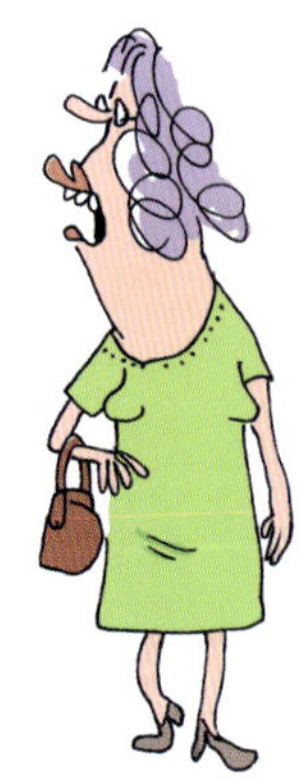

Matthias Kiefe

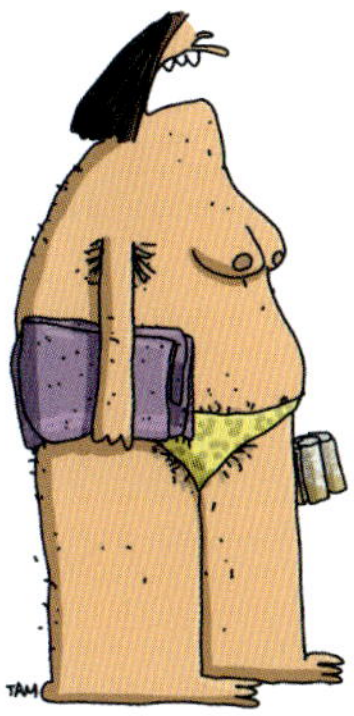

Piero Mastalerz

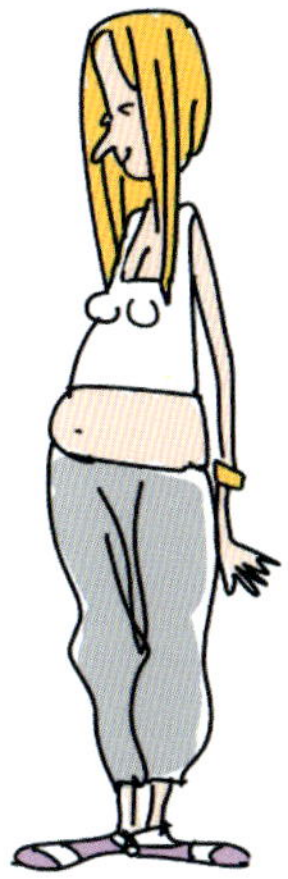

Peter Butschkow

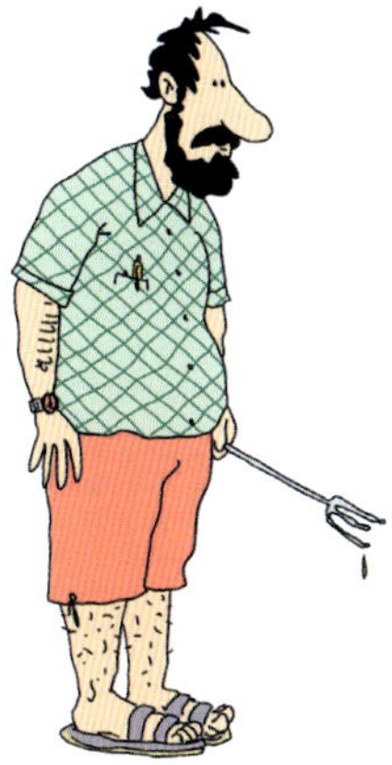

Kai Flemming

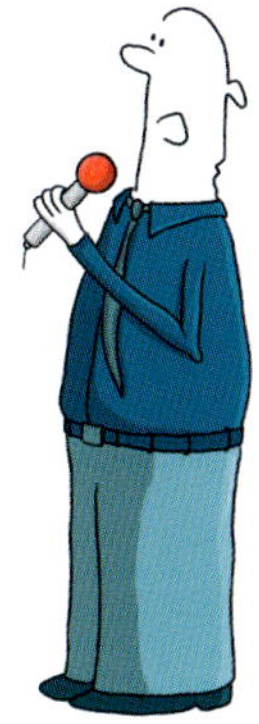

Ruth Hebler

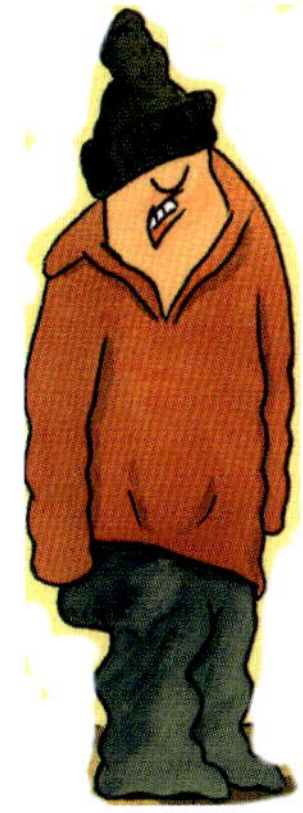

Peter Thucke

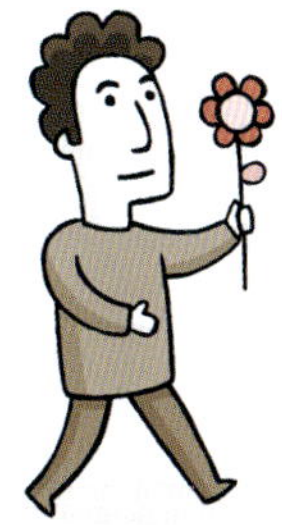

Adam

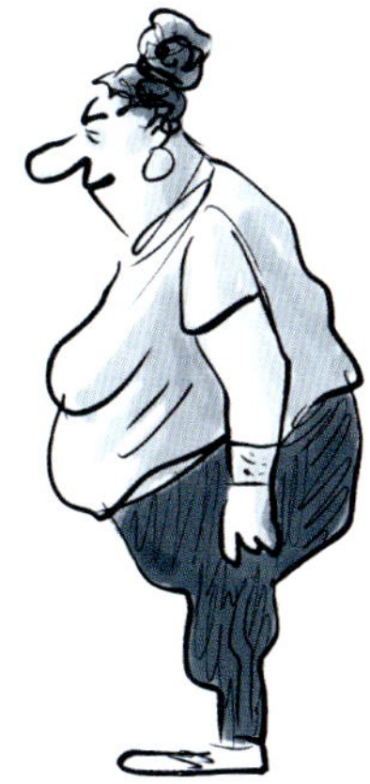

Volker Kischkel

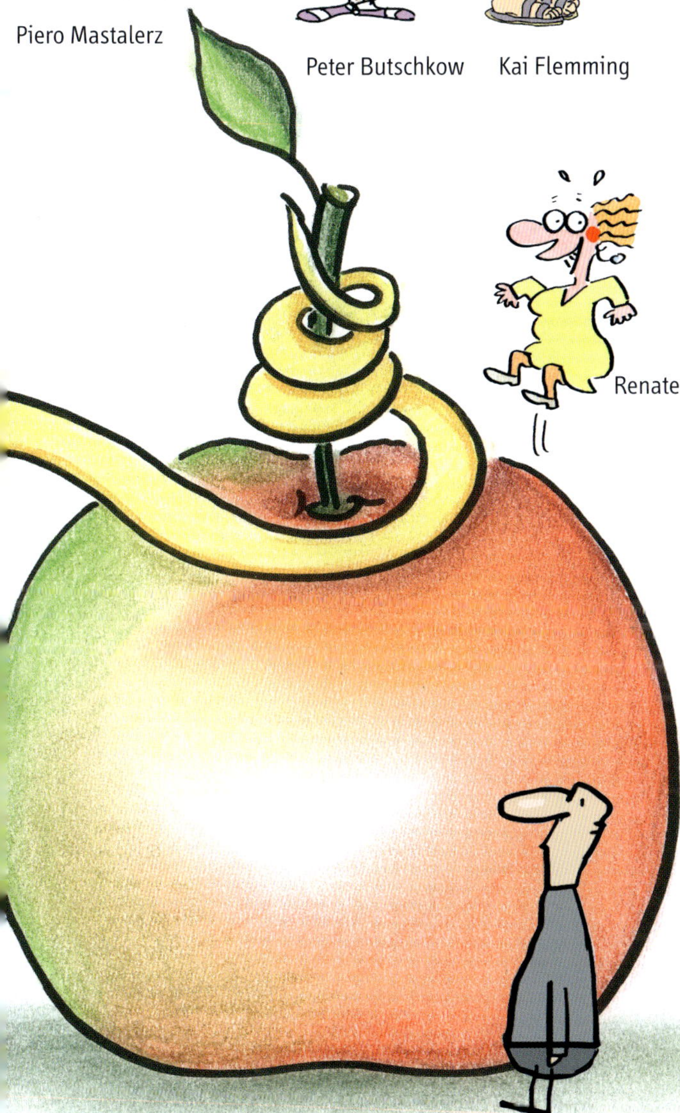

Renate Alf

Uli Döring

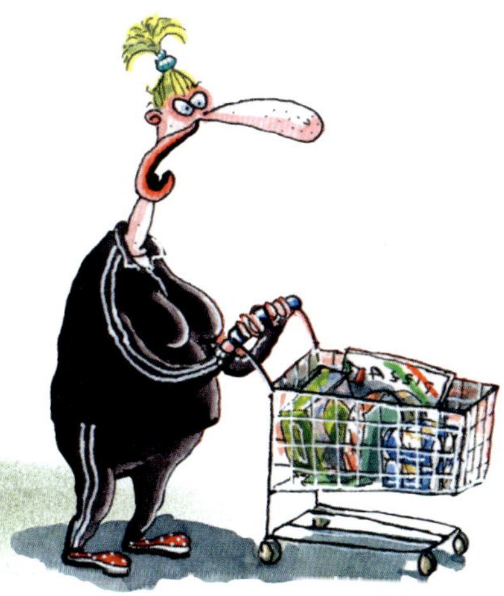

Burgh

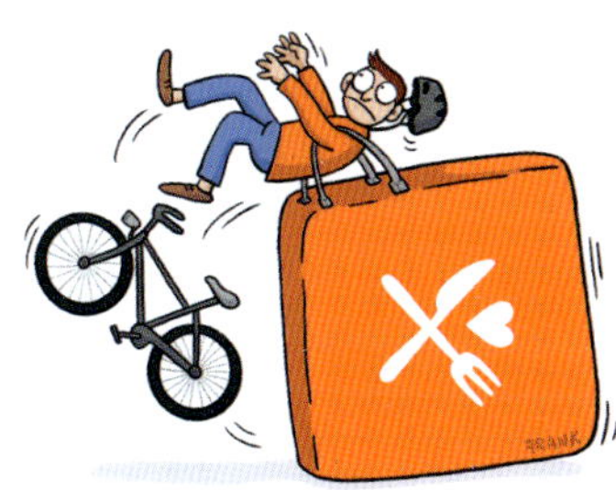

Annika Frank

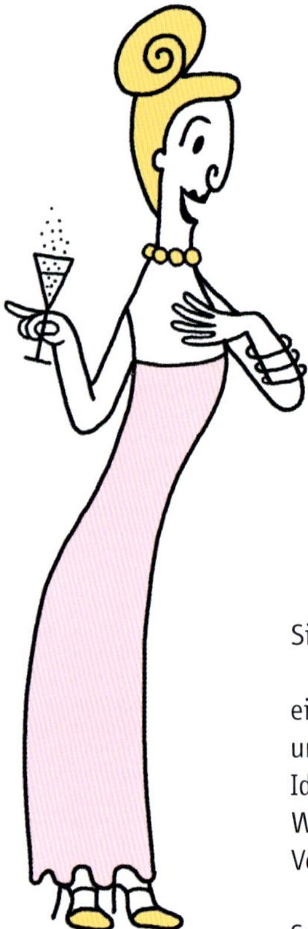

Katharina Greve

DAS CARTOONPERSONAL:

eine stilistisch bunt gemischte Truppe. Analog oder digital gezeichnet, mit Buntstift, Markern, Pastell, Aquarell oder Ölfarben koloriert. Und stets offen für Experimente und Neuzugänge.

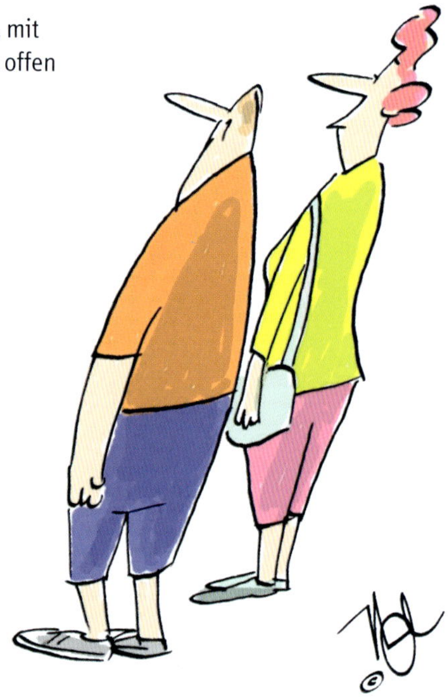

Sie brauchen:

ein Blatt oder ein Tablet, eine Idee und Figuren, mit denen Sie diese umsetzen.
Ideen für Cartoons finden Sie in allen Lebensbereichen. Fahnden Sie nach Widersprüchen, Ungereimtheiten, nach den großen und kleinen Lügen und Verdrehungen im privaten und öffentlichen Leben.

Sehen Sie genau hin, hören Sie zu ... auch sich selbst. Versuchen Sie, Ihren eigenen Vorurteilen, Bewertungen, Tabus und Klischees auf die Spur zu kommen – auch, wenn das erst einmal schwerfallen mag. Auch die können Stoff für Cartoonideen liefern.

Was macht Sie ärgerlich oder gar wütend, was finden Sie bedrohlich, was lächerlich? Schauen Sie aus der Distanz auf die Situation und Ihr Gefühl dabei. Können Sie daraus schon irgendwelche Ideen filtern? Das geht meist nur Schritt für Schritt und bewegt sich von undeutlichen Ideensplittern hin zu klaren Vorstellungen, die sich dann zeichnerisch umsetzen lassen.

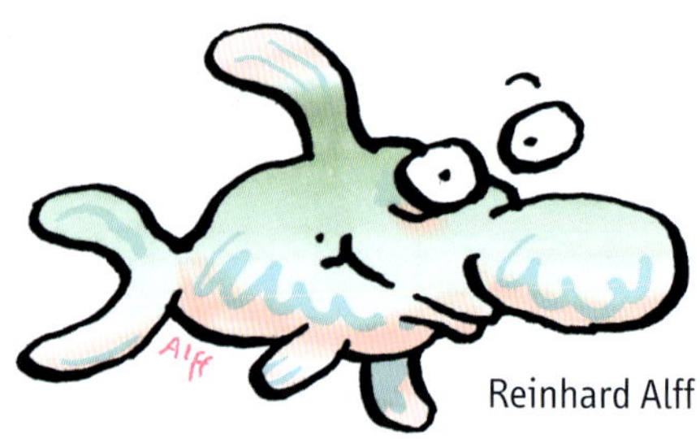

Reinhard Alff

DER BETRACHTER DENKT – DIE CARTOONISTIN LENKT

Sie zeichnen eine Situation, die im Kopf der Betrachtenden gewisse Erwartungen oder Denkmuster auslöst, um dann unversehens die Richtung zu wechseln und Erwartungen und eingefahrene Muster auf die Schippe zu nehmen, lächerlich zu machen, platzen zu lassen.

WIEDERERKENNEN & ÜBERRASCHEN

Der Cartoon spielt mit dem Wissen, den Erfahrungen und Erwartungen des Publikums. Er liefert keine großen Erklärungen. Gewisse Dinge setzt er voraus:
Aktuelle politische Cartoons funktionieren nur auf dem Hintergrund der politischen Informiertheit der Betrachtenden. Setzen Sie Märchenfiguren ein, brauchen Sie ein Publikum mit Märchenkenntnis, das die Figuren, Situationen und Anspielungen zuordnen kann.

Cartoonisten nutzen deshalb gern Bereiche, in denen wir zwangsläufig alle Erfahrungen gesammelt haben: Beziehung, Beruf, Freizeit, Urlaub, Schule, Krankheit, Tod, Erotik, Eltern, Kinder, Geld, Karriere, Familie, Behörden ... Auf diese Weise können möglichst viele Cartoonleserinnen Situationen, Verhaltensweisen und Zeitgenossen wiedererkennen.

WAS IHNEN IHRE SCHRANKWAND IMMER SCHON MAL SAGEN WOLLTE ...

Cartoonzeichnen ist eine demokratische Kunst. Alle Dinge der belebten und unbelebten Natur, die bisher zum Schweigen verdammt waren, können im Cartoon ihren Senf dazugeben.
Berichten Sie von den Frustrationen Ihrer Schrankwand, den Urlaubsplänen Ihres Induktionsherdes oder fühlen Sie sich in von der Pharmaindustrie genervte Coronaviren ein. Ihrer Empathie und Fantasie sind keine Grenzen gesetzt, es sei denn ...

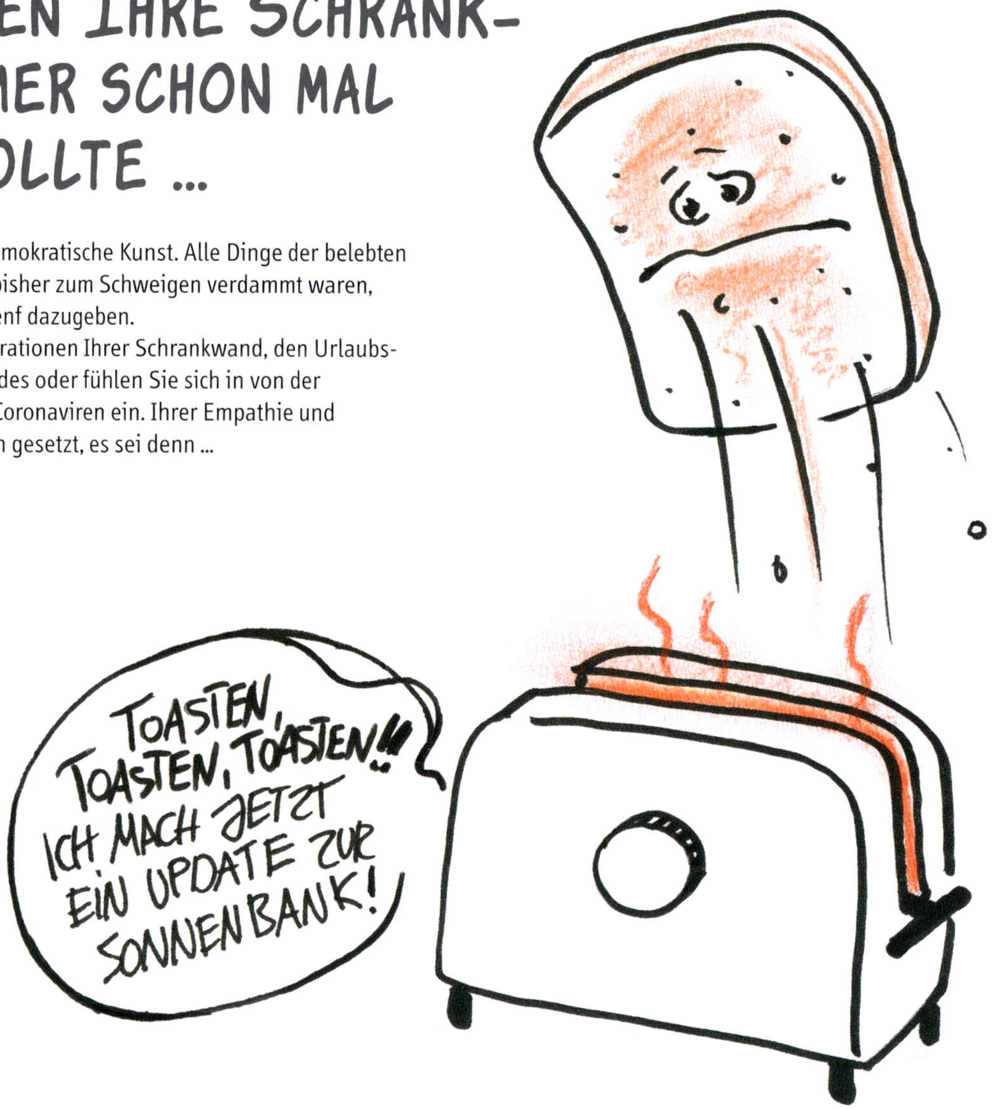

SCHNIPP SCHNAPP.

... die Schere in Ihrem Kopf ist aktiv und die „Political Correctness“ hebt mahnend den Finger. Daher Vorsicht! Wenn man ihr zu viel Raum gibt, wird es zäh, bemüht und vorhersehbar.
Cartoons können leichtfüßig und lustig sein, aber auch frech und bissig und manchmal müssen sie auch richtig feste zubeißen.

WITZTECHNIKEN

Normalerweise konstruiert man seine Cartoons nicht nach bestimmten Regeln. Nur: Wenn man schon viele gezeichnet oder gesehen hat, entdeckt man bestimmte Muster und Wiederholungen. Und wenn man gerade im Ideenstau steht oder nicht weiß, von welcher Seite man ein Thema angehen soll, hilft es, sich diese Muster genauer anzuschauen:

EBENEN VERNETZEN

Die Logik ist baff. In einem einzigen Cartoon vermengt man assoziativ völlig unterschiedliche Themen und Ebenen zu einer neuen Aussage.

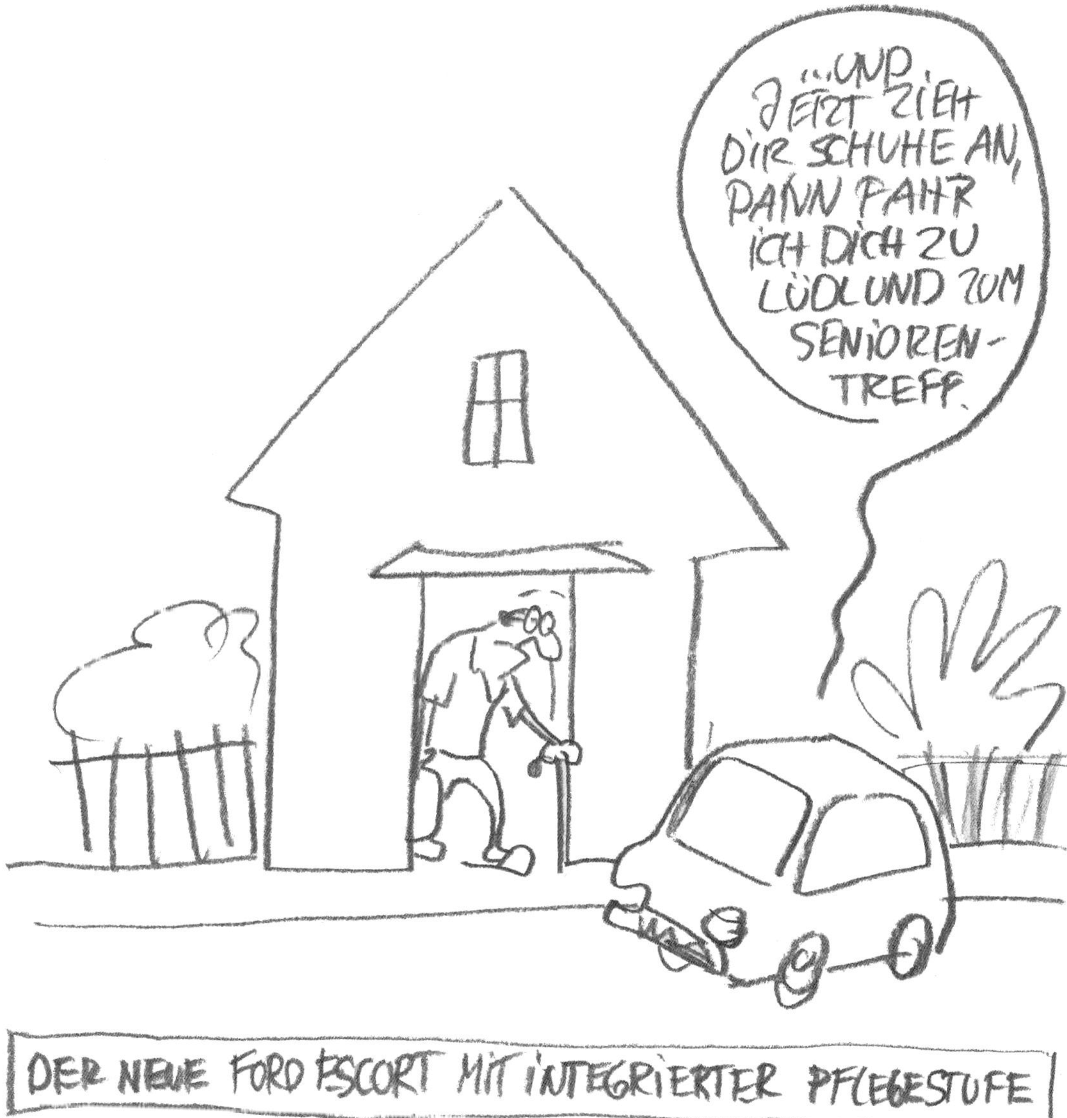

PERSPEKTIVWECHSEL

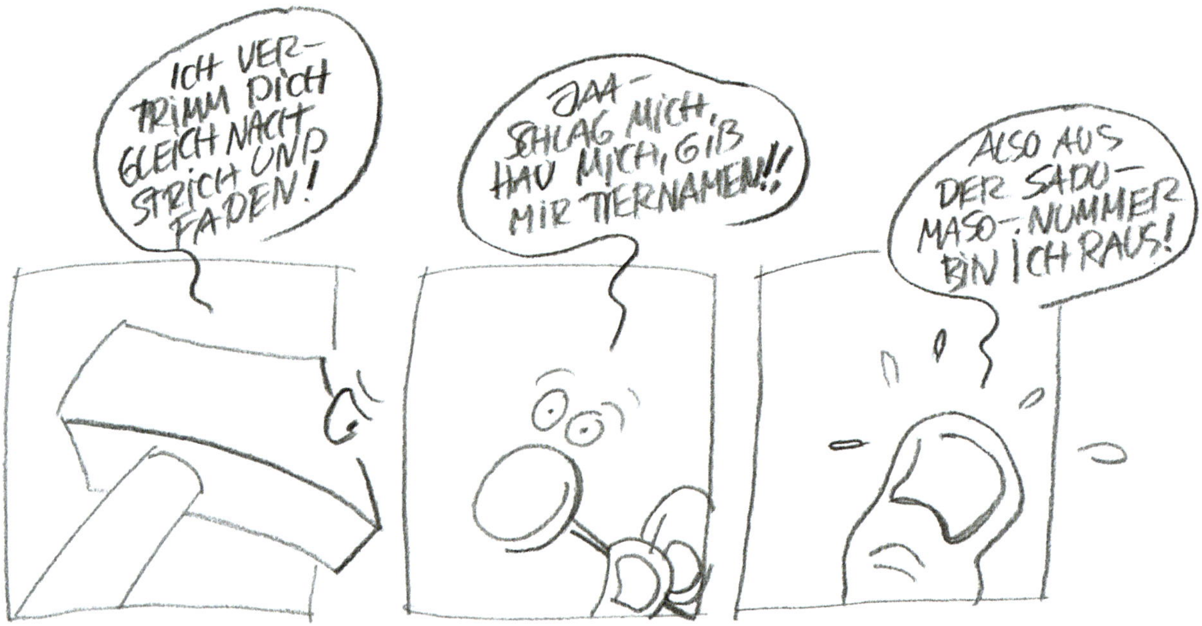

Aus welcher Sicht erzählen Sie eine Szene? Aus der des Nagels, des Daumens oder der des Hammers?

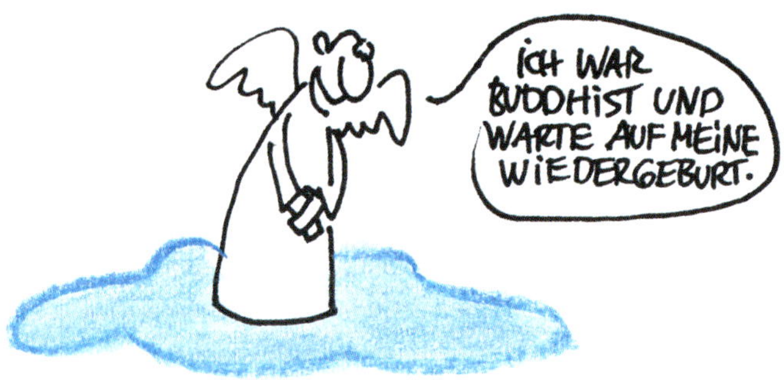

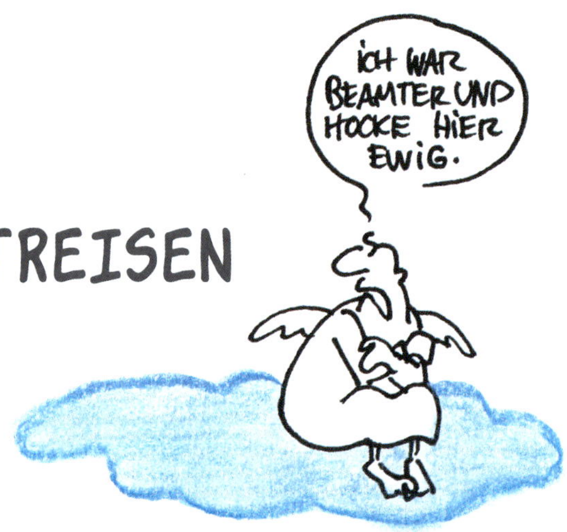

ORTSVERÄNDERUNG/ZEITREISEN

Eisern halten wir an unseren Alltagsroutinen und Vorstellungen fest. Deutlich wird das, wenn man eine Person aus ihrer gewohnten Umgebung an einen fremden Ort oder in eine andere Zeit versetzt.

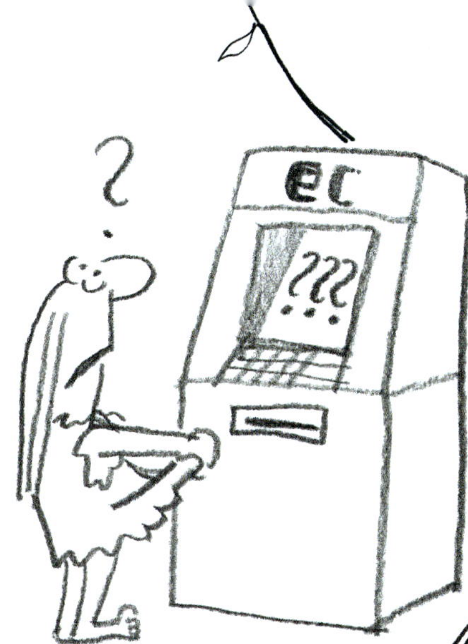

FALSCHES SETTING

Sterntaler kommt mit dem Geldautomaten nicht klar. Superman scheitert bei der Weltrettung am Flugverbot. Bekannte Figuren aus Märchen und Literatur, aus Film, Fernsehen oder der Geschichte treffen auf die Moderne.

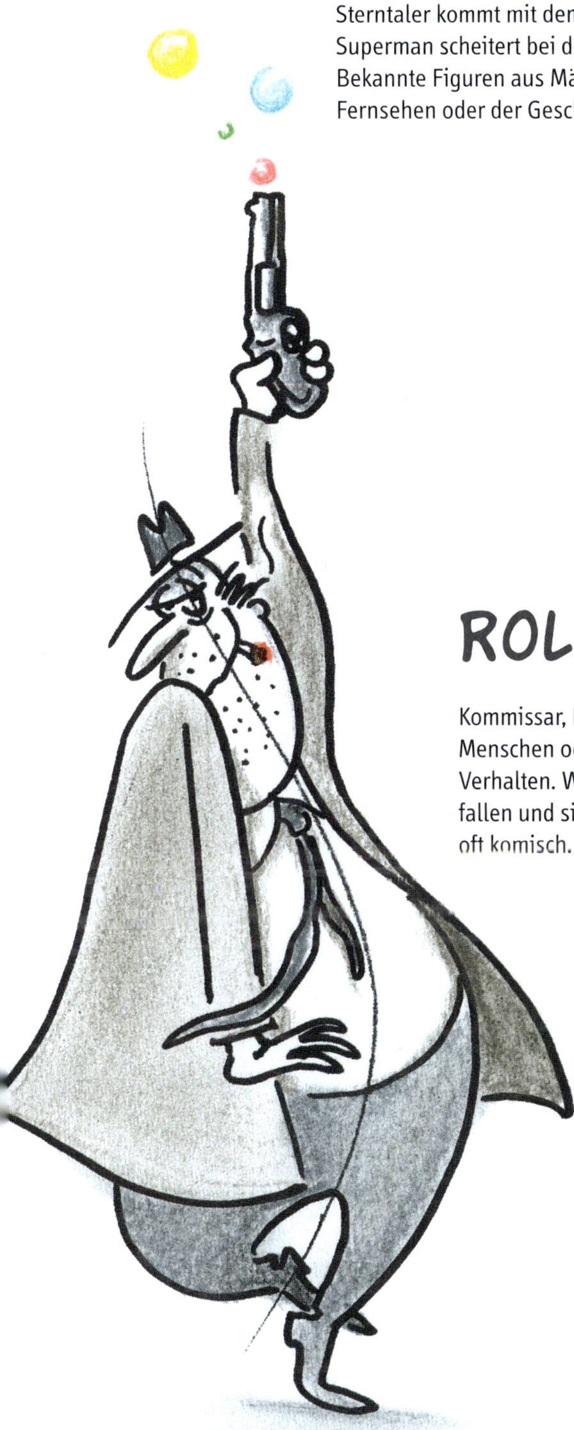

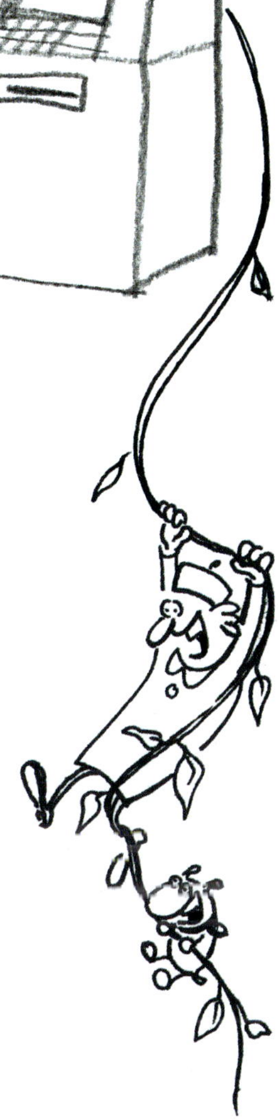

ROLLENWECHSEL

Kommissar, Hausfrau oder Hund, je nach Typ erwarten wir von Menschen oder Tieren ein charakteristisches oder arttypisches Verhalten. Wenn Mensch oder Tier aber plötzlich aus der Rolle fallen und sich untypisch benehmen oder bewegen, wirkt das oft komisch.

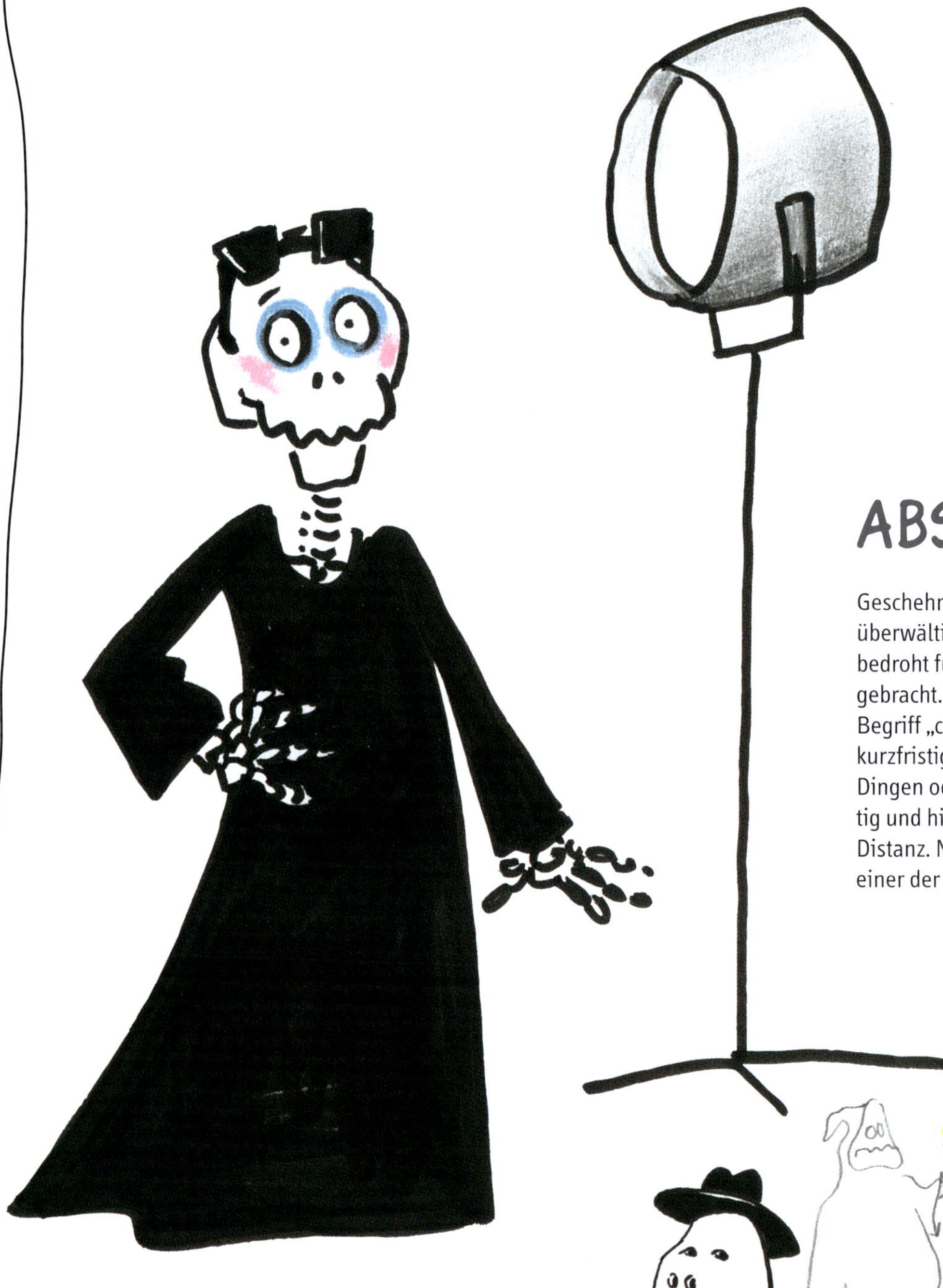

ABSCHWÄCHEN

Geschehnisse oder Personen, die uns überwältigen oder von denen wir uns bedroht fühlen, werden „auf Augenhöhe“ gebracht. Im Englischen gibt es dafür den Begriff „comic releaf“. Er bezeichnet ein kurzfristiges Atemholen, eine Erholung von Dingen oder Geschehnissen, die ohnmächtig und hilflos machen, durch humorvolle Distanz. Nicht umsonst ist Gevatter Tod einer der Stars der Cartoonszene.

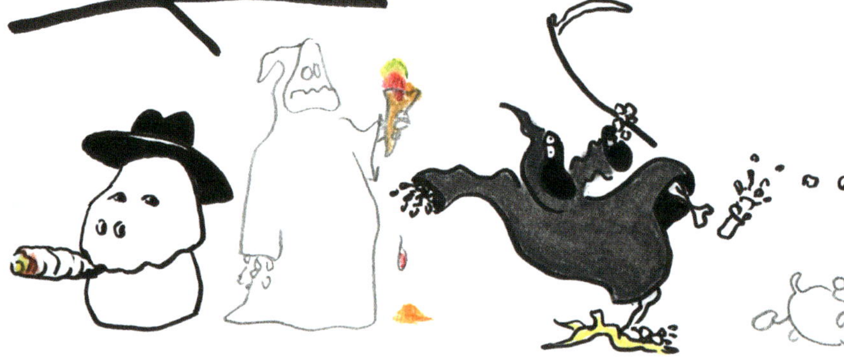

VERGRÖSSERN

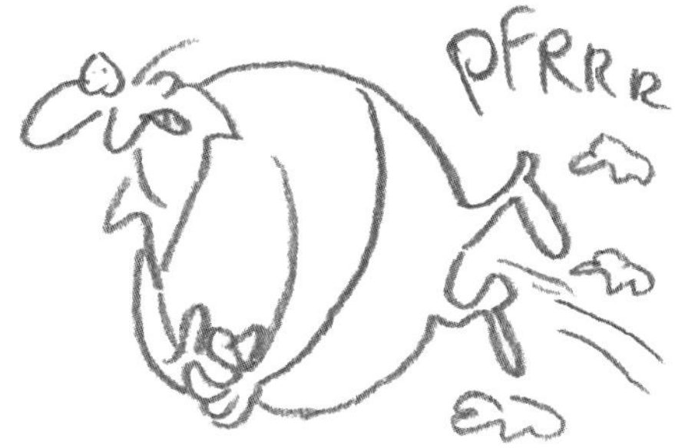

Die ewig verschwundene zweite Socke, Lebensmittel-unverträglichkeiten, der dauergrillende Nachbar... Nicht das Weltgeschehen, der täglich nervende Kleinkram macht uns fertig!

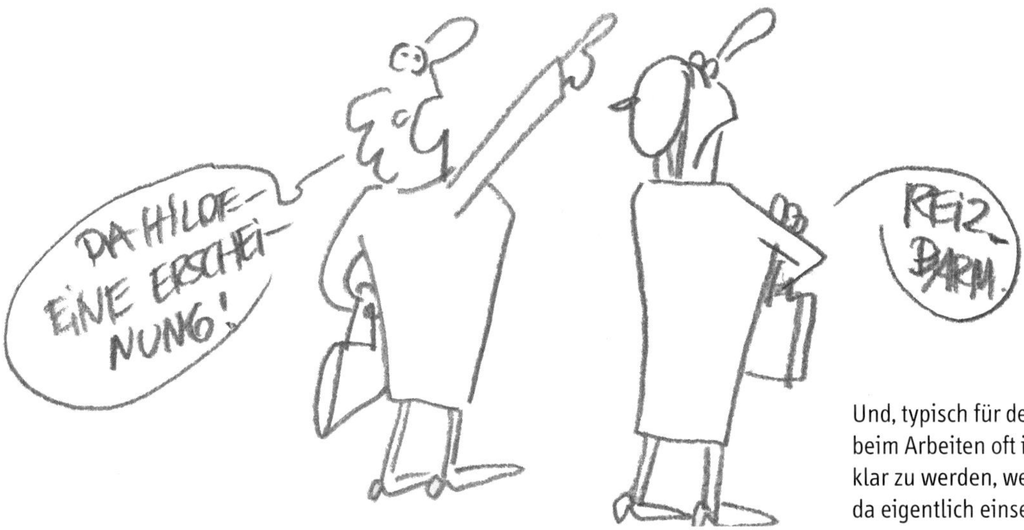

Und, typisch für den Cartoon, all diese Muster fließen beim Arbeiten oft ineinander. Aber es hilft, sich darüber klar zu werden, welch Muster und Wiederholungen man da eigentlich einsetzt, um sie bei eventueller Ideenflaute bewusster anzuwenden zu können.

SUPERNOVAS AUS DEM OFF

Die gibt es durchaus, diese tollen Ideen, die einem plötzlich und ganz spontan einfallen. Aber leider viel seltener als gewünscht.

In der Regel bedeutet Cartoonzeichnen lesen, recherchieren, überarbeiten, aussortieren. Die Idee ist da – aber irgendetwas stimmt noch nicht. Figuren, Text, Farben, Grafik ...? Man beginnt herumzuprobieren, zu verändern, auszutauschen, zu kürzen und gegebenenfalls neu zu zeichnen.
So leicht und spritzig Cartoons daherkommen, oft steckt mehr Arbeit dahinter als vermutet.

Darum noch einmal: Seien Sie geduldig mit sich und verzweifeln Sie nicht, wenn die ersten Skizzen nicht sitzen, der Text lahmt und sich der Papierkorb langsam füllt. Das ist Kreativkompost, der Nährboden für neue, bessere Ideen.

SCHRÄGE TYPEN

Sie haben viele Ideen, aber kaum Zeichenpraxis? Dann versuchen Sie nicht, realistisch zu zeichnen. Entwickeln Sie Ihr Cartoonpersonal und die nötigen Szenarien von Anfang an aus einfachen Grundformen. Das erleichtert Ihnen den Einstieg ins Cartoonzeichnen enorm. Üben Sie, wie beim Karikieren, scheinbar komplizierte Körper und Gegenstände auf klare, geometrische oder organische Formen zu reduzieren. Dabei können Sie auch bewusst gegen die Anatomie anzeichnen. Das wirkt oft sehr lustig.

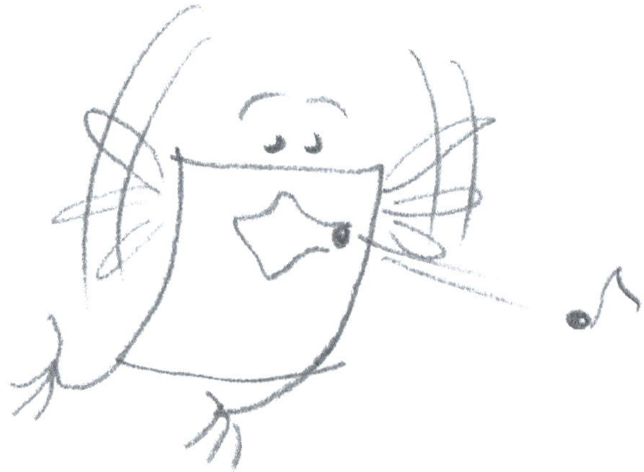

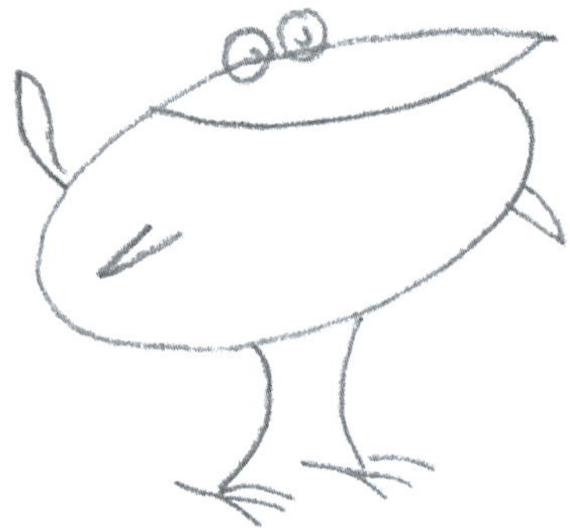

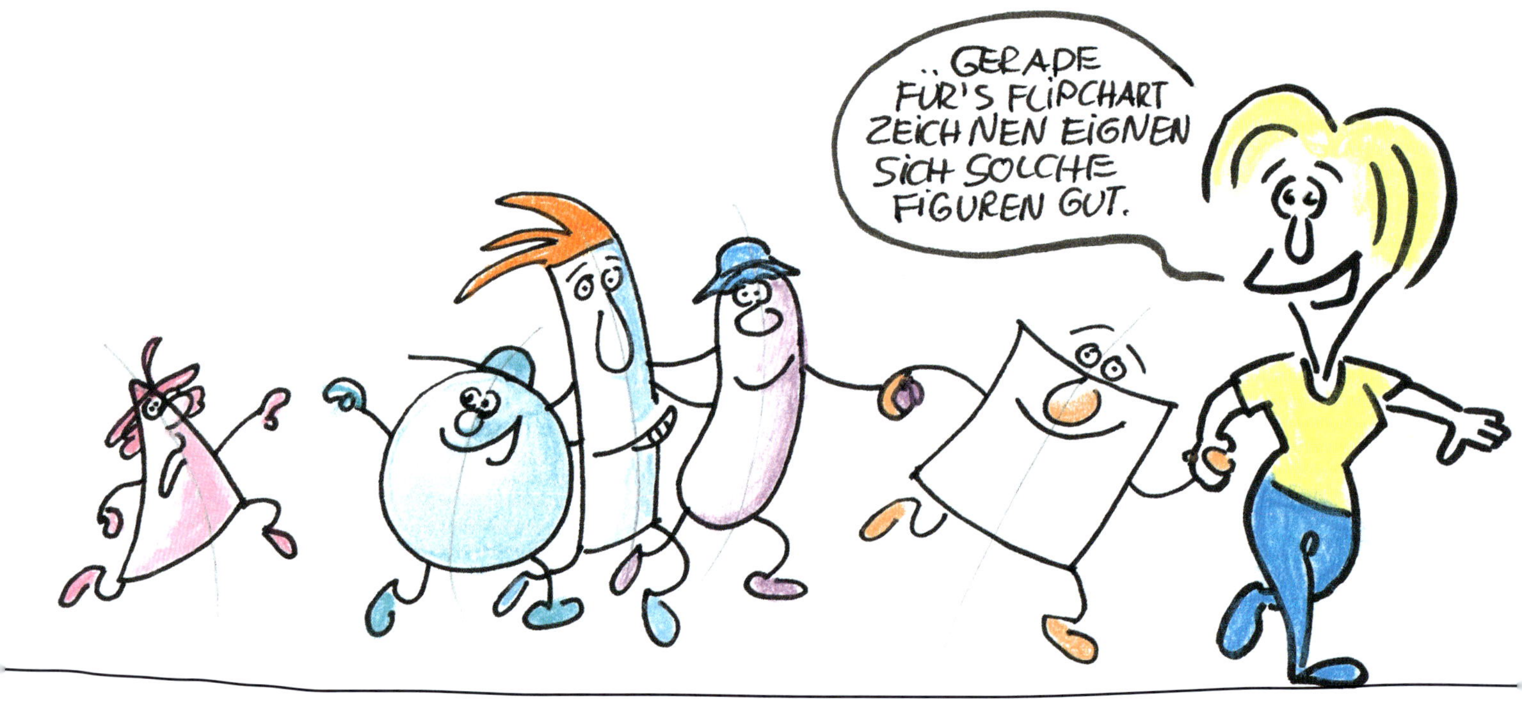

Ideal für Einsteiger sind Einteiler. Kopf und Rumpf bestehen hier aus einem Stück und müssen gemeinsam agieren. Beim Zweiteiler können Kopf und Körper unterschiedliche Formen annehmen und sind auch in der Bewegung unabhängiger.

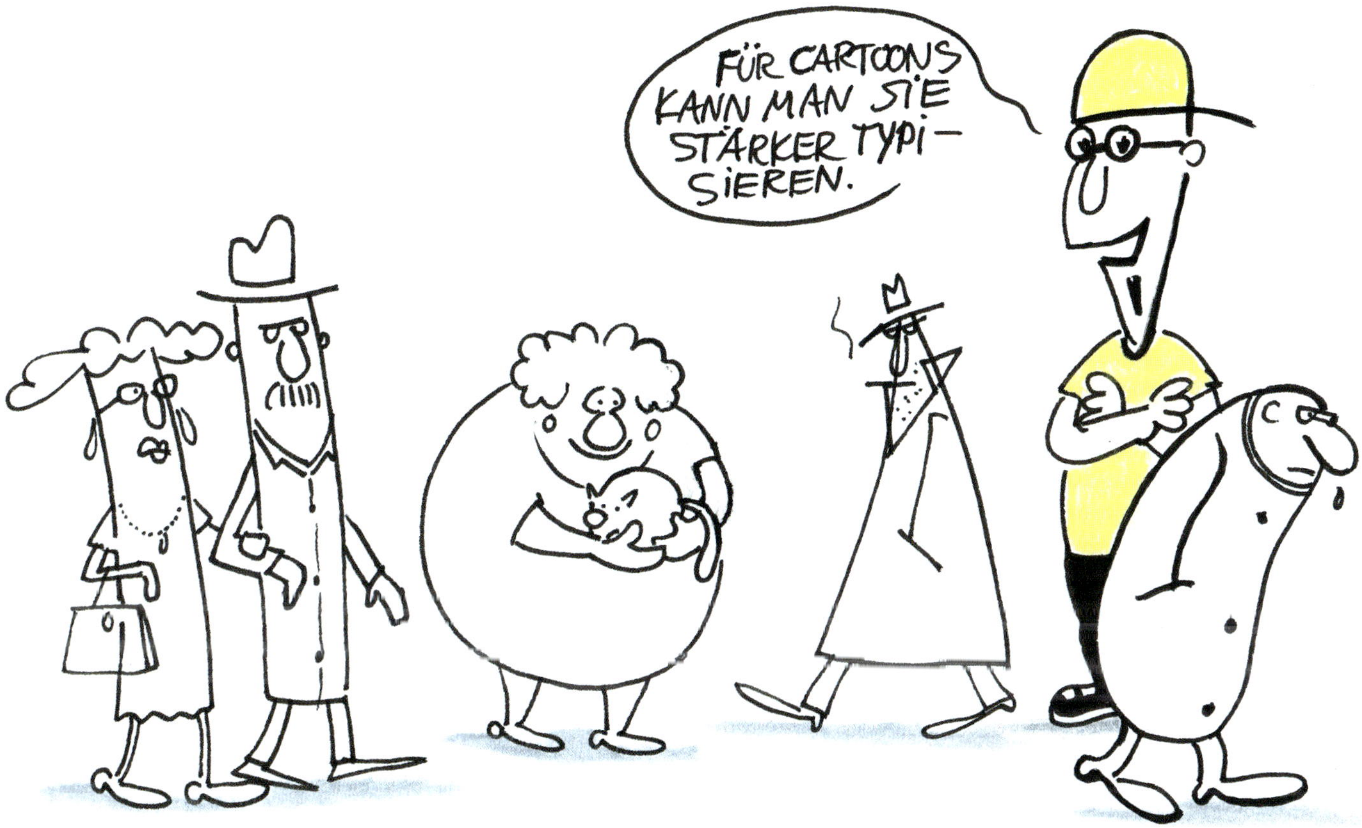

Mehrteilige Figuren lassen sich leicht in Ein- oder Zweiteiler umwandeln. Mit diesen sympathischen und praktischen Figuren können Sie die meisten Cartonnideen umsetzen. Auch als Protagonisten in kleinen Strips können sie sich behaupten.

ZWEI- ODER DREITEILER

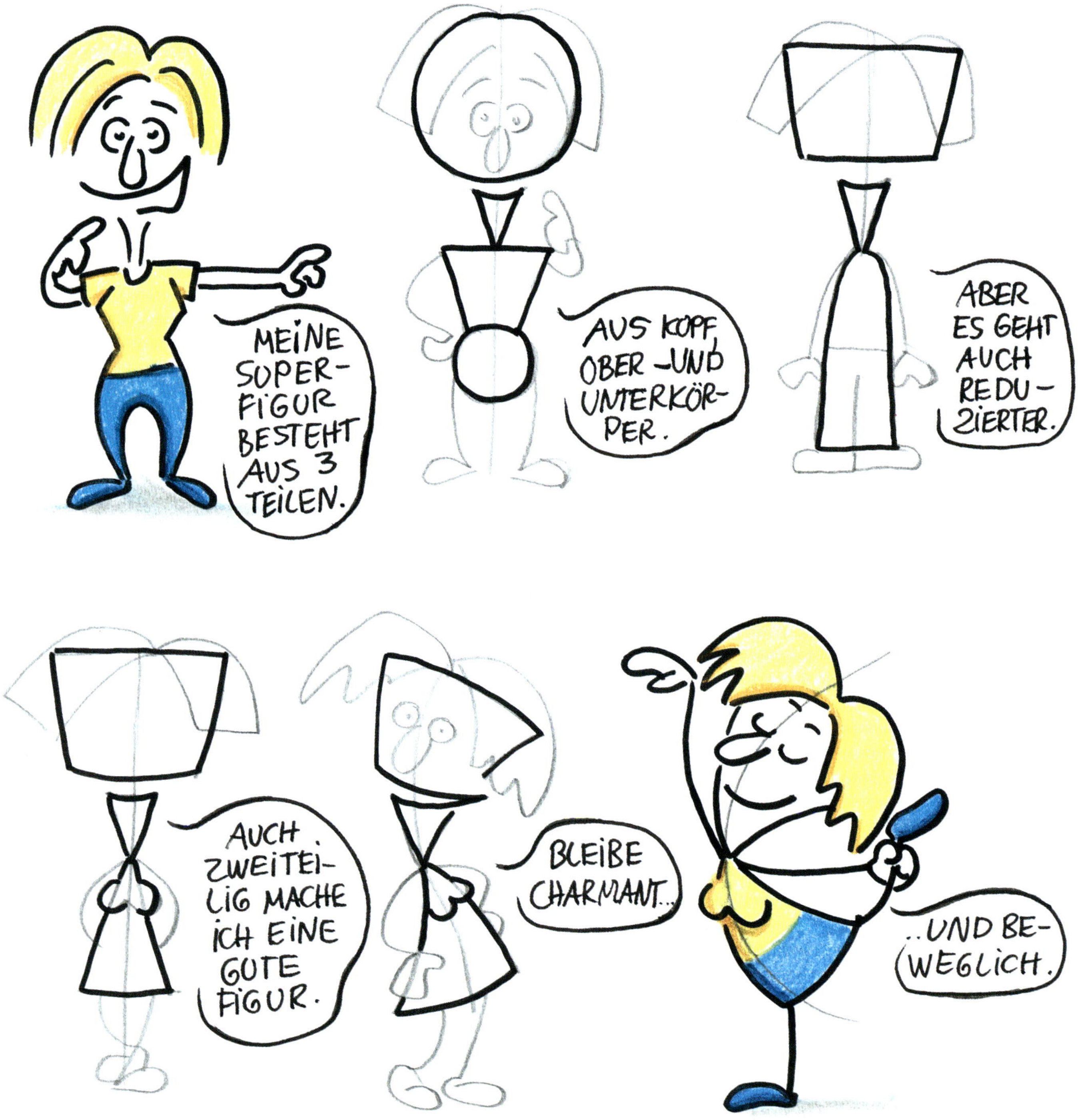

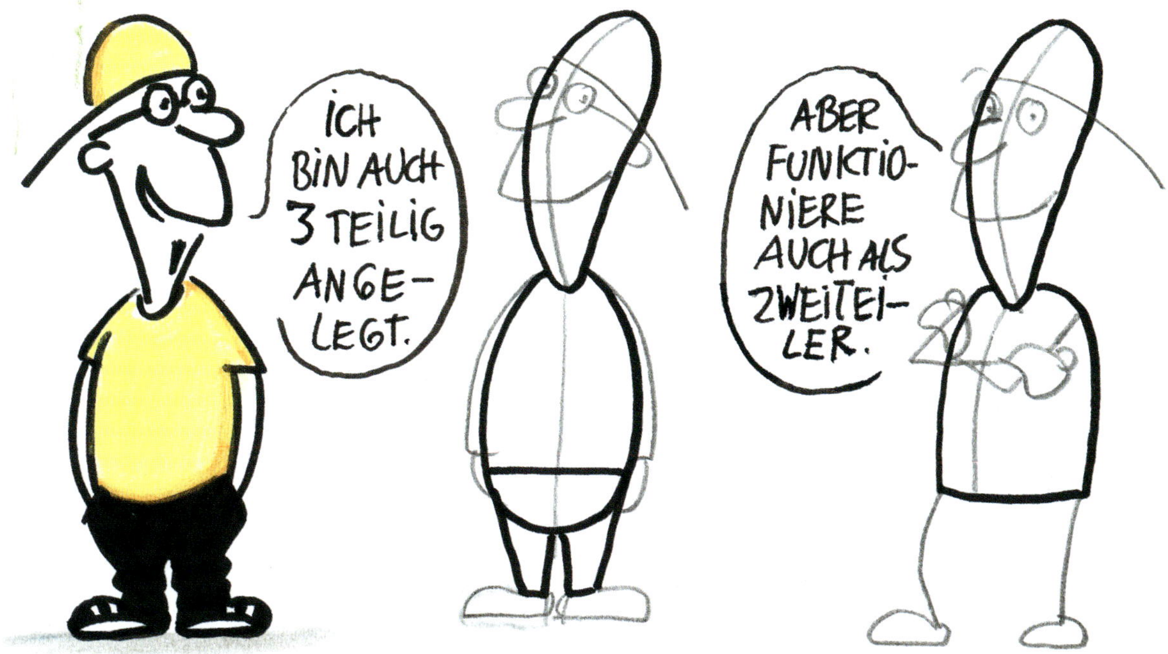
ICH BIN AUCH 3 TEILIG ANGE- LEGT.
ABER FUNKTIO- NIERE AUCH ALS ZWEITEI- LER.

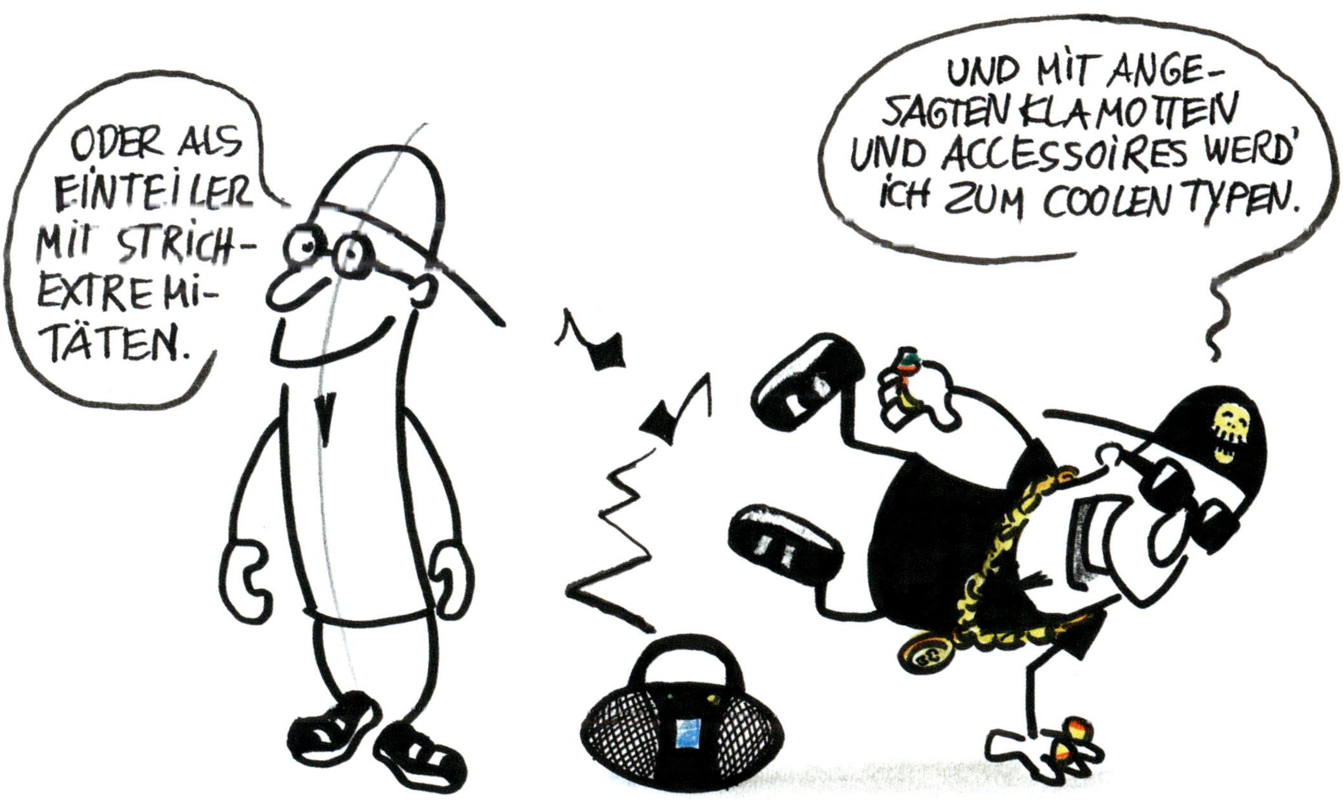
ODER ALS EINTEILER MIT STRICH- EXTREMI- TÄTEN.
UND MIT ANGE- SAGTEN KLAMOTTEN UND ACCESSOIRES WERD' ICH ZUM COOLEN TYPEN.

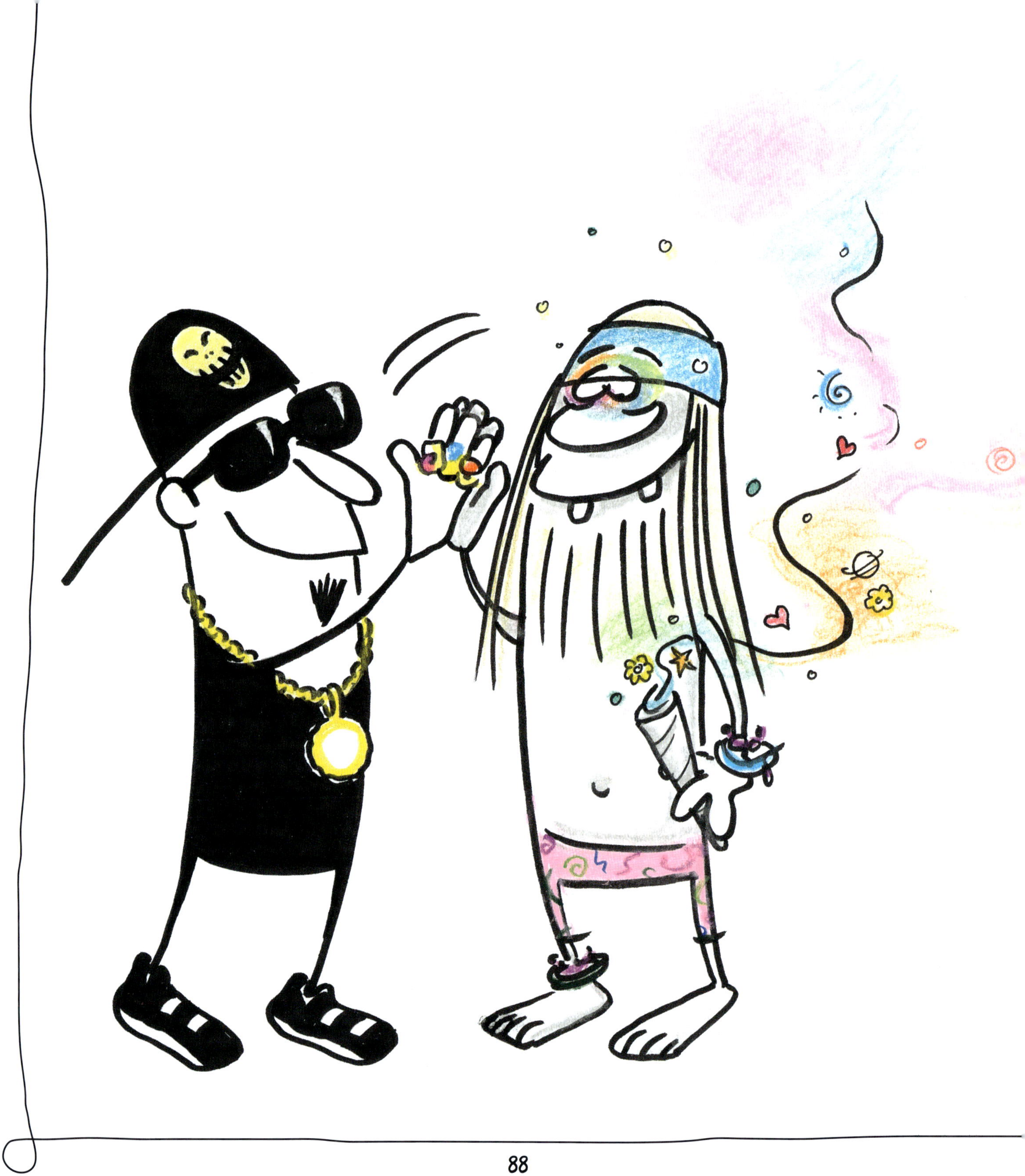

EINE GRUNDFORM FÜR ALLE

Eine Cartoonfigur ist im Rohbau gender- und sogar speziesneutral. Die Festlegung auf Mann, Frau, Affe oder Außerirdischer erfolgt durch die artgerechte Ausstattung: Kleidung, Fell, Frisuren, Accessoires. Wenn Sie möchten, können Sie alle Figuren aus einer einzigen Grundform entwickeln.

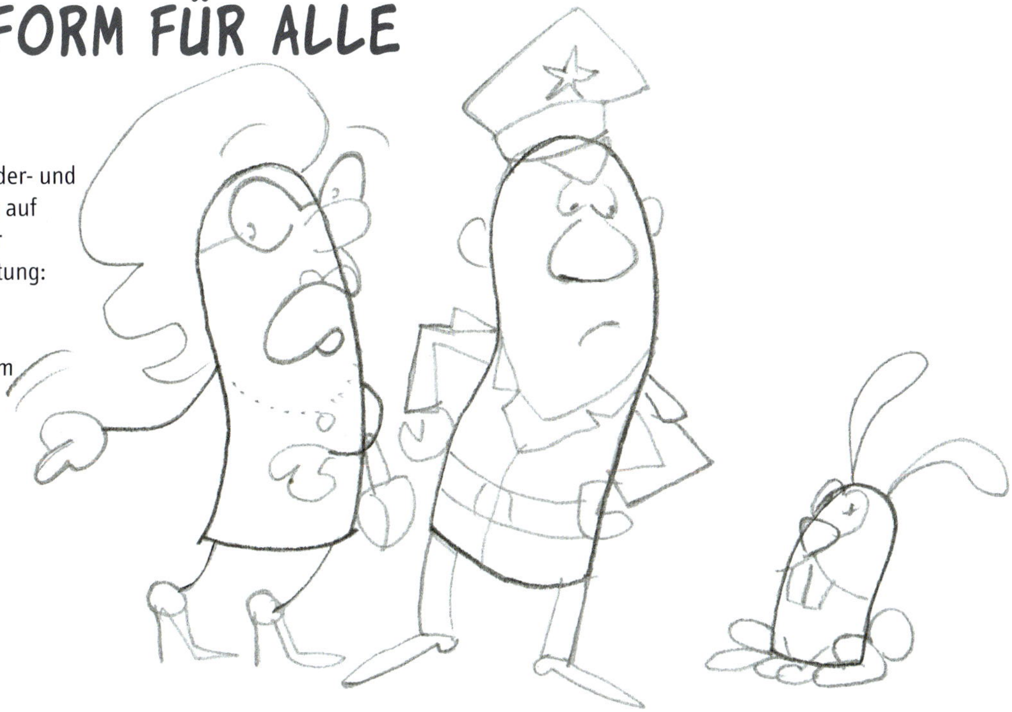

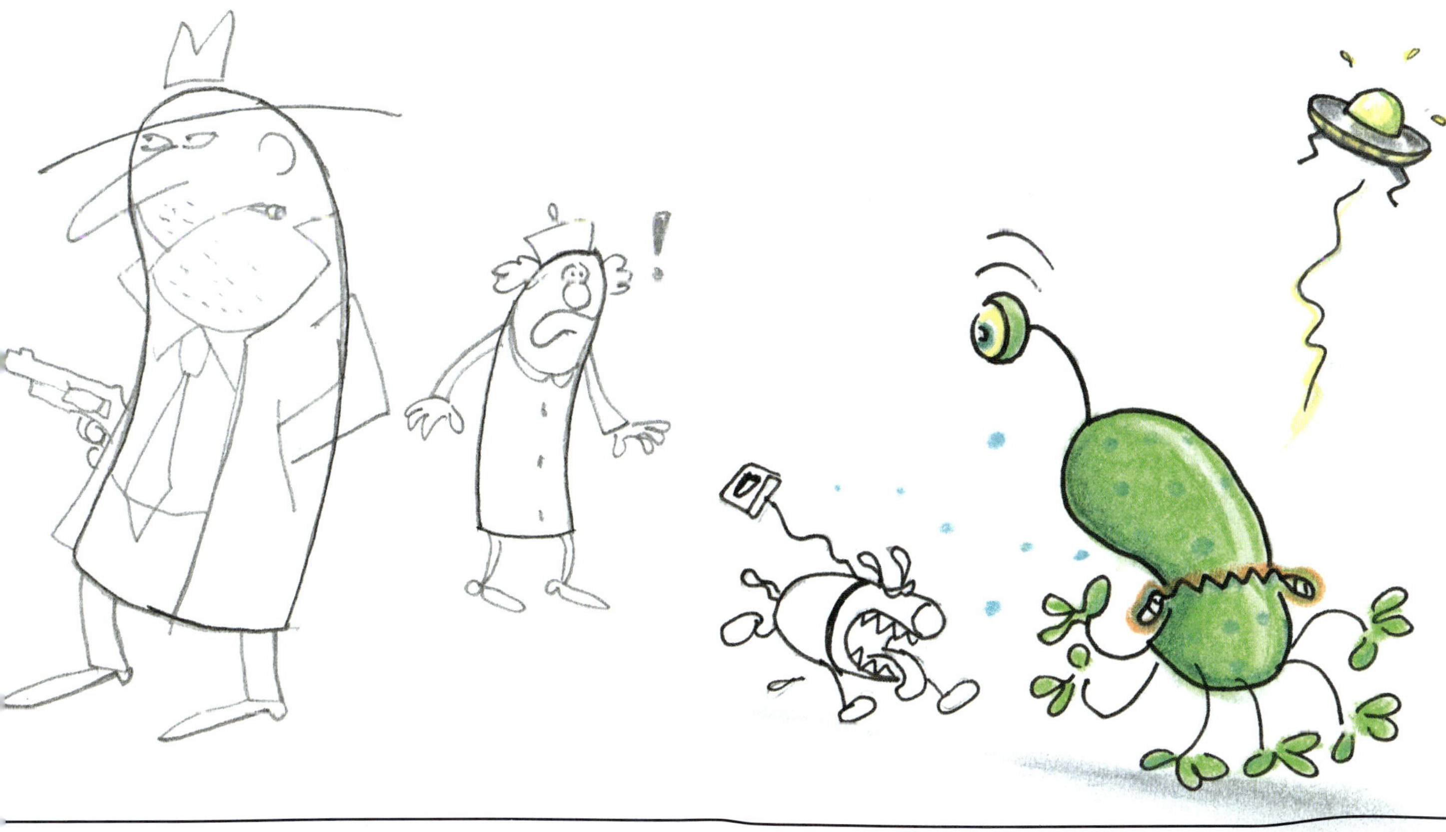

DAS COMIC-UNIVERSUM: PLATZ FÜR VIELFALT

Möchten Sie sich zeichnerisch weiterentwickeln und Ihre Möglichkeiten erweitern, gehen Sie, mit etwas Übung, zu mehrteiligen Comicwesen über.

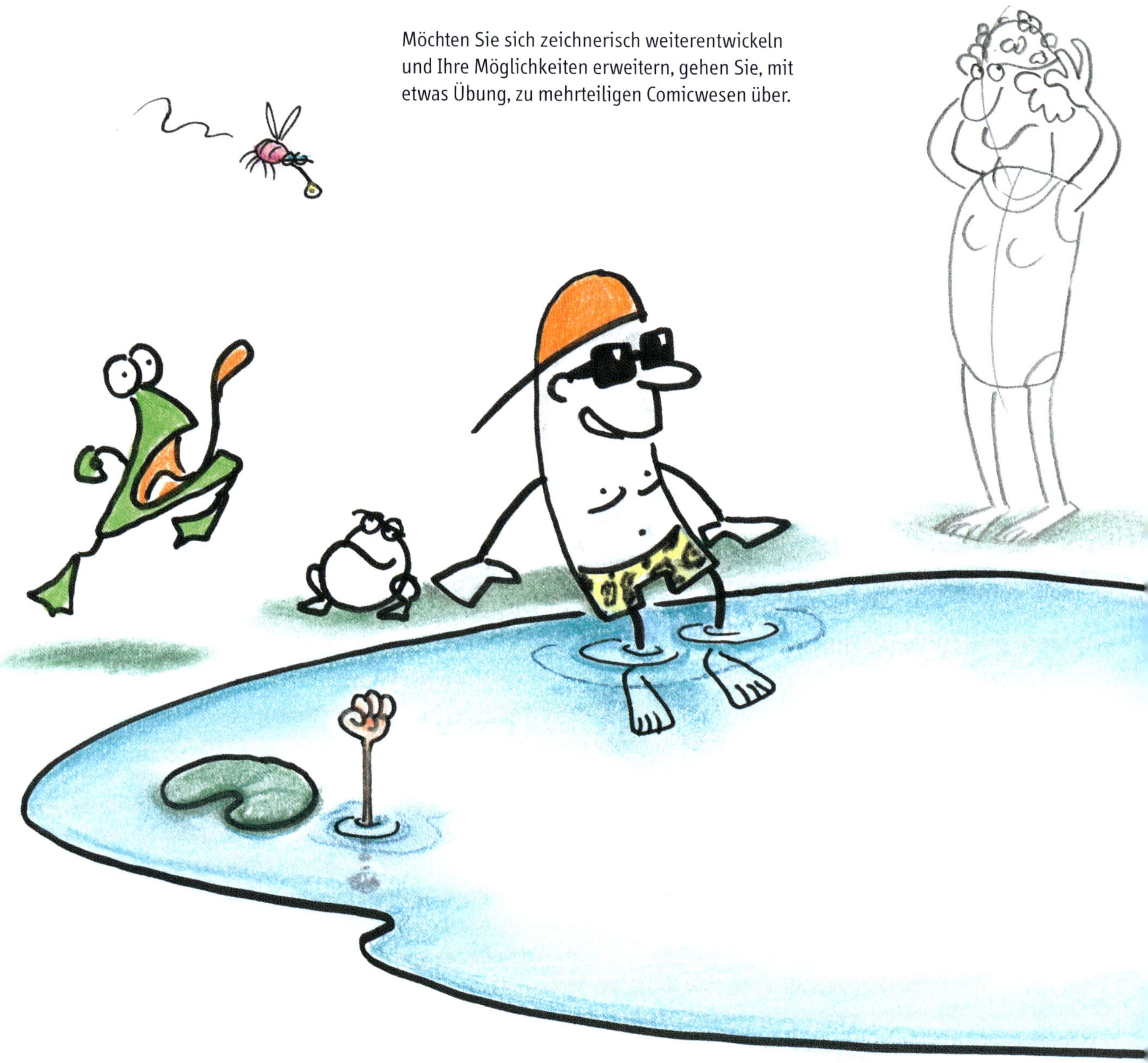

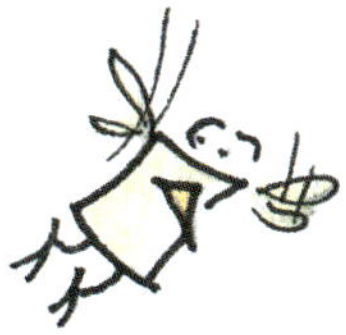

Aber egal ob Einteiler, Zweiteiler oder Mehrteiler – lebendig werden Figuren durch ihre Beweglichkeit und ihren Ausdruck.

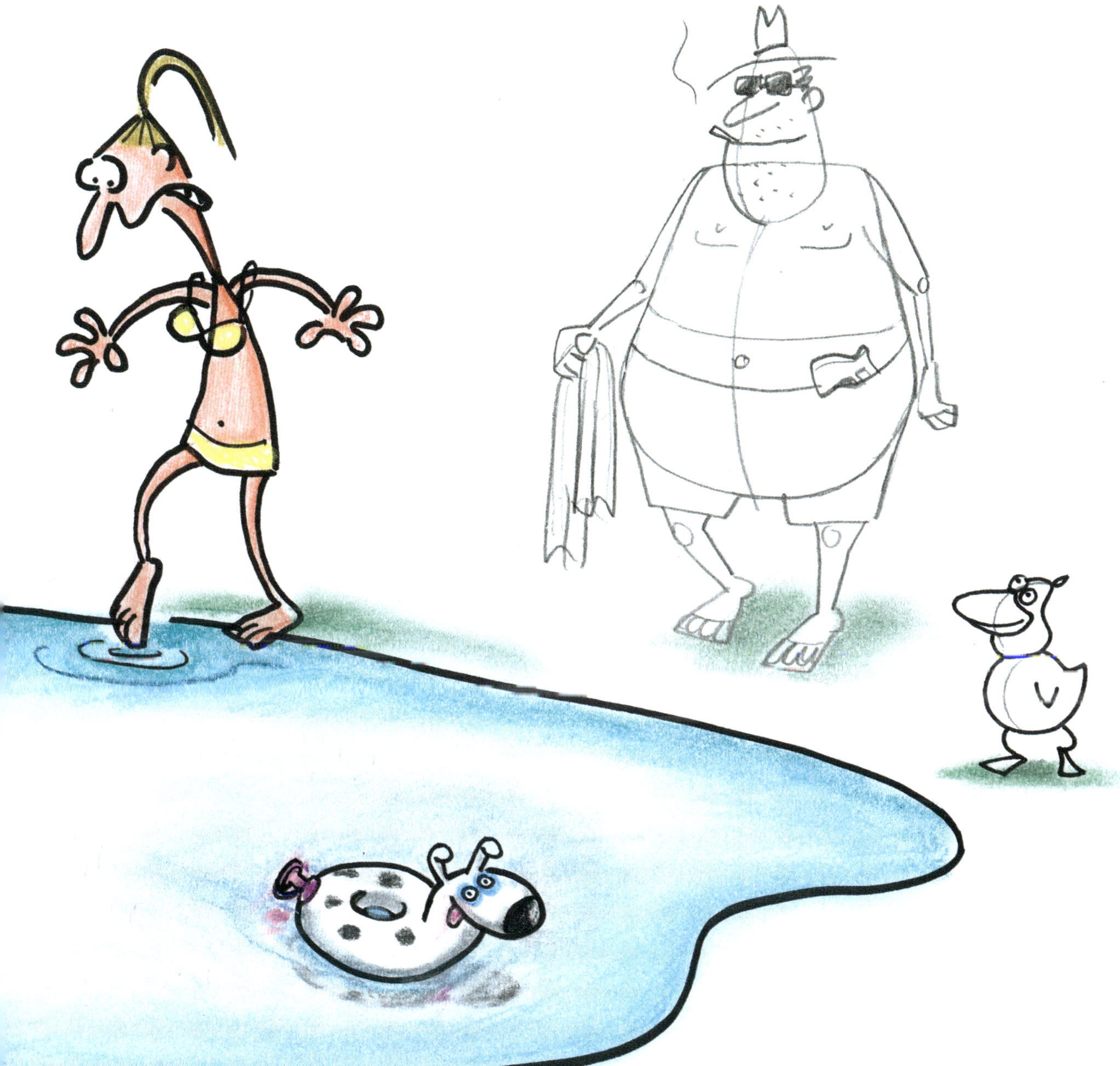

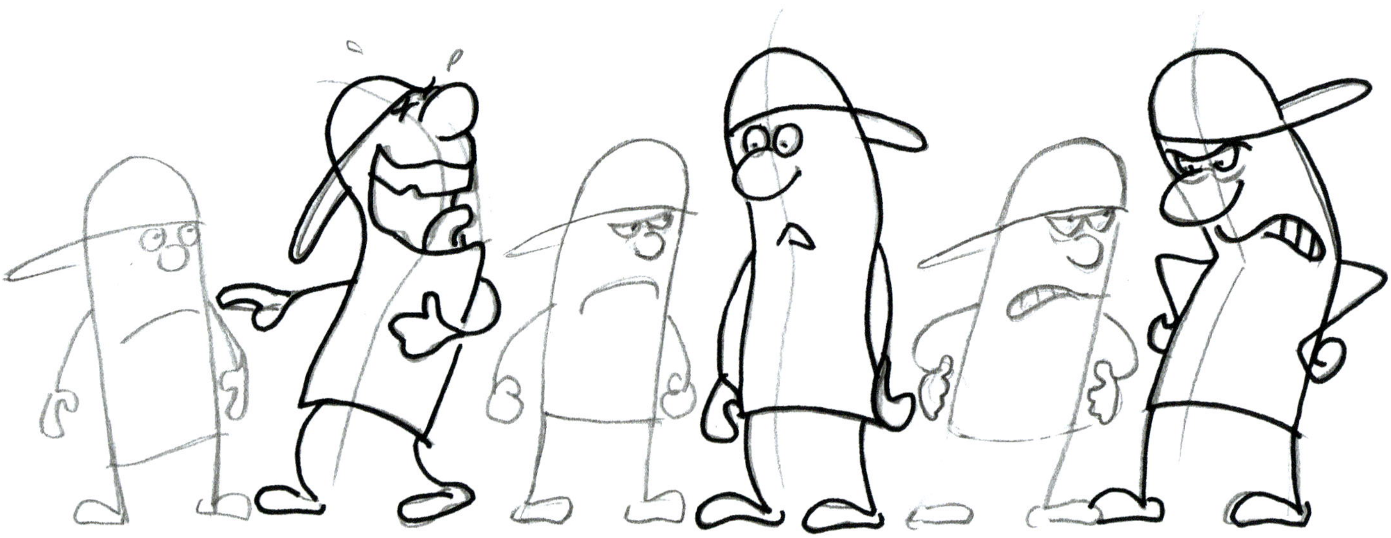

KÖRPERSPRACHE

Wie hätten Sie es denn gern? Eher Emoji-mäßig reduziert im Ausdruck oder lieber etwas expressiver? Auch ganz einfache Figuren können ein intensives Gefühlsleben entwickeln.

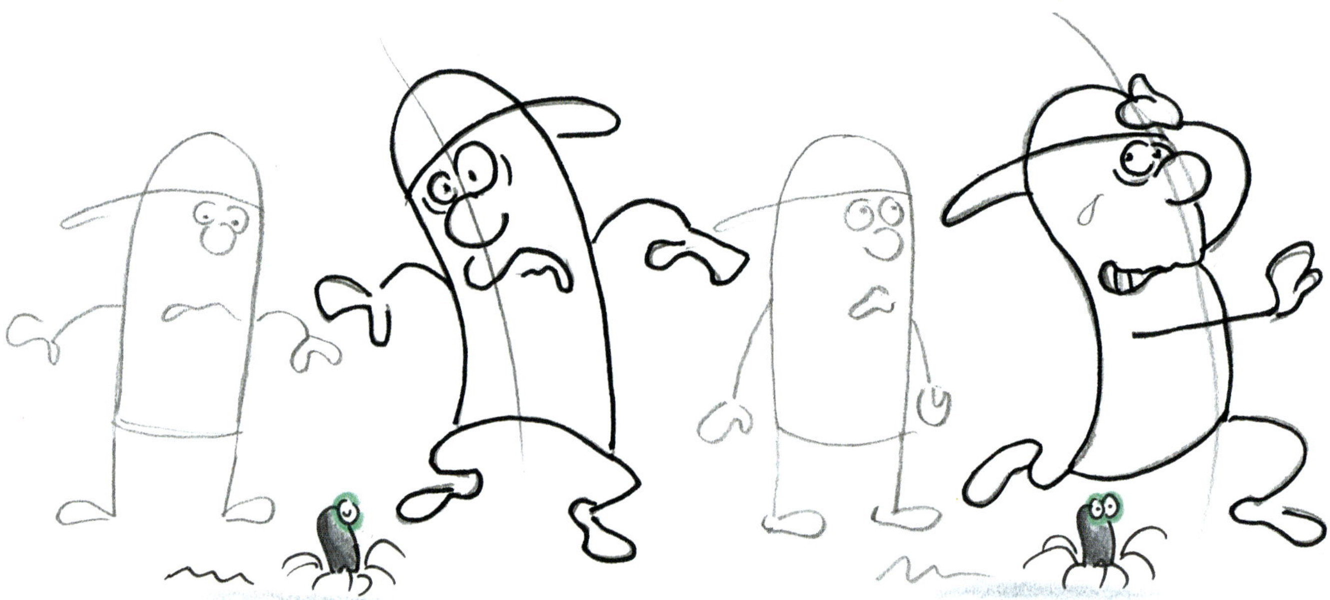

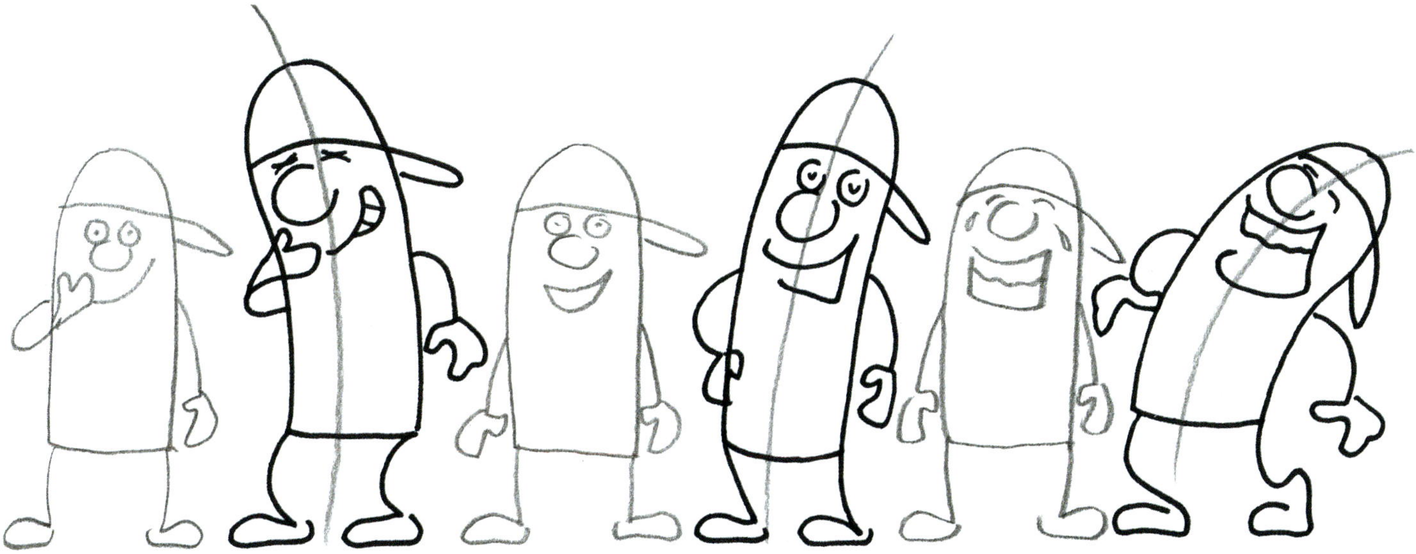

Beim Einteiler kann der ganze Körper mitweinen, -lachen oder -wüten. Schauen Sie in den Spiegel. Probieren Sie verschiedene Emotionen und beobachten Sie, wie sich Gesicht und Körper dabei verändern. Sackt Ihr Körper zusammen, wenn Sie traurig oder erschöpft sind? Welche Haltung nimmt er an, wenn Sie sich fürchten oder wütend werden?
Diese Bewegung, die durch den ganzen Körper geht, legen Sie dann mit der Bewegungslinie fest. Im nächsten Schritt folgen Sie dieser Linie mit der Körperkontur.

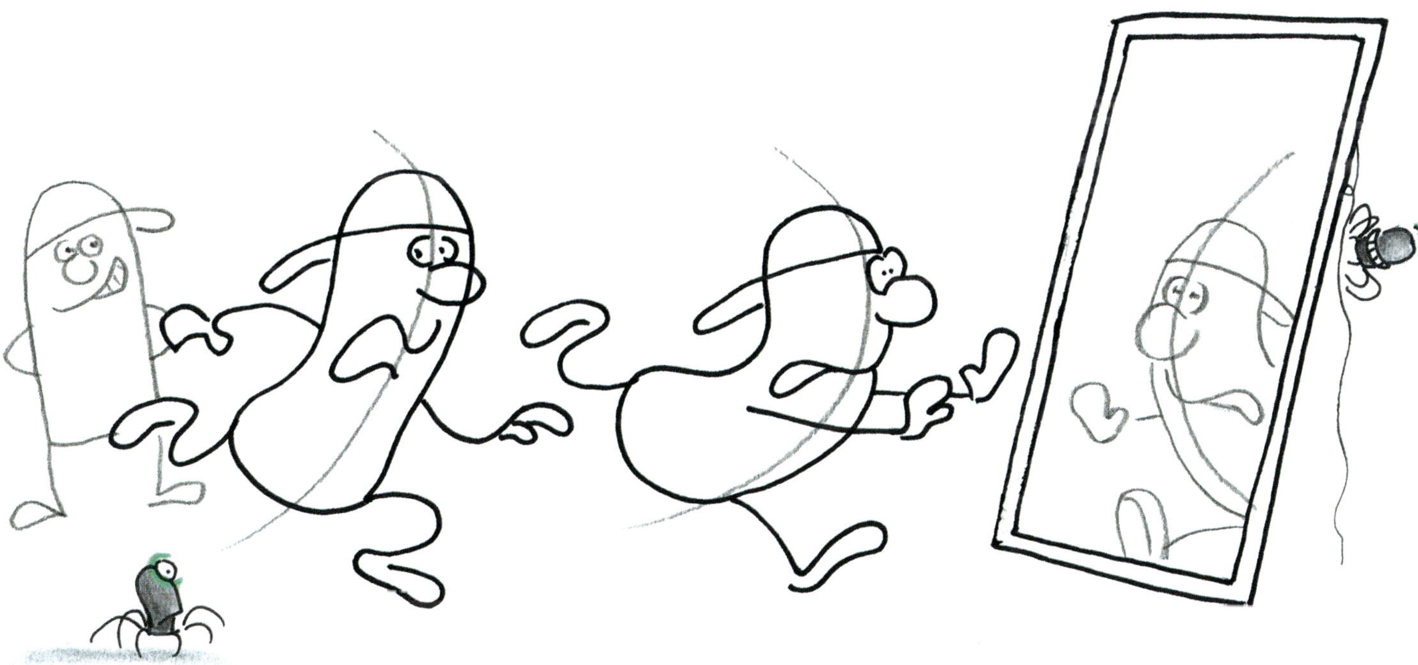

BEWEGUNGSAKTIV

Dasselbe gilt für die Bewegung von mehrteiligen Figuren: Stellen Sie sich zuerst die Bewegung vor, die Ihre Figur ausführen soll, zeichnen Sie dann die Bewegungslinie und folgen Sie dieser mit den Körperkonturen. Wenn Ihnen die Bewegung unklar ist, probieren Sie diese selbst aus oder beobachten Sie sie an anderen. Auch die Anschaffung einer kleinen Gliederpuppe kann helfen.

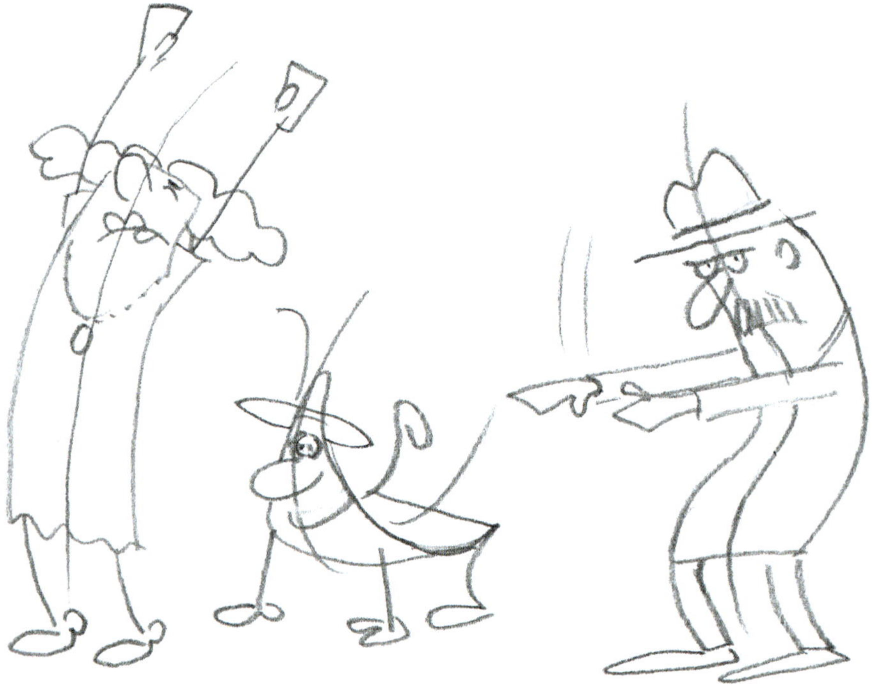

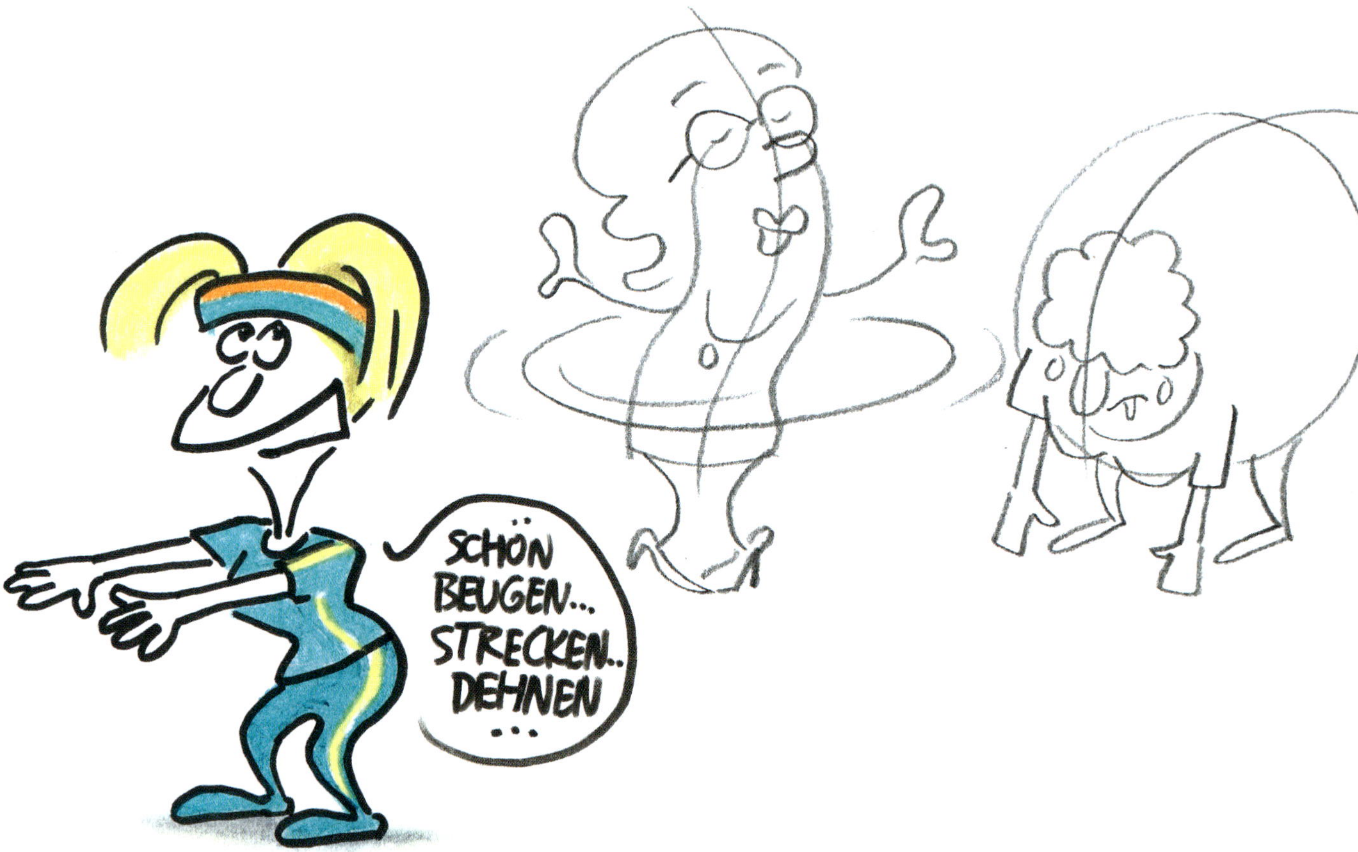

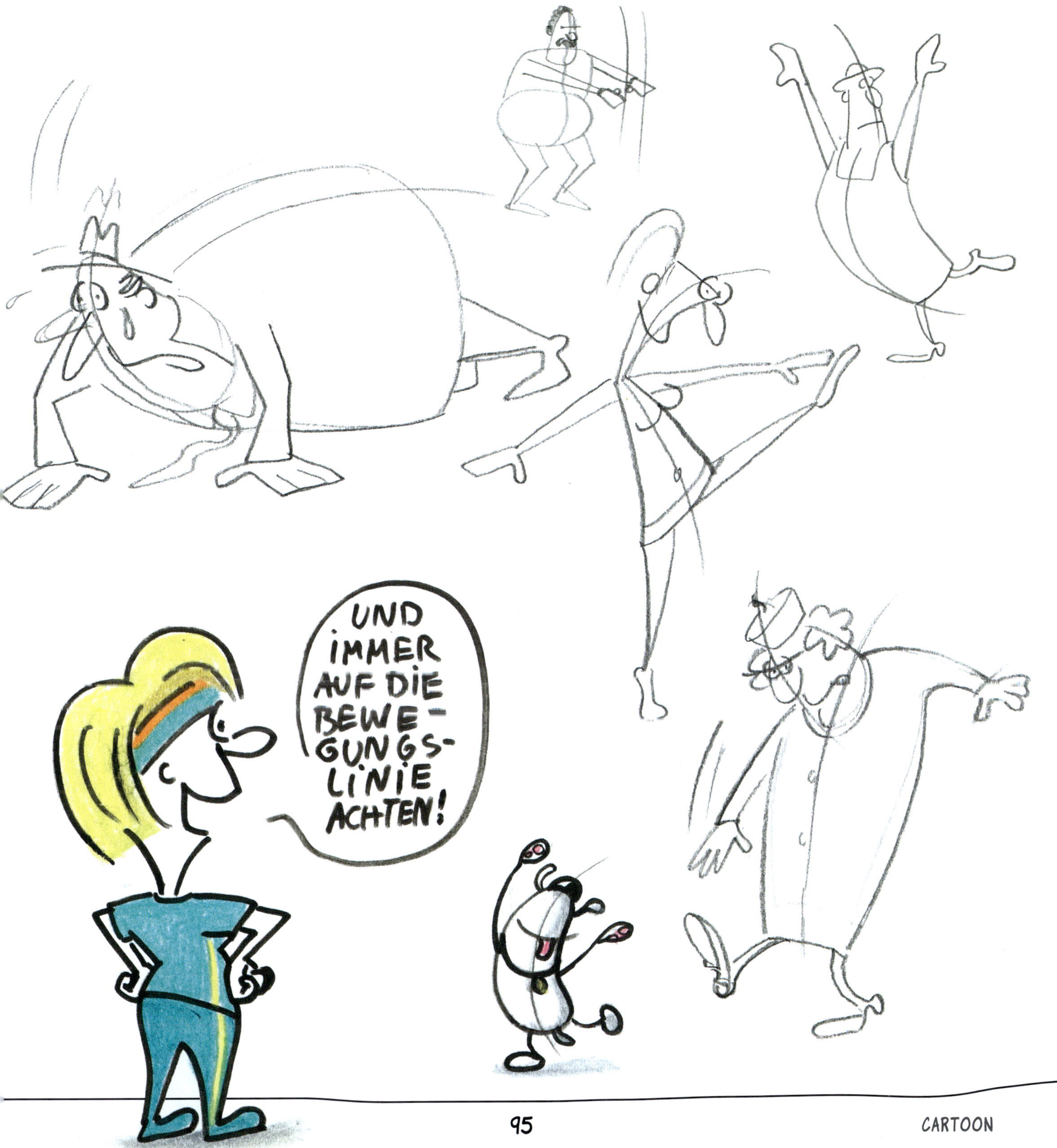
UND IMMER AUF DIE BEWE-GUNGS-LINIE ACHTEN!

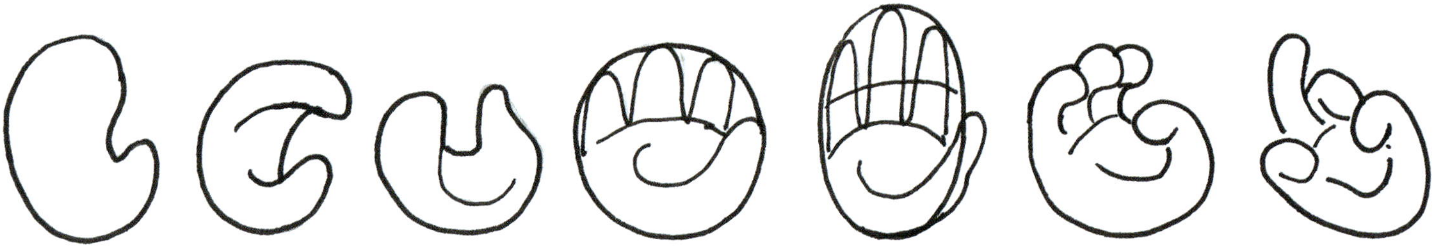

HANDS UP!

Sie halten Händchen, Kaffeetassen, Zeichenstifte, Pistolen ... Hände sind wunderbar komplexe Werkzeuge. Aber nicht einfach zu zeichnen. Dafür haben wir sie zu Studienzwecken immer dabei.

Je nach Figurentyp reichen ganz rudimentäre Ausführungen. Für die einfachste Hand und schlichte Tätigkeiten sind nur Handfläche und Daumen notwendig. Stellen Sie sich die Hände biegsam und knochenlos vor, rund oder eckig – wie es besser zu Ihrem Figurentyp passt.

Werden Figuren und Handlungen komplexer, hilft es sehr, auf einen Finger zu verzichten. Die vierfingerige Hand ist viel einfacher zu zeichnen und dabei voll beweglich.

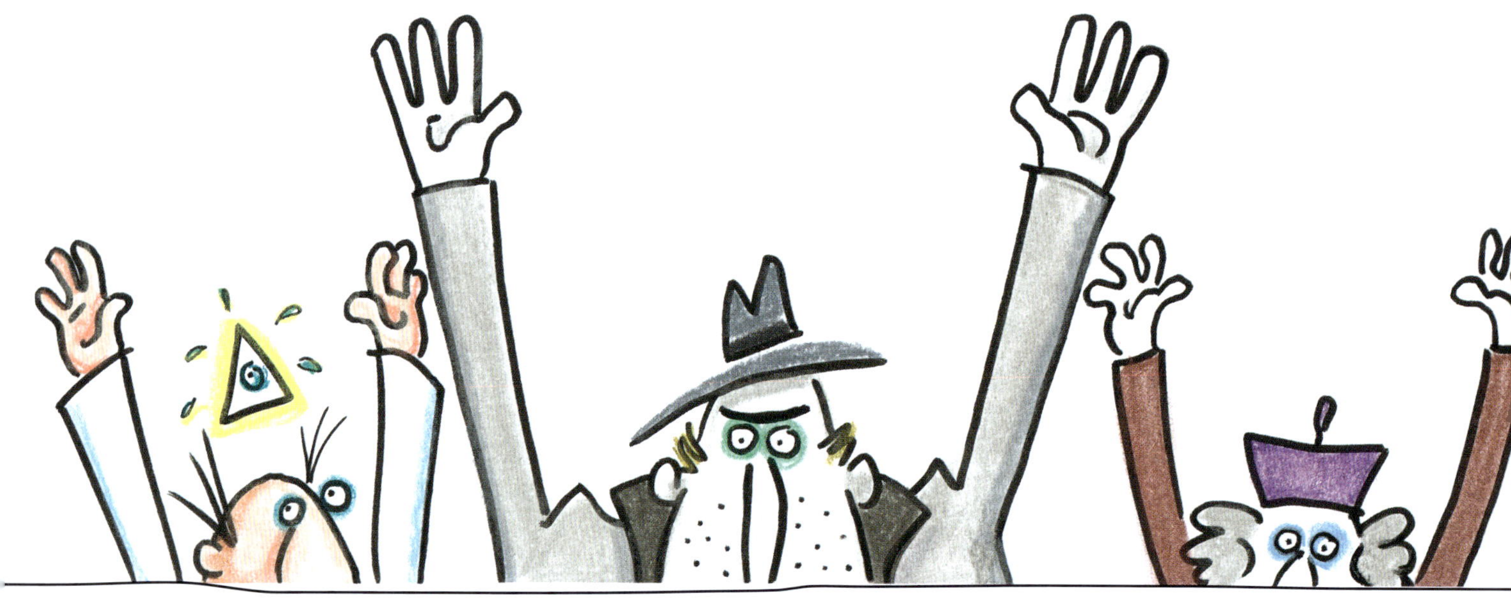

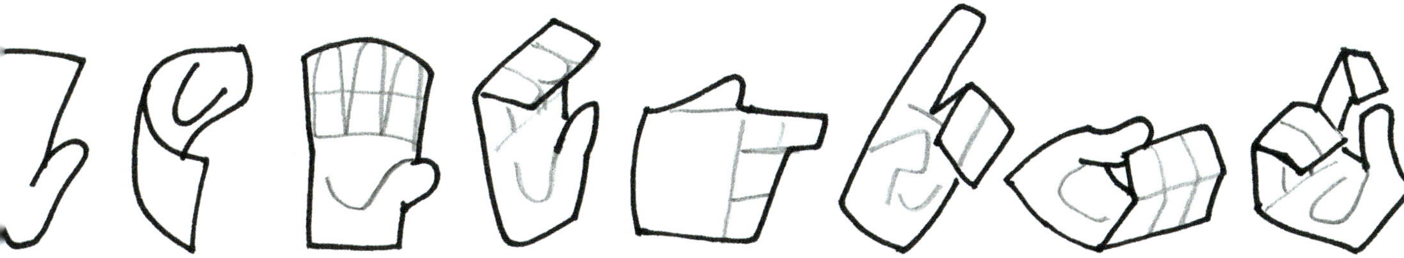

Stellen Sie sich die Hand zuerst flach, wie ein faltbares Blatt Papier vor, und unterteilen Sie sie in drei Teile: Daumen, Handfläche/Rücken und eine Form für alle Finger zusammen. Die Finger und Daumen sind jeweils noch einmal knickbar.

Dann skizzieren Sie mit diesen drei Teilen die Bewegung. Die restlichen Finger werden erst später eingezeichnet.

Generell ist es für das Comiczeichnen ratsam, Hände immer mal wieder aus allen möglichen Perspektiven zu skizzieren.

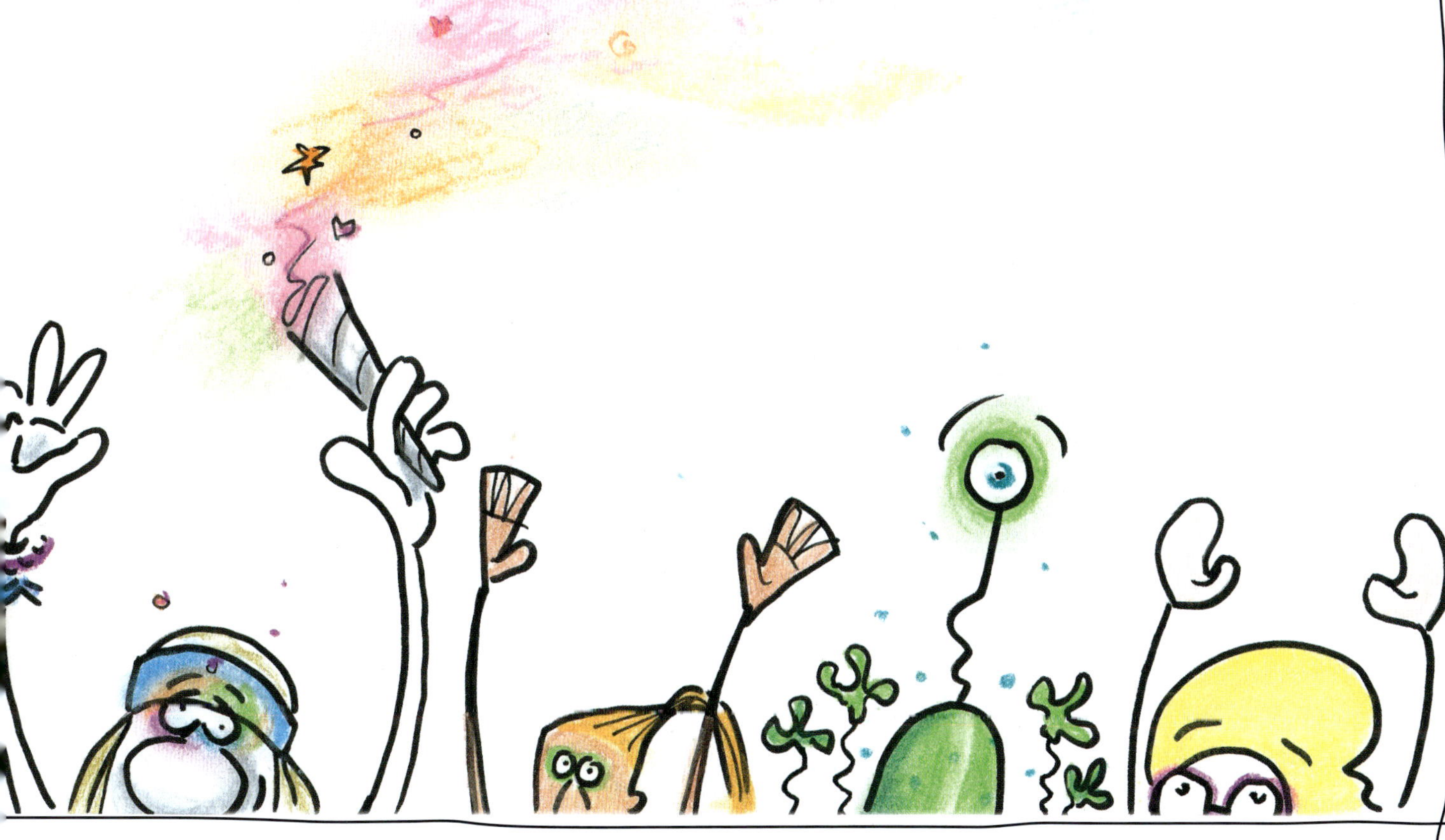

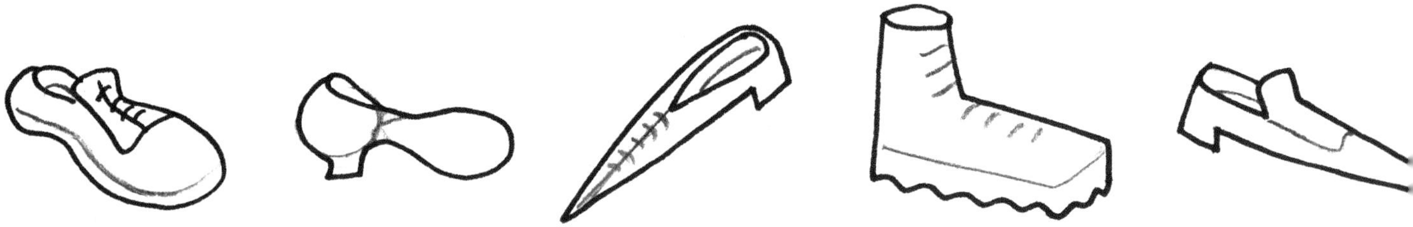

FUSSPFLEGE

Schon Aschenputtel wusste, wie wichtig der passende Schuh für die Karriere sein kann. Doch wenn Sie sich zeichnerisch nicht so engagieren und eher reduziert arbeiten möchten, können Sie auf Vielfalt beim Styling verzichten. Auch der sozialistische Einheitsfuß für alle Personen funktioniert. Klein dargestellt eignet er sich sogar als Pfote.

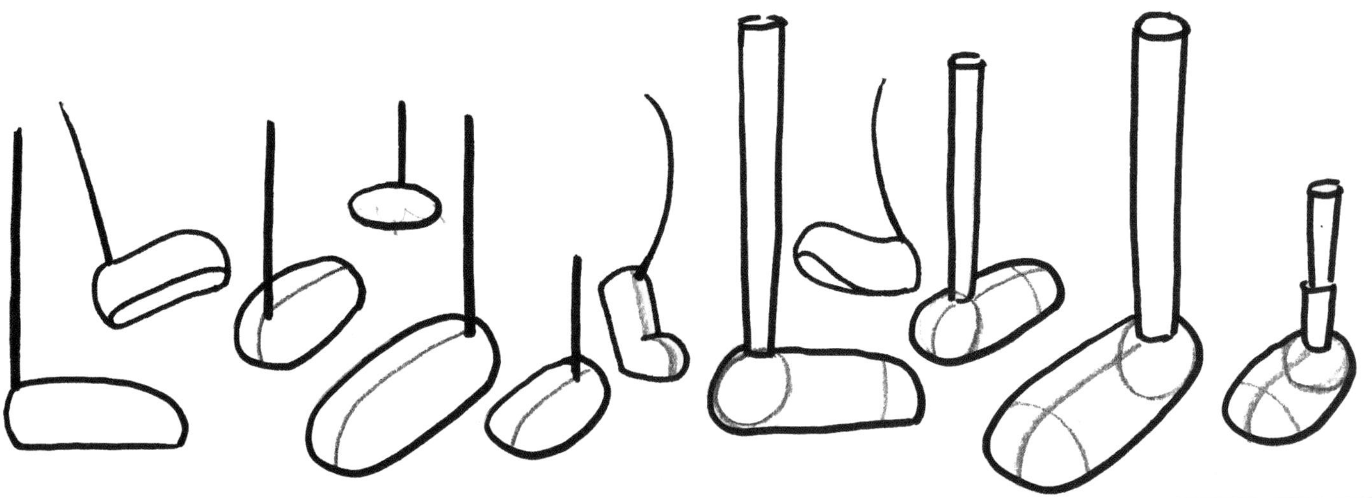

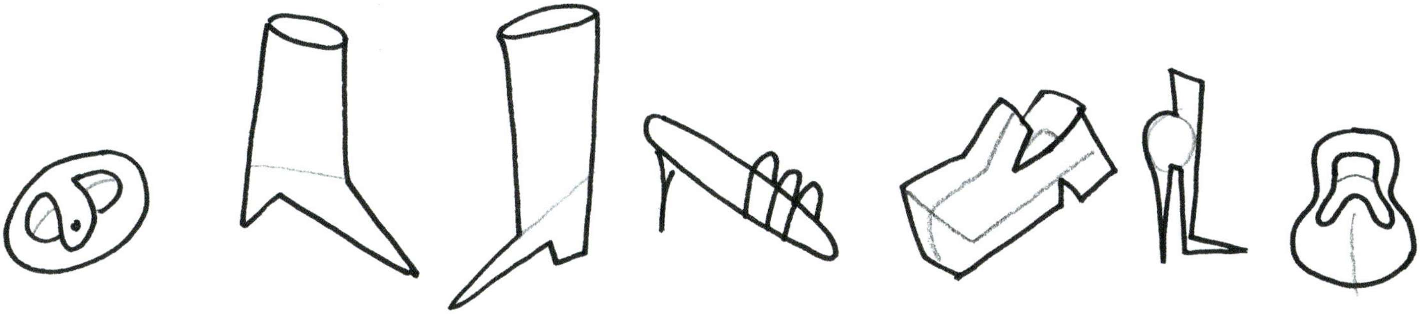

Zeichnen Sie gern und möchten Ihre Figuren stärker typisieren, dann schauen Sie, was Mann, Frau, Mafioso, Oma, Domina, Superman oder Darth Vader so im Schuhschrank haben.

Unterteilen Sie den Fuß in Ferse und Vorderfuß. Mit diesen beiden Teilen kann man jeden Schuh gestalten. Den Vorderfuß eckig, rund oder oval, wie es zur jeweiligen Figur passt, und wenn nötig, kommt noch der passende Absatz dazu. Für Sandalenträger und Barfußgängerinnen teilt man einen Teil vom Vorderfuß für die Zehen ab und zeichnet diese ein.

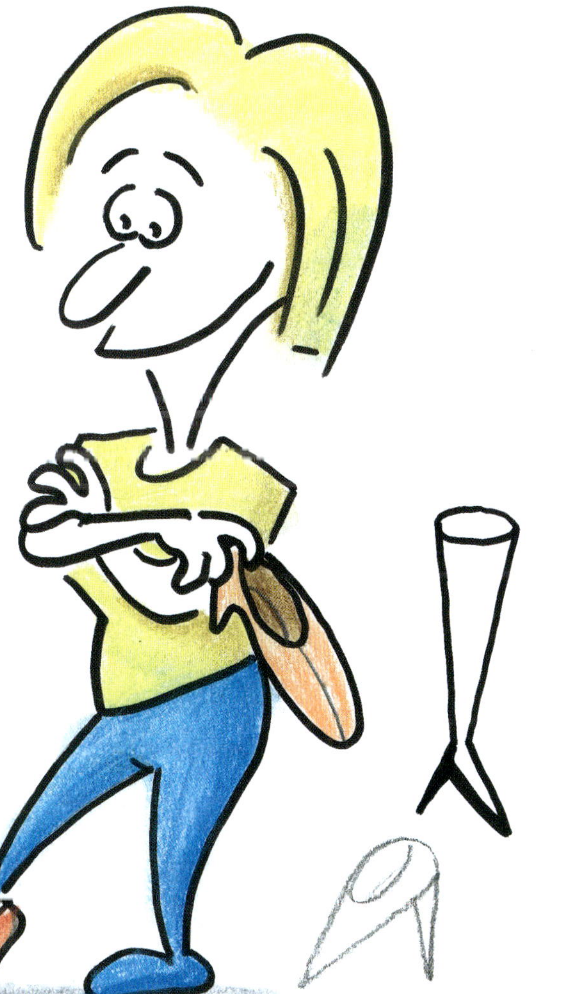

Immer, wenn eine Form kompliziert erscheint, brechen Sie sie auf einfache Formen herunter, mit denen es sich leicht arbeiten lässt.

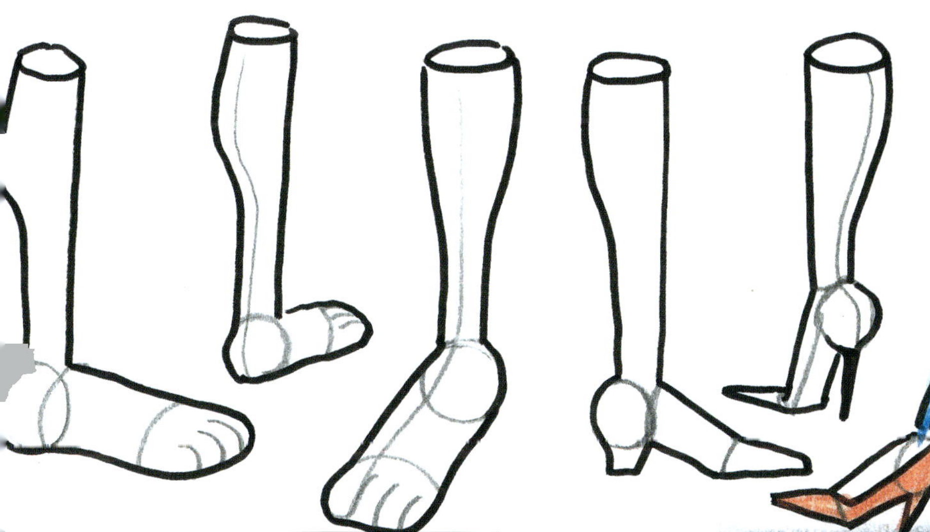

HUMOR VON LINKS NACH RECHTS

Wenn Sie eine Idee und Ihre Figuren beisammenhaben, gilt es, diese richtig ins Bild zu setzen.
Sie sind der Boss. Durch den Bildaufbau und die Anordnung der Sprechblasen lenken Sie den Blick der Betrachtenden. Wenn Sie dabei nicht gegen den Strom unserer kulturellen Sehgewohnheiten schwimmen möchten, berücksichtigen Sie unsere Konditionierung, Bilder und Texte von links nach rechts anzuschauen.

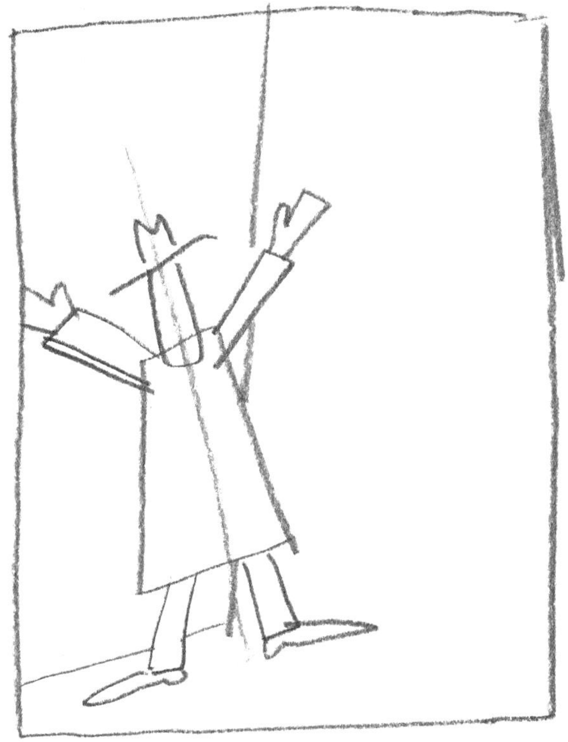

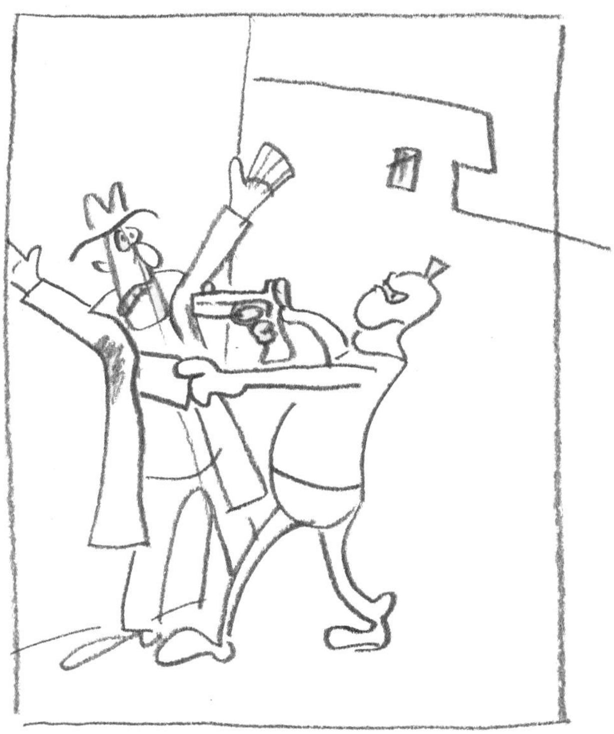

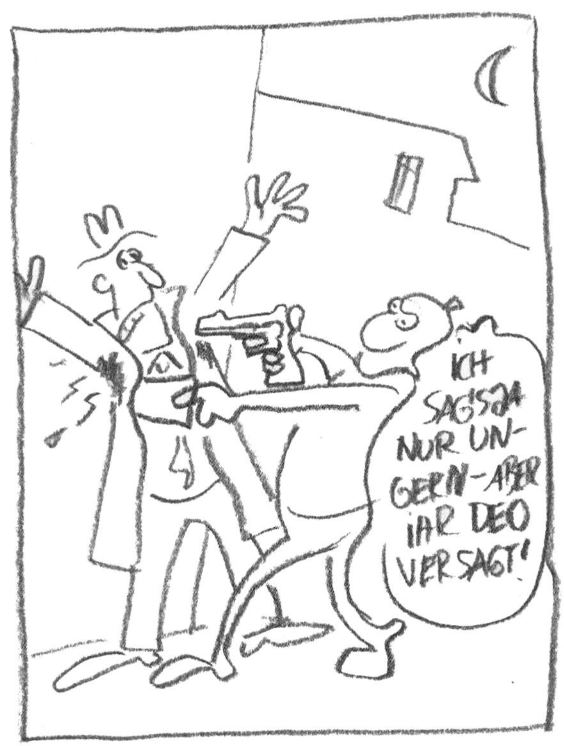

Auf der linken Bildseite wird eine Szene aufgebaut und entwickelt sich dann nach rechts zur Pointe. Auf dem Weg dorthin sollten die Betrachtenden alle zum Verständnis nötigen Bildelemente erfassen können.
Die Pointe kann über den Text laufen oder in der Zeichnung liegen.

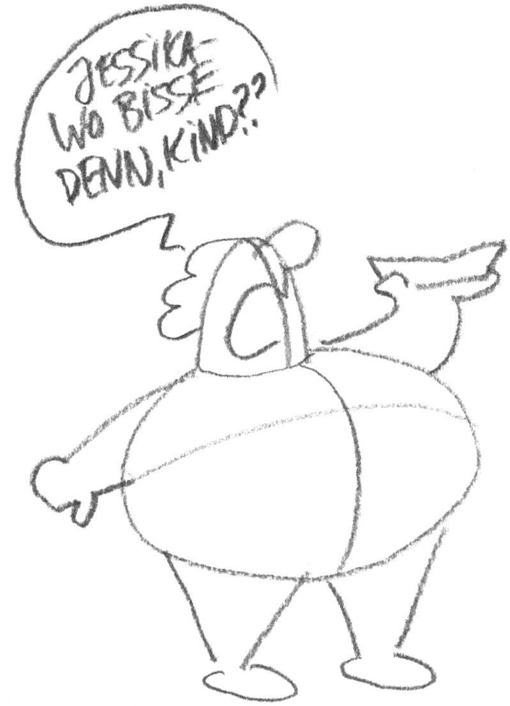

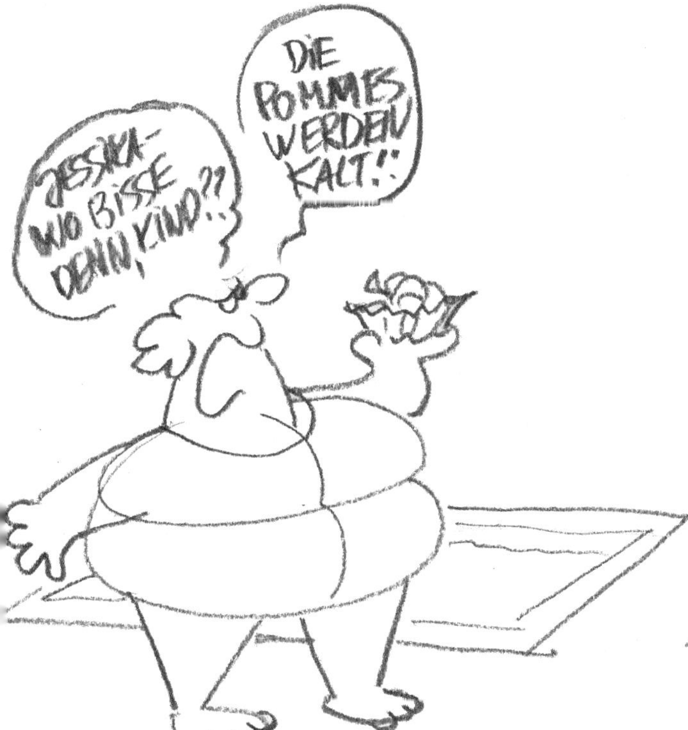

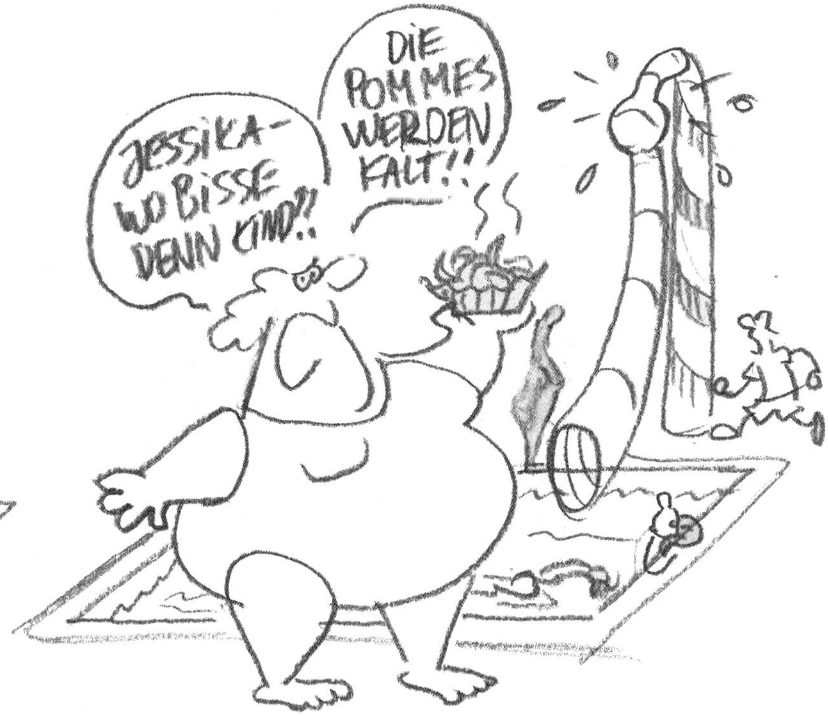

SPRECHBLASEN

Wenn Politiker Sprechblasen absondern, schaltet man schnell ab – im Cartoon transportieren sie die Pointen. Formal können sie unterschiedlich gestaltet werden. Finden oder erfinden Sie eine, die zu Ihrem Zeichenstil passt und planen Sie schon in Ihrer Skizze Raum für den Text mit ein. Konturieren Sie die Blasen mit derselben Strichstärke wie Ihre Figuren, eventuell sogar dünner. Dickere Konturen dominieren die Zeichnung und sind nur sinnvoll, wenn Sie den Text betonen wollen. Wenn Sie digital arbeiten, suchen Sie eine Schrift, die zu Ihrem Zeichenstil passt oder digitalisieren Sie die eigene Druckschrift.

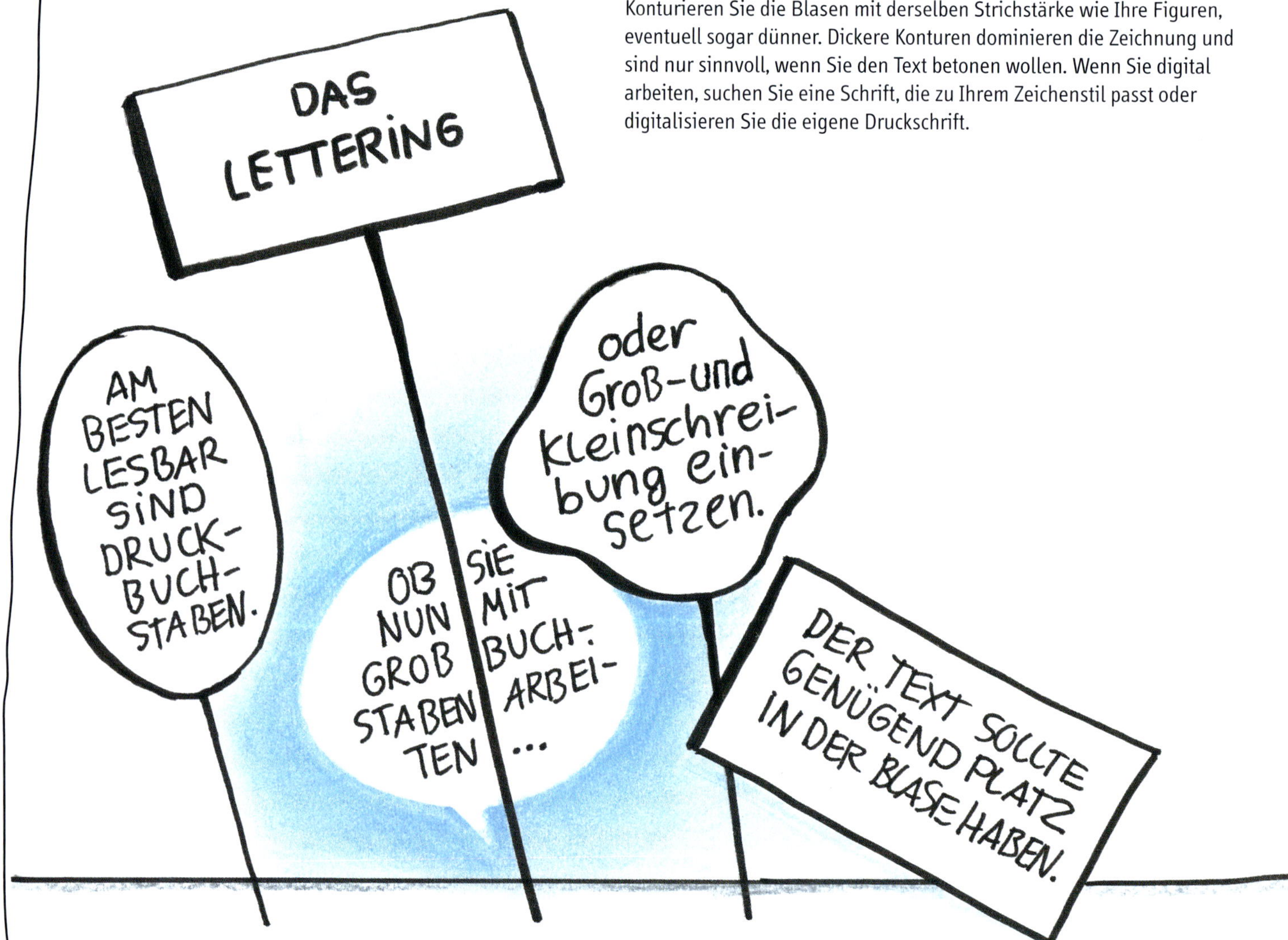

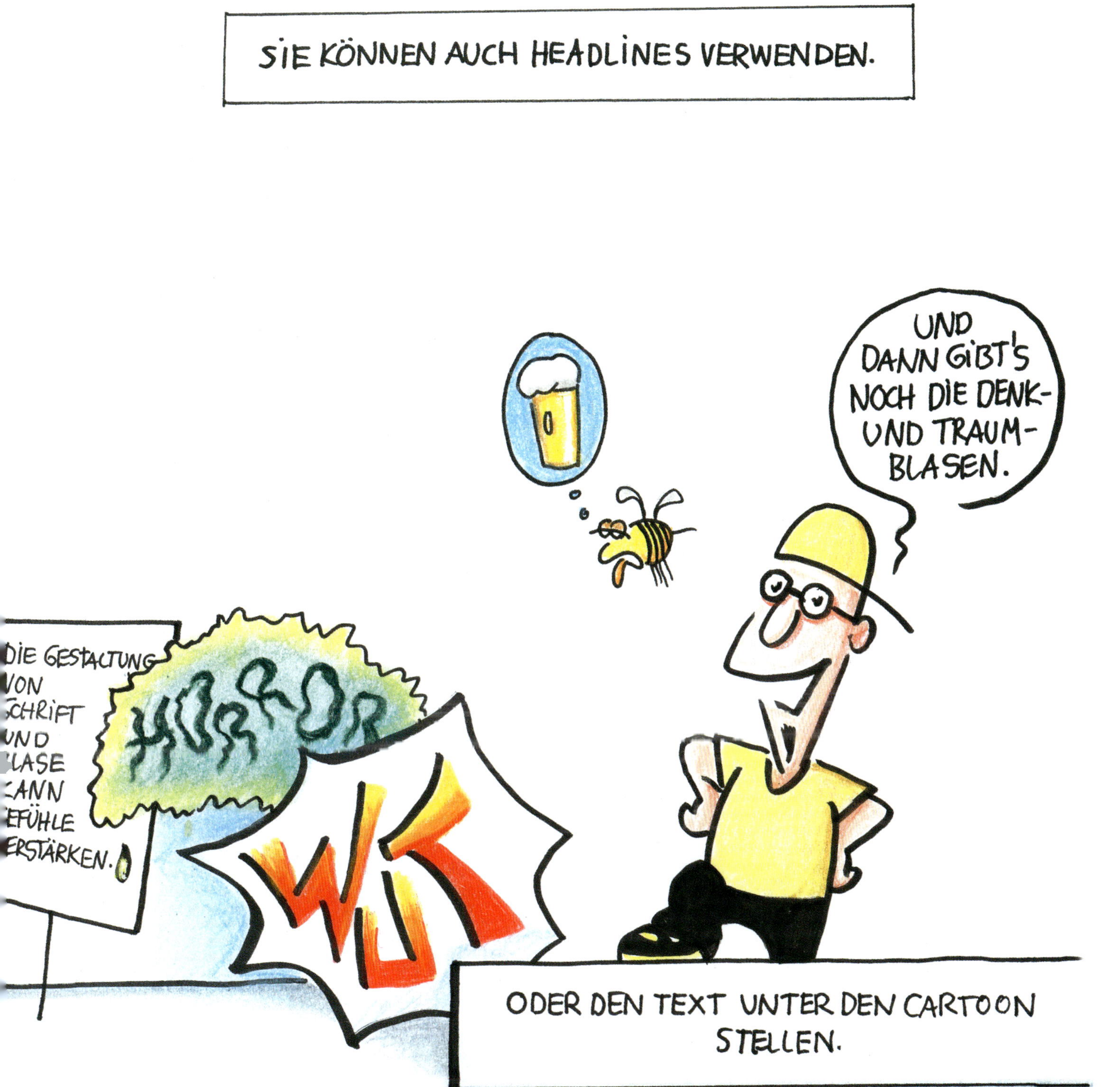
SIE KÖNNEN AUCH HEADLINES VERWENDEN.
UND DANN GIBT'S NOCH DIE DENK- UND TRAUMBLASEN.
DIE GESTALTUNG
VON
CHRIFT
UND
LASE
ANN
EFÜHLE
ERSTÄRKEN.
HORROR
WUT
ODER DEN TEXT UNTER DEN CARTOON STELLEN.

Durchs Lesen sind wir konditioniert, unseren Blick von links oben nach rechts unten wandern zu lassen. Ordnen Sie deshalb bei mehreren Sprechblasen in einem Cartoon den Text inhaltlich chronologisch von links nach rechts an. Sollten Sie sehr gesprächige Figuren haben, ist es wichtig, das zu berücksichtigen. Wenn das Auge sich seinen Weg zwischen mehreren Sprechblasen erst suchen muss, wird der schnelle Witz im Gehirn ausgebremst und verpufft.

Schon deshalb ist es gut, den Redefluss seiner Figuren auf das Notwendige zu beschränken. So wenig Text wie möglich, aber soviel wie nötig! Der Cartoon ist ja im Wesentlichen eine Bildsatire.
Die Zeichnung erzählt eine Geschichte, der Text fügt eine weitere Information hinzu. Und wenn es gut läuft, ergänzen sich beide so, dass eine neue, witzige Interpretation einer Situation entsteht.

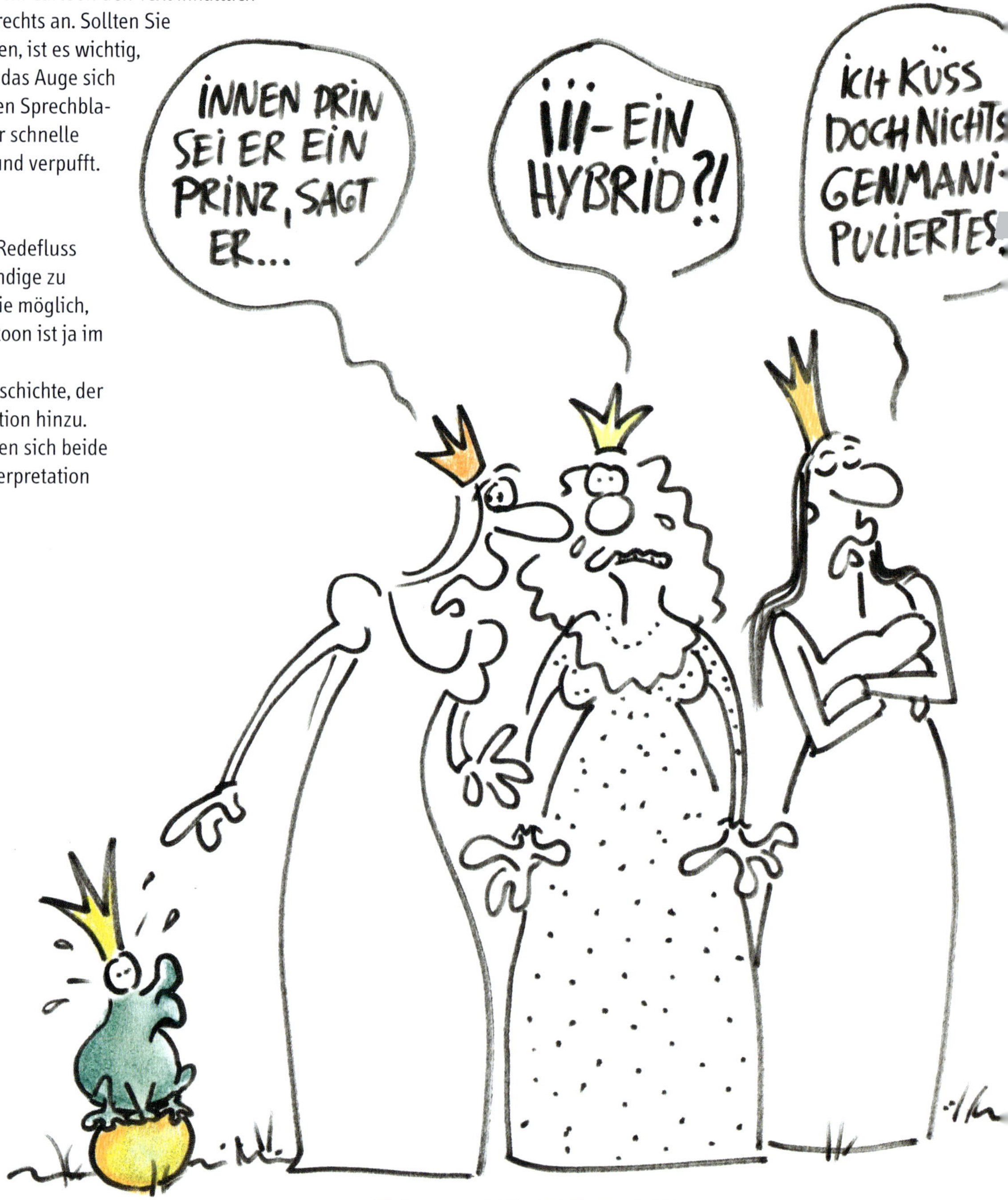

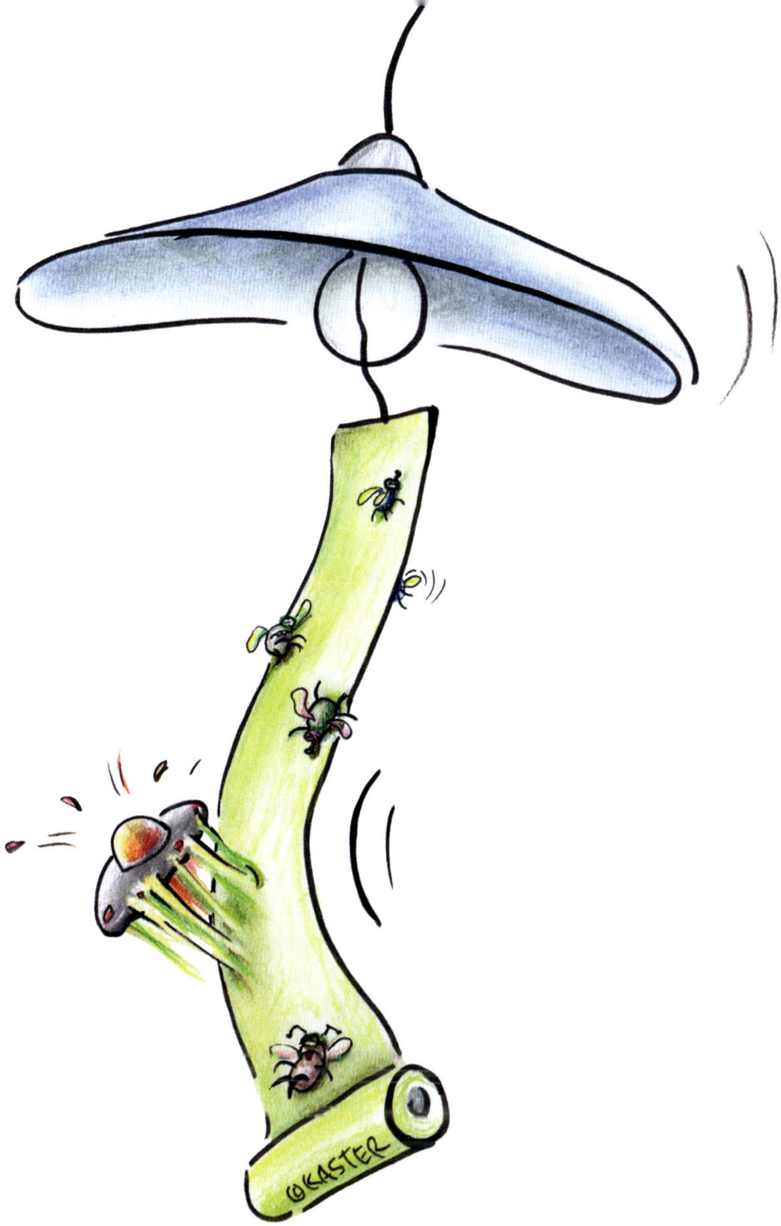

PSSST!

Es geht auch komplett ohne Worte. Viele Kolleginnen und Kollegen aus Osteuropa arbeiten nur mit der Bildsprache.
Der Vorteil ist klar: Man wird weltweit verstanden. Dafür muss man aber darauf achten, eine adäquate bildliche Umsetzung zu finden.

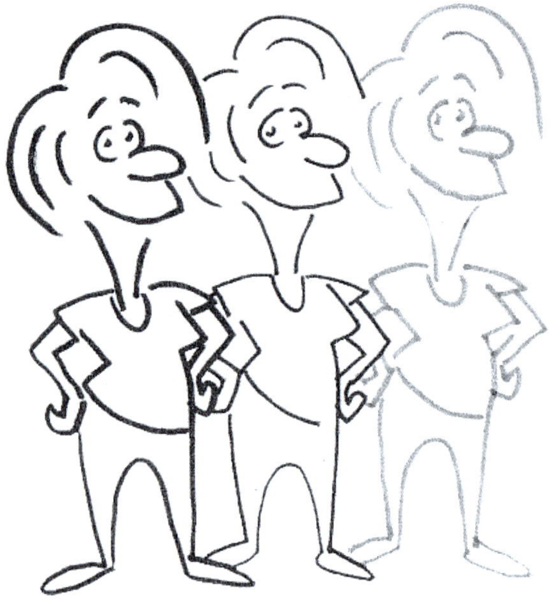

KONTURIEREN

Wenn Sie analog arbeiten, skizzieren Sie Ihre Ideen zuerst mit Bleistift. Es erleichtert das Überarbeiten, mit transparentem Papier (oder am Leuchtpult) auf verschiedenen Ebenen übereinander zu zeichnen. So können Sie Korrekturen vornehmen und gleichzeitig die stimmigen Teile übernehmen. Danach wird die Skizze mit Konturenstiften am Leuchttisch auf ein sauberes Blatt kopiert oder mit den entsprechenden digitalen Werkzeugen am Tablet fertiggestellt.

Figuren im Vordergrund konturiert man meistens mit schwarzen Stiften.
Für Personen, Landschaften oder Gegenstände im Hintergrund nehmen Sie entweder dünnere schwarze Stifte oder wechseln zu Grau. Sie können im Hintergrund auch ganz auf Konturenstifte verzichten und mit Buntstiften oder anderen Farbstiften arbeiten. Durch unterschiedliche Strichstärken von Vorder- und Hintergrund wird eine Zeichnung plastischer.

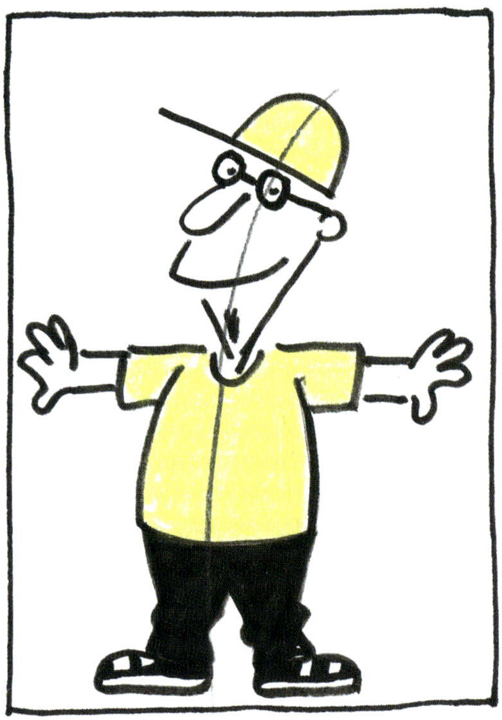

RAHMEN

Arbeiten Sie entweder in vorgegebenen Formaten oder geben Sie Ihren Zeichnungen selbst einen Rahmen.

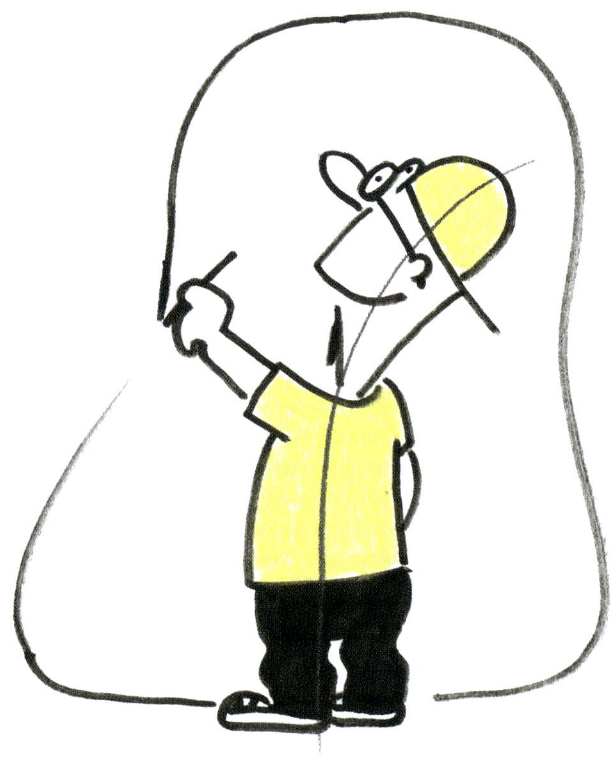

DIE KULISSEN

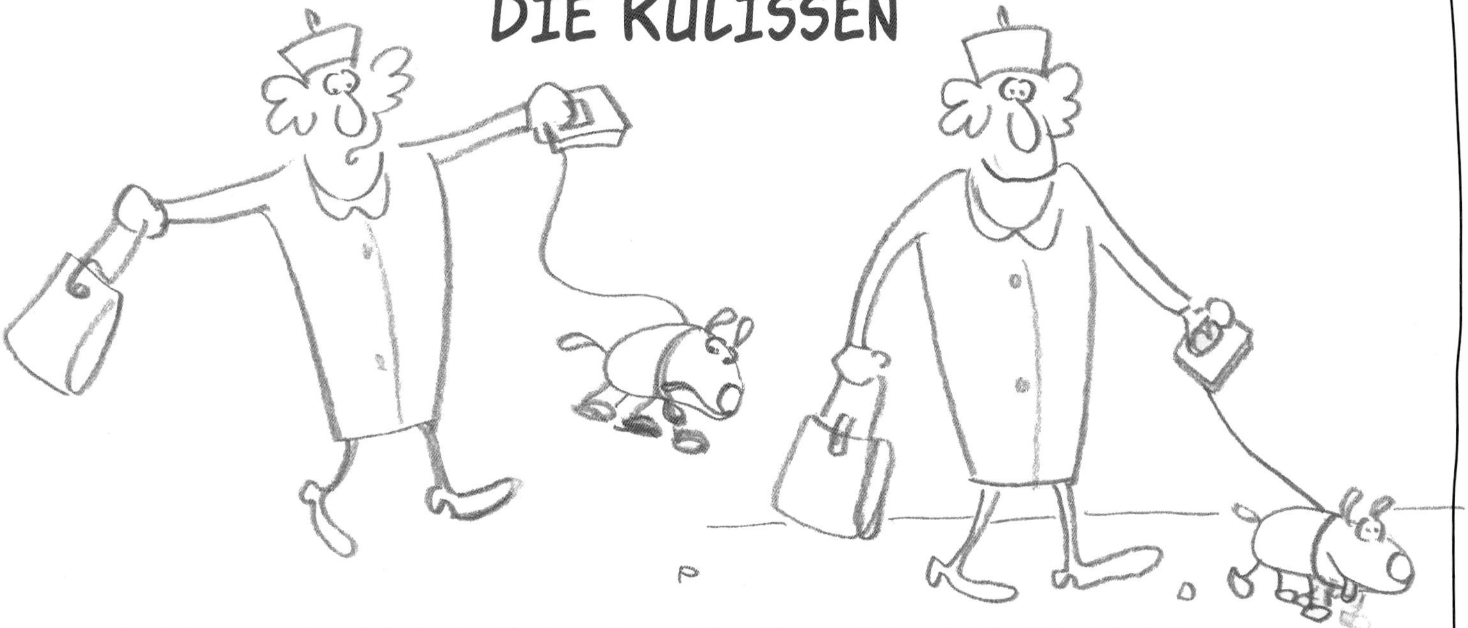

Nur Astronauten agieren frei schwebend im Raum. Geben Sie Ihren Figuren mit einer einfachen Linie Bodenhaftung.

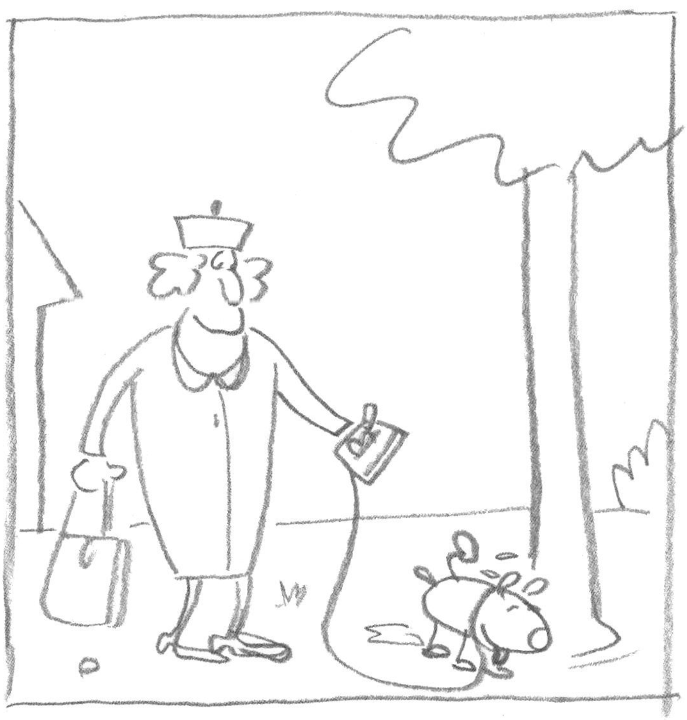

Beschreiben Sie mit ein paar sparsamen Requisiten den Ort des Geschehens. Zeichnen Sie nur das für das Verständnis der Szene Notwendige.

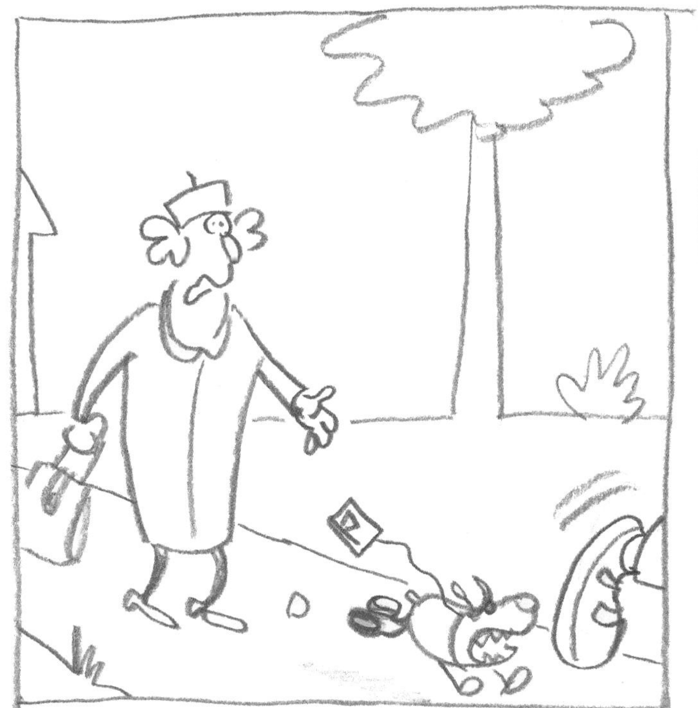

Mit einer einfachen Perspektive können Sie der Szene eine zusätzliche Räumlichkeit verschaffen.

CARTOON NOIR – ODER SCHÖN BUNT?

Sie können Cartoons ausschließlich linear zeichnen, Grauwerte einsetzen, mit harten Schwarzweiß-Kontrasten arbeiten, monochrom oder richtig schön bunt. Fertigen Sie Kopien von Ihren konturierten Zeichnungen an und probieren Sie dann verschiedene Möglichkeiten aus: Marker, Buntstifte, Aquarell, Tempera, Pastell, analog oder digital.

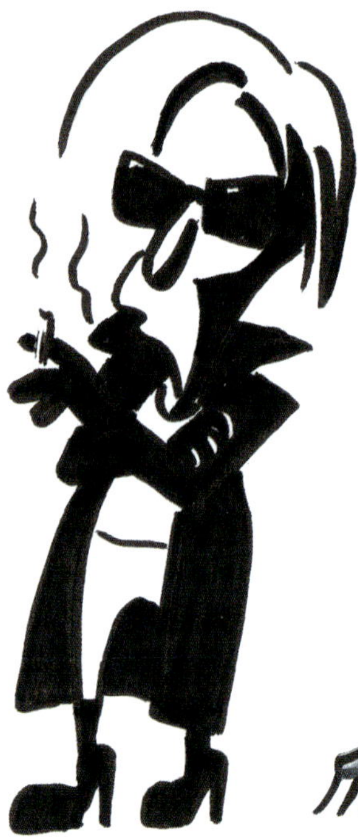

1 Schwarzweiß-Kontraste

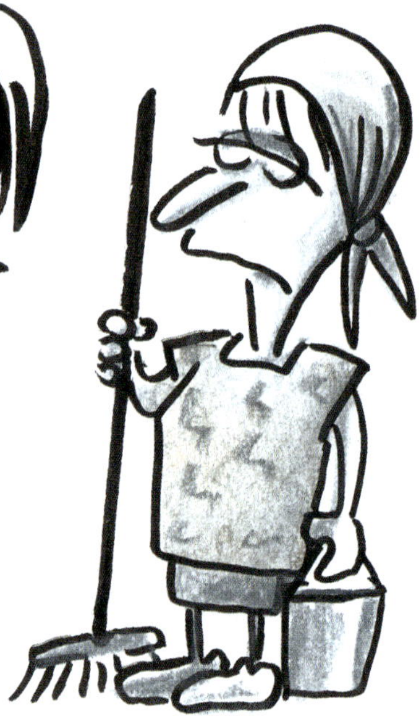

2 Grautöne

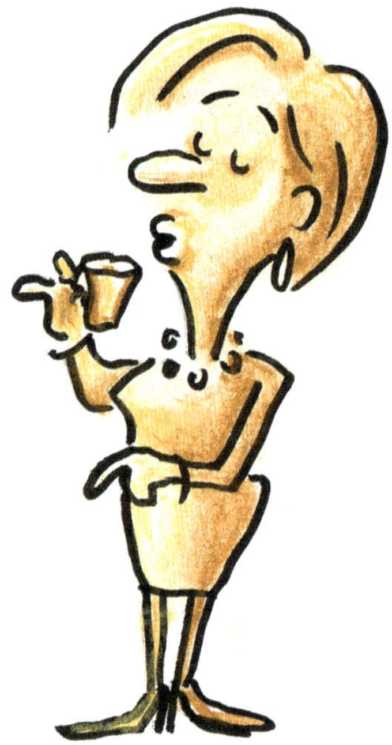

3 monochrom

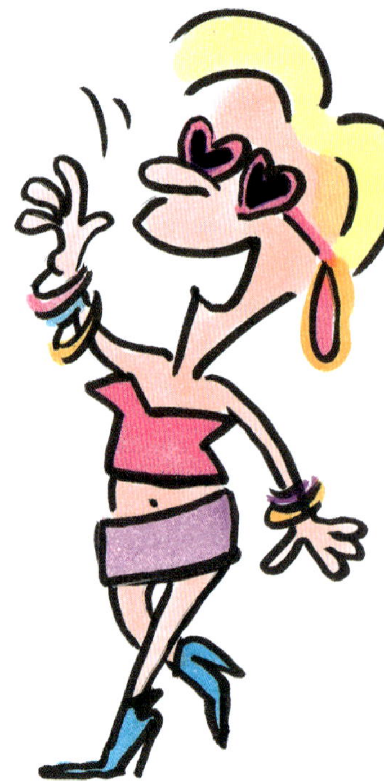

4 bunt und flächig

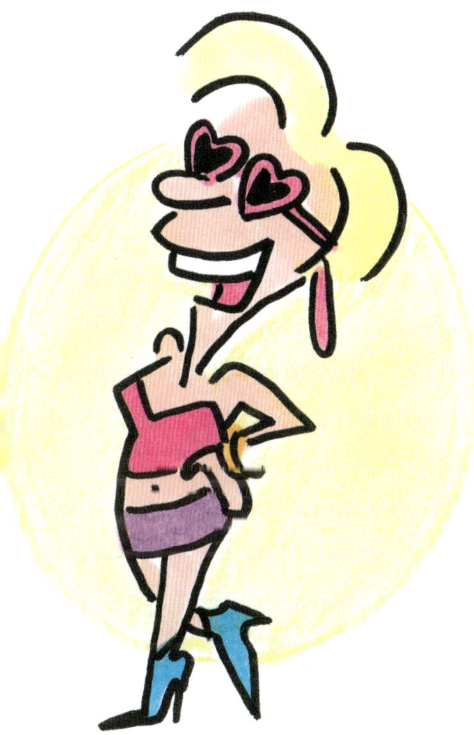

5 bunt auf farbigem Hintergrund

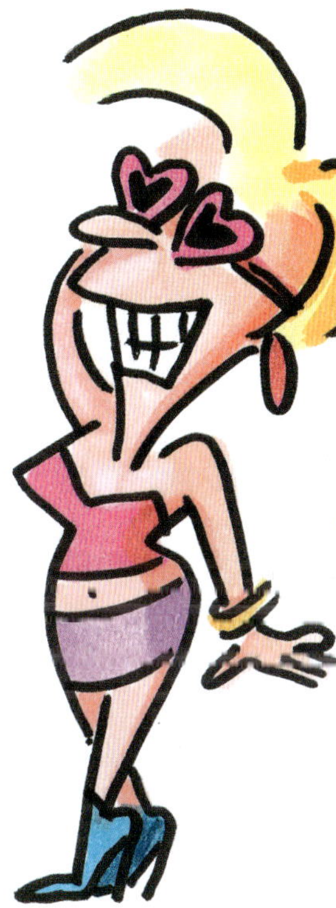

6 bunt mit Schattenkante

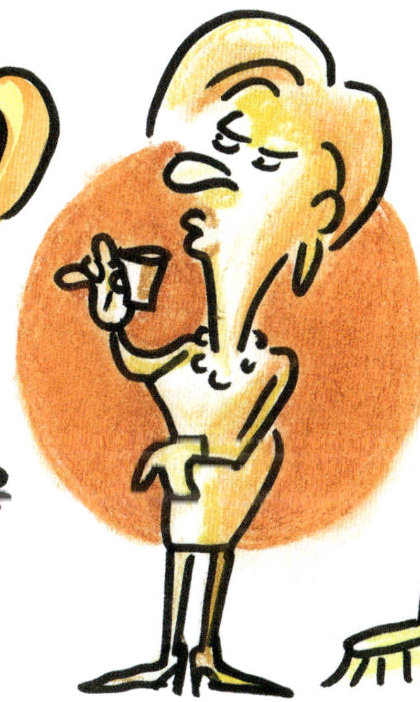

7 monochrom Hell auf Dunkel

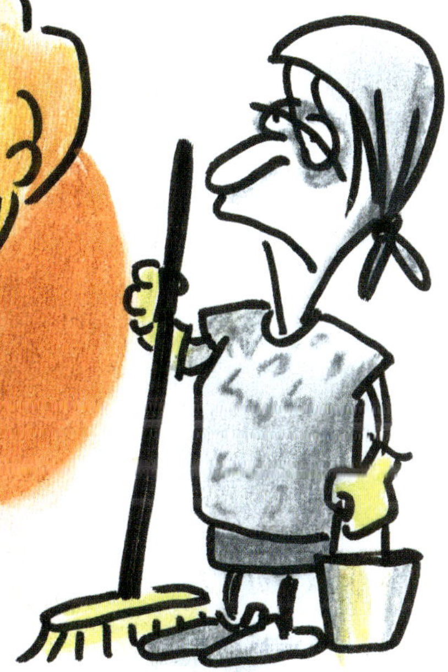

8 Grau mit einer Kontrastfarbe

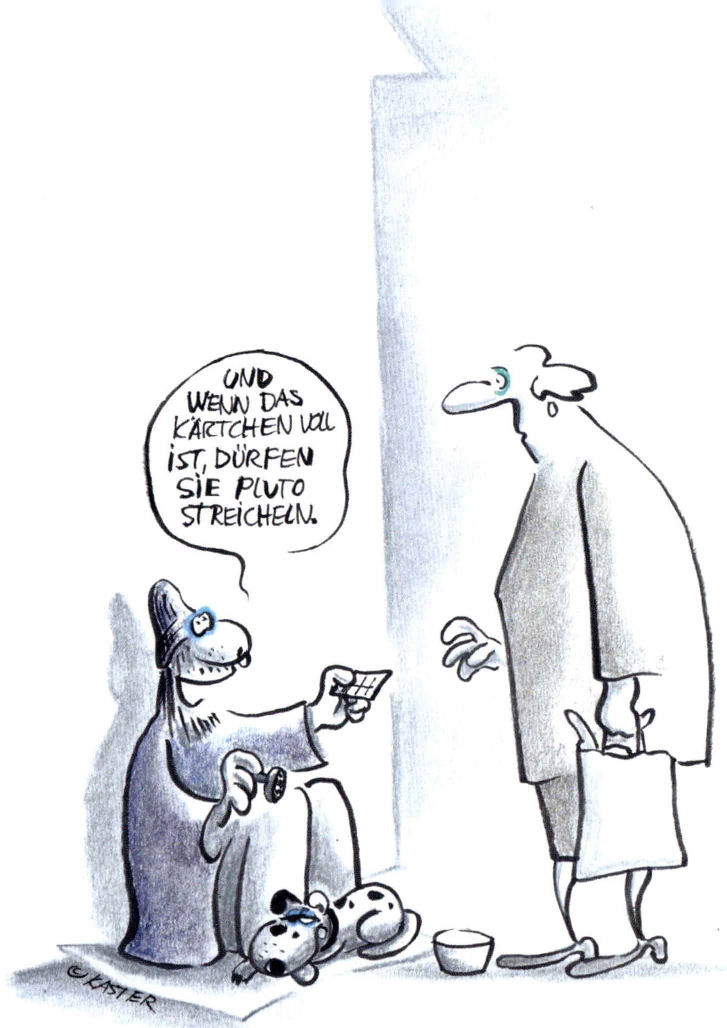

Spartanische Strichmänner und -frauen, Einteiler, Mehrteiler, opulente Figuren in Tempera und Öl – in der aktuellen Cartoonszene tummeln sich alle möglichen Gestalten. Viele Zeichenstile koexistieren nebeneinander.

Reduzierte Zeichen- und Malweisen stehen neben ausgefeilten, die mit Licht, Schatten und Perspektive arbeiten.

Wenn Sie gern zeichnen und sich für eine aufwendigere Art der Umsetzung entscheiden, kann der Gegensatz zwischen komischer Bildaussage und dem Zeichenstil zusätzlich witzig wirken.
Probieren Sie einiges aus, bis Sie Ihre Art der Umsetzung gefunden haben und wissen, wie viel Energie und Zeit Sie investieren und ob Sie analog oder digital arbeiten möchten.

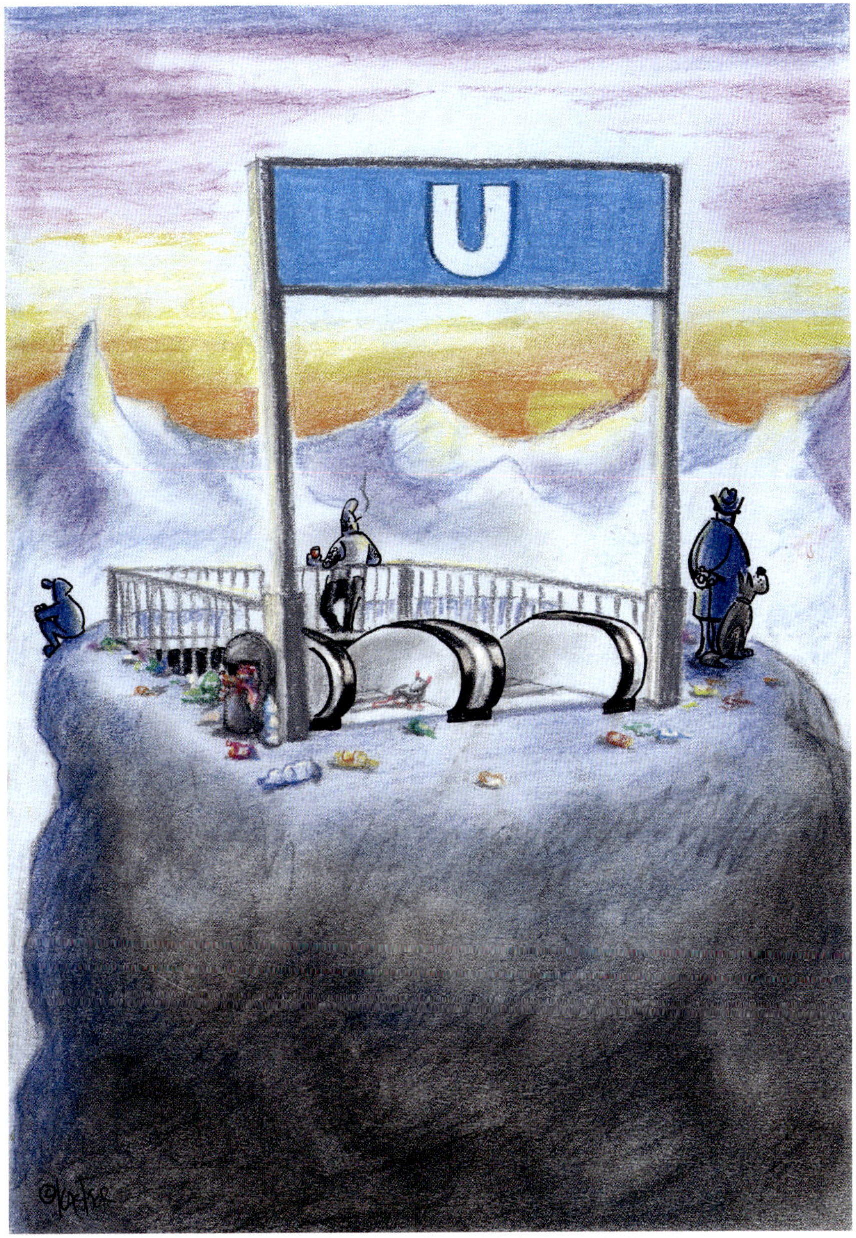

Der Cartoon nimmt nichts als gegeben hin. Er spielt mit Worten, Bildern, Vorstellungen. Er kann eine humorvolle Reflexion, Analyse und Kritik menschlichen Verhaltens und gesellschaftlicher Zustände sein oder auch hintersinniger Nonsens.

Und in jedem Cartoon steckt auch eine Geschichte ...

DER COMIC

Haben Sie schon einmal über einen Kurzurlaub in einem Paralleluniversum nachgedacht? Oder über einen Identitätswechsel und ein Leben als Oktopus in atlantischen Tiefen? Im Comic kann Ihre Fantasie richtig durchstarten und ganz neue Möglichkeiten ausloten. Oder Sie bleiben nah an der Realität. Auch Ihr Umfeld steckt voller Geschichten. Geschichten aus dem Hoch- oder Reihenhaus, aus Schule, Büro und Familie – Fiktionales oder Biografisches, alles ist möglich.
Sie können träumen und beobachten und daraus Comics entwickeln: abenteuerliche, romantische, spannende, sozialkritische, tragische. Ein Comic kann, muss aber nicht lustig sein.

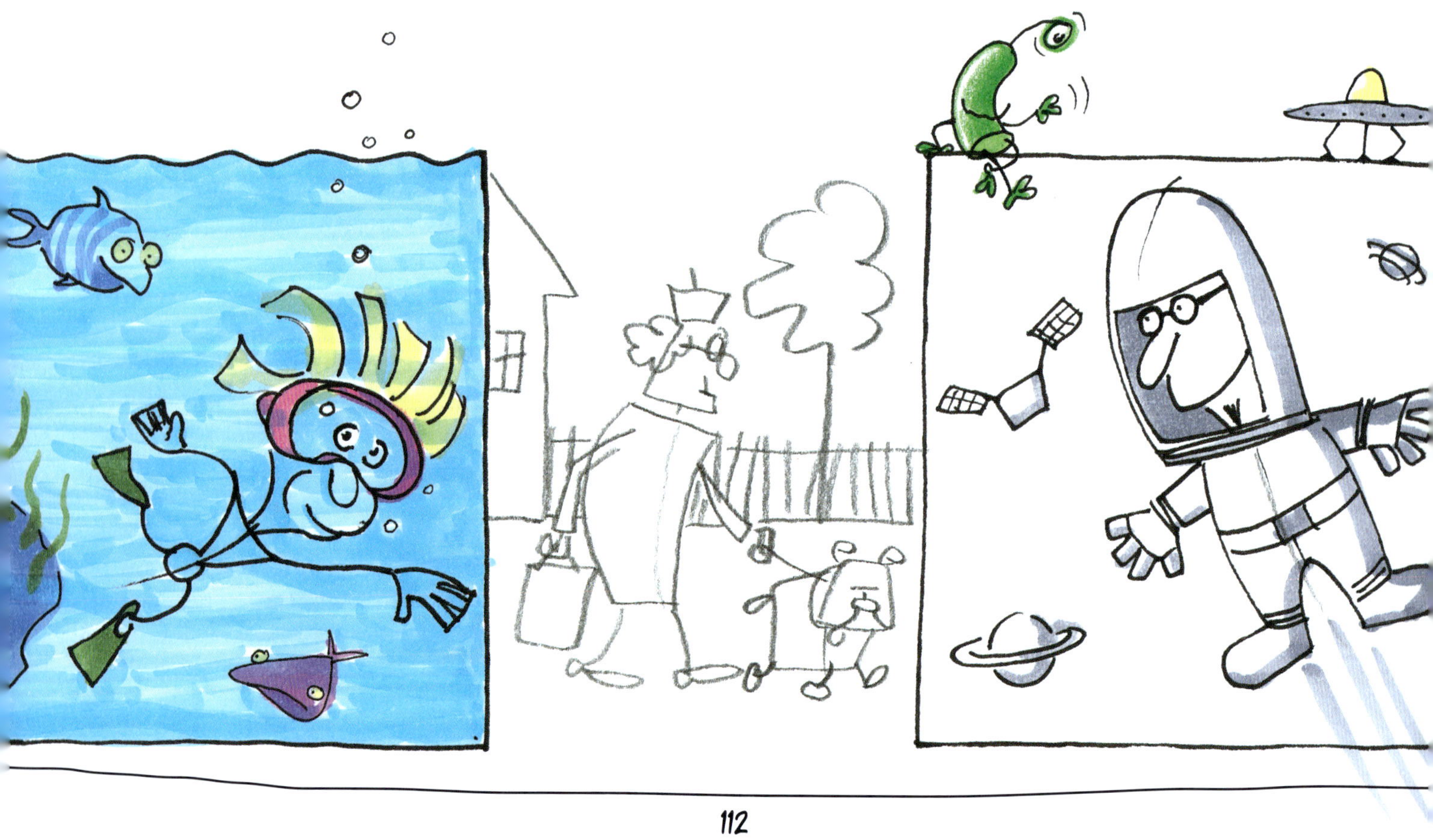

FUTTER FÜR DIE FANTASIE

Ob Sie sich mit Ihren Geschichten in den Weltraum beamen oder lieber in der Eckkneipe bleiben – Hauptsache, Sie geben Ihrer Fantasie Nahrung. Wenn Sie unterwegs sind, bleiben Sie aufmerksam gegenüber allem, was Ihnen ringsum begegnet. Beobachten Sie, was Mensch und Tier so treiben, was sie reden, wie sie sich bewegen und aufeinander reagieren. Achten Sie darauf, wie Sie selbst auf all diese Eindrücke reagieren, was sie in Ihnen auslösen. Das alles gehört zur Grundversorgung Ihrer Fantasie. Damit kann sie spielen, verändern, verdichten und Neues gestalten.

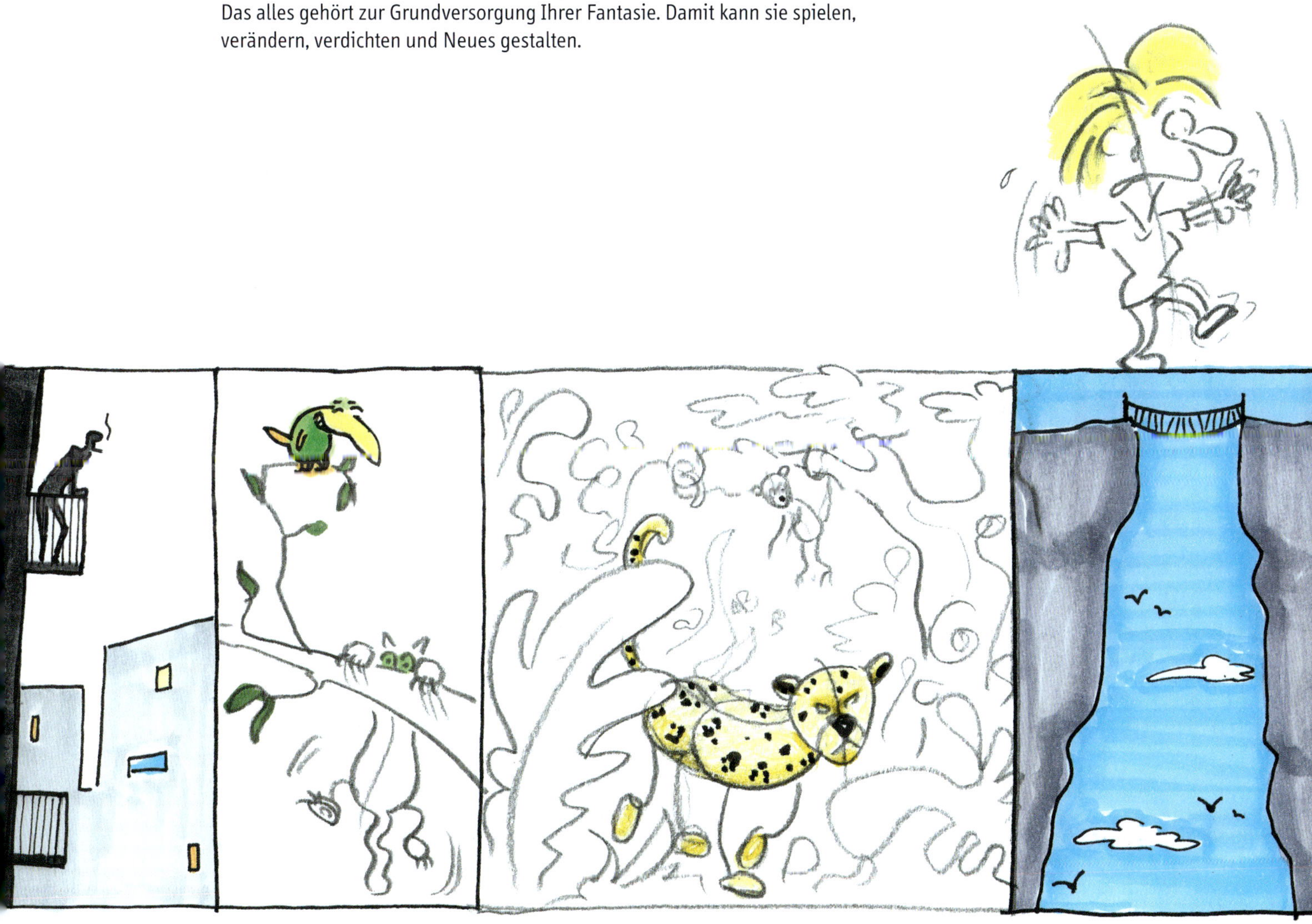

HOLLYWOOD IN EIGENEN HÄNDEN

Ein Comic ist wie ein gezeichneter Film. Was sonst ein ganzes Team mit viel Technik erledigt, machen Sie hier alles selbst. Sie sind Autorin, Regisseur und Kamerafrau, Locationscout, Kostüm- und Bühnenbildnerin in einer Person. Und den Kaffee müssen Sie sich leider auch selber machen. Sie brauchen zwar kein großes Budget – aber Ausdauer.
Form und Umfang von Comics können stark variieren. Kleine Strips mit drei bis sechs Panels sind ebenso drin wie einseitige oder mehrseitige Storys bis hin zur Graphic Novel, wenn es das Thema und Ihr Sitzfleisch hergeben.

KURZSTRECKE ODER MARATHON?

Ob analog oder digital, Comiczeichnen ist arbeitsintensiv. Man sagt, Cartoonisten seien eigentlich faule Comiczeichnerinnen, die ganze Geschichten zu einem einzigen Bild komprimiert haben, um sich das wochen- oder monatelange Arbeiten an einer Story zu ersparen. Denn so lassen sich Cartoons natürlich auch betrachten: als Standbilder aus einem Film, der an einer signifikanten Stelle angehalten wurde. Und den man weitererzählen könnte … oder zurückspulen …

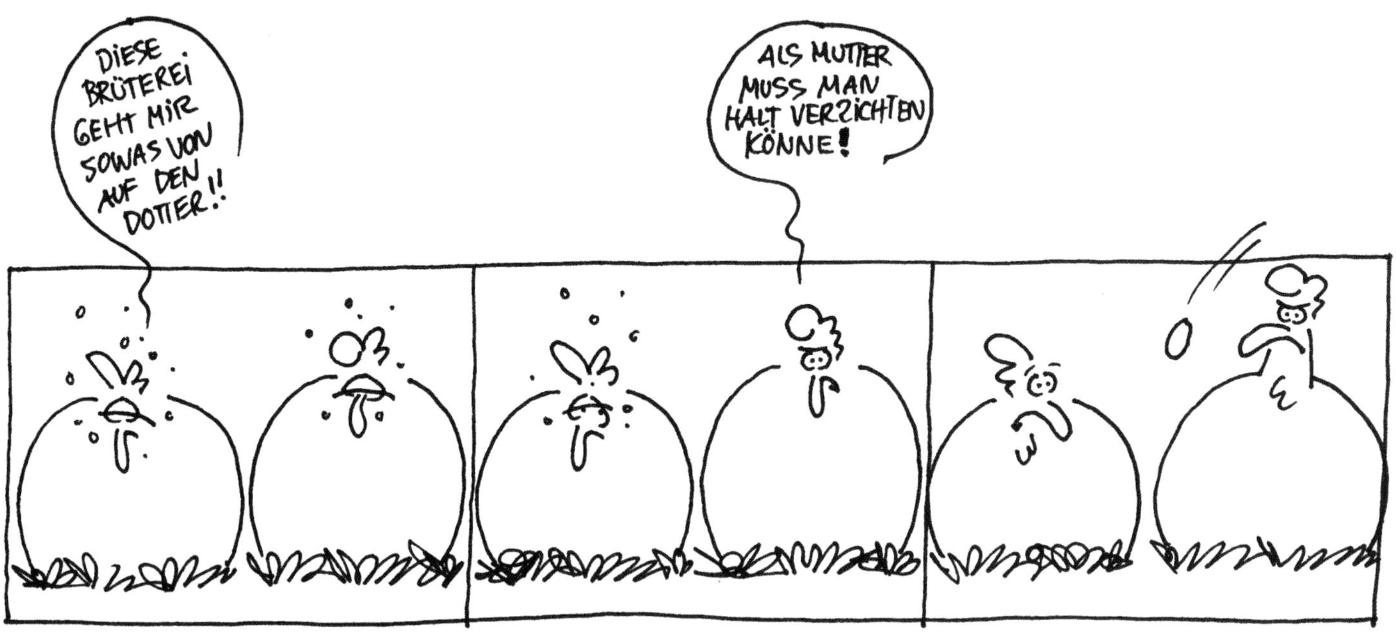

WARM UP

Schauen Sie sich Cartoons an, eigene oder fremde: Wie könnte die Vorgeschichte zu dieser Szene lauten – und wie könnte es von da an weitergehen? Denken Sie sich kleine Geschichten aus. Wenn Sie Zeit haben, zeichnen Sie diese auch, in Form kurzer Strips oder auch mal eines Einseiters. Dabei können Sie den Figuren und ihren Interaktionen mehr Raum geben. Das ist eine gute Einstiegsübung ins Comiczeichnen.

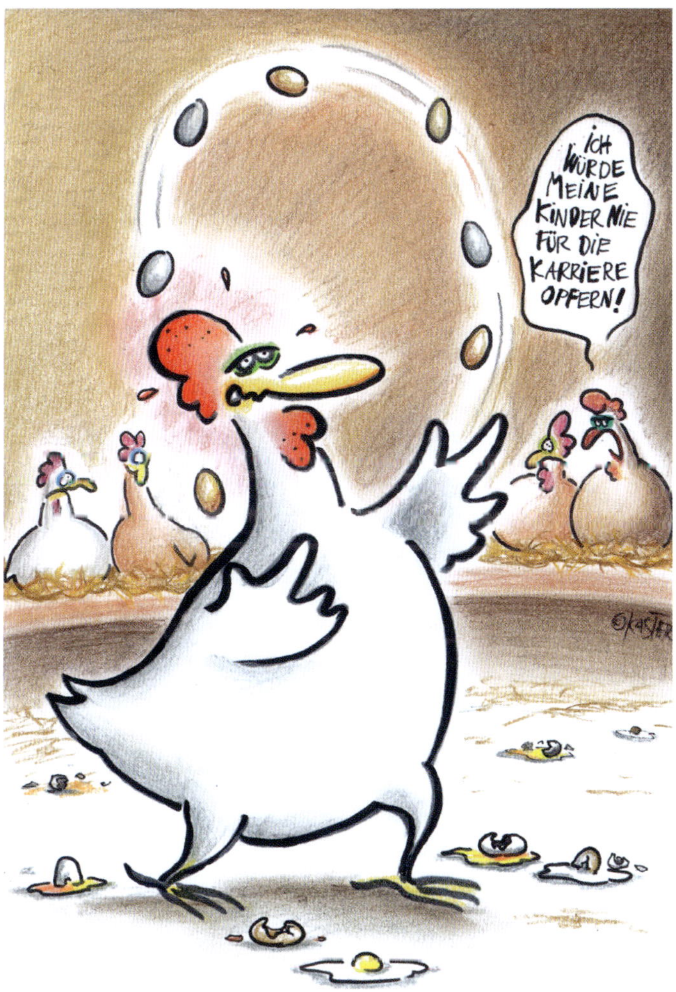

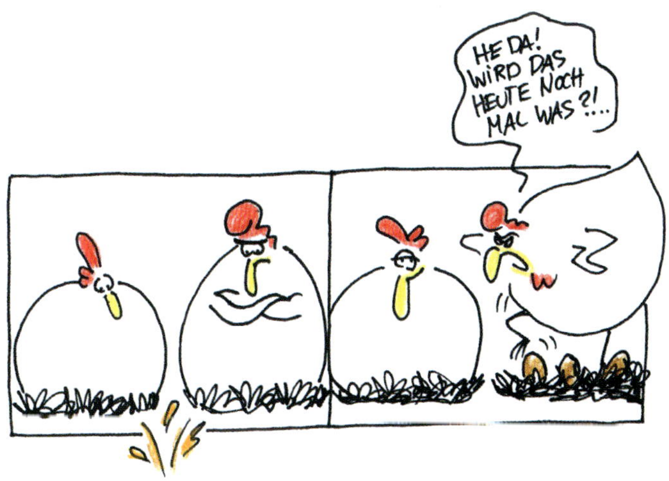

WILLKOMMEN IN ENTENHAUSEN

Schon die Erfolgsgeschichte des Duck-Clans zeigt, wie beliebt Tiere im Comic bei Zeichnern und Leserinnenn sind. Unsere Moden und Marotten wirken in Tiergestalt lustiger und possierlicher. Wir projizieren unser Verhalten und Denken auf die gesamte Tierwelt und die erträgt es geduldig, ohne Hasskommentare zu posten oder Schmerzensgeld einzuklagen.

Das muss nicht immer witzig sein. Mit Hilfe dieser Projektionen schafft man sich als Zeichnerin manchmal die nötige Distanz, um schwierige Themen umzusetzen. In seinem Comic-Band „Maus" hat beispielsweise Art Spielmann die Geschichte seiner Familie im Holocaust verarbeitet. Wie der Titel vermuten lässt, haben alle Protagonisten Mäusegestalt. Und das ist trotzdem gar nicht komisch.

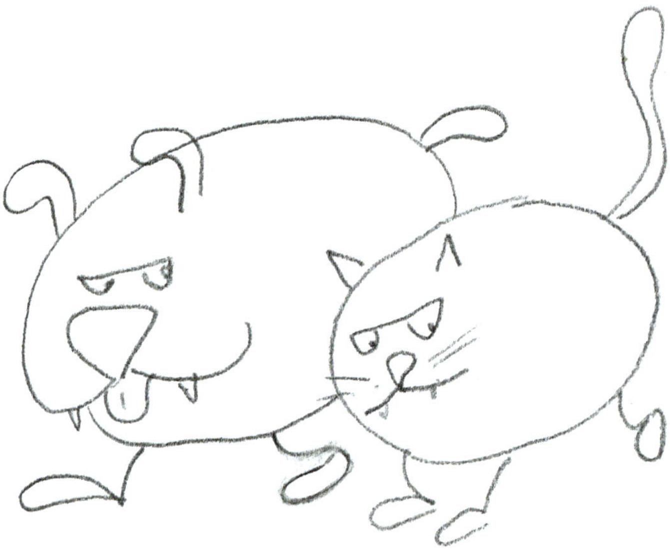

COMIC-TIERE

Comicwesen aus dem Tieruniversum zu zeichnen macht Spaß. Wenn Sie sich die Freiheit nehmen, können Sie die gesamte Fauna aus den schrägsten Formen entwickeln – oder aus einer einzigen. Aber: Sie müssen genau hinschauen und etwas Charakteristisches der jeweiligen Tierart erfassen und in die Zeichnung übernehmen.

Wie entsteht aus der Grundform „Kartoffel" mal ein Hund und mal eine Katze?

Auch die moderne, medienaffine Dreieckskatze sollte als solche noch erkennbar sein.

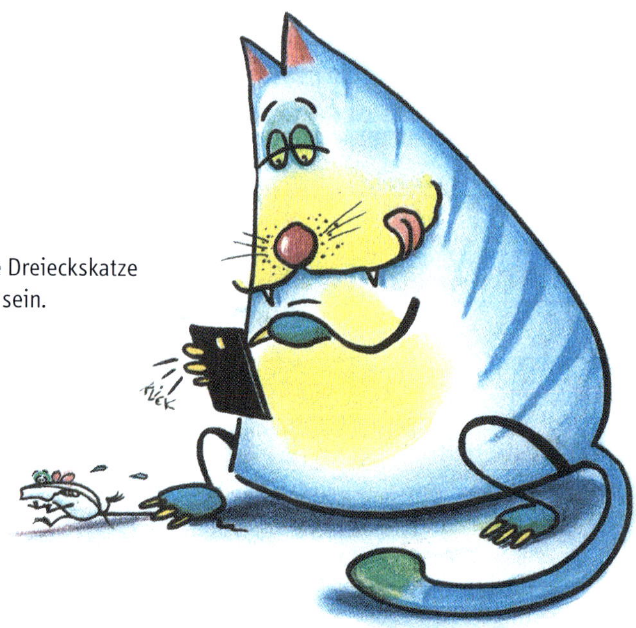

Möchten Sie sich stärker an der Realität orientieren, dann schauen Sie unter Haut und Fell Ihrer Wunschtiere. Erstellen Sie ein vereinfachtes Skelett aus Grundformen, das sich leicht behalten und bewegen lässt. Achten Sie dabei auf die Gelenke der jeweiligen Tierart. Diese bewegen sich oft anders als beim Homo erectus. Und dann probieren Sie, ob es womöglich noch einfacher geht.

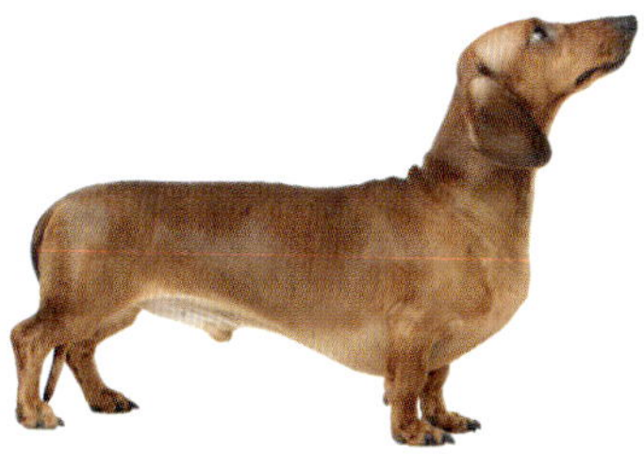

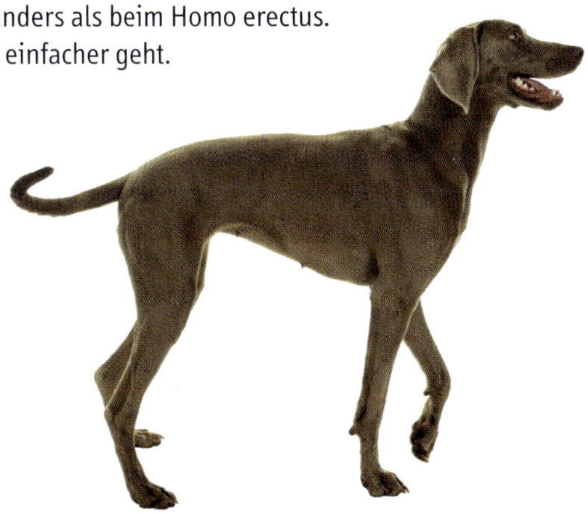

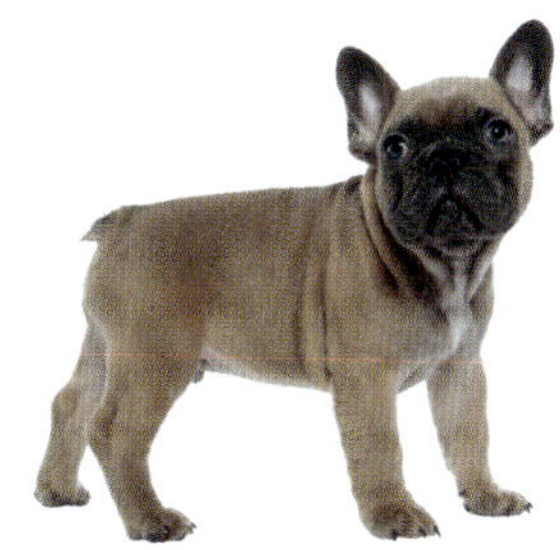

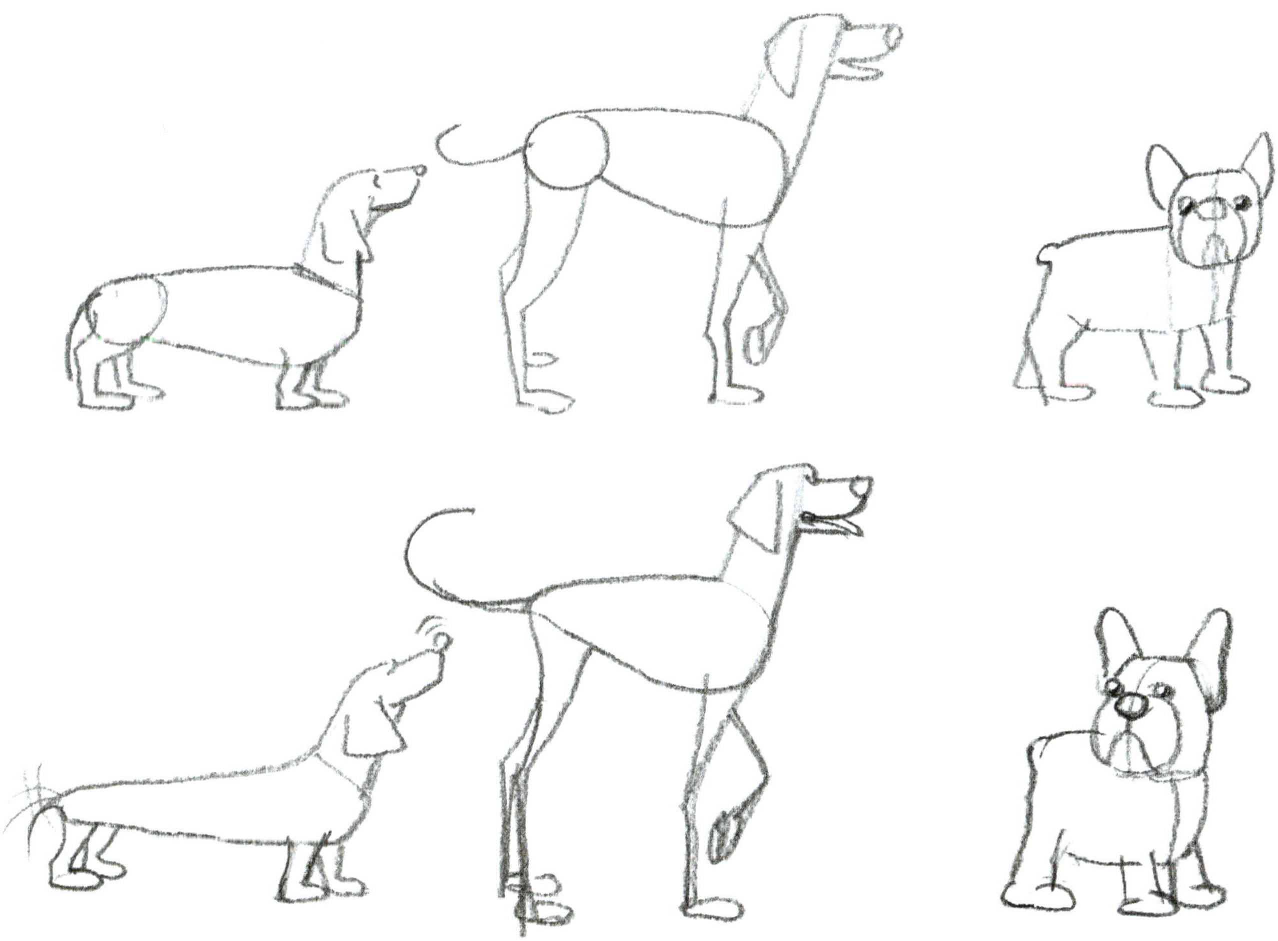

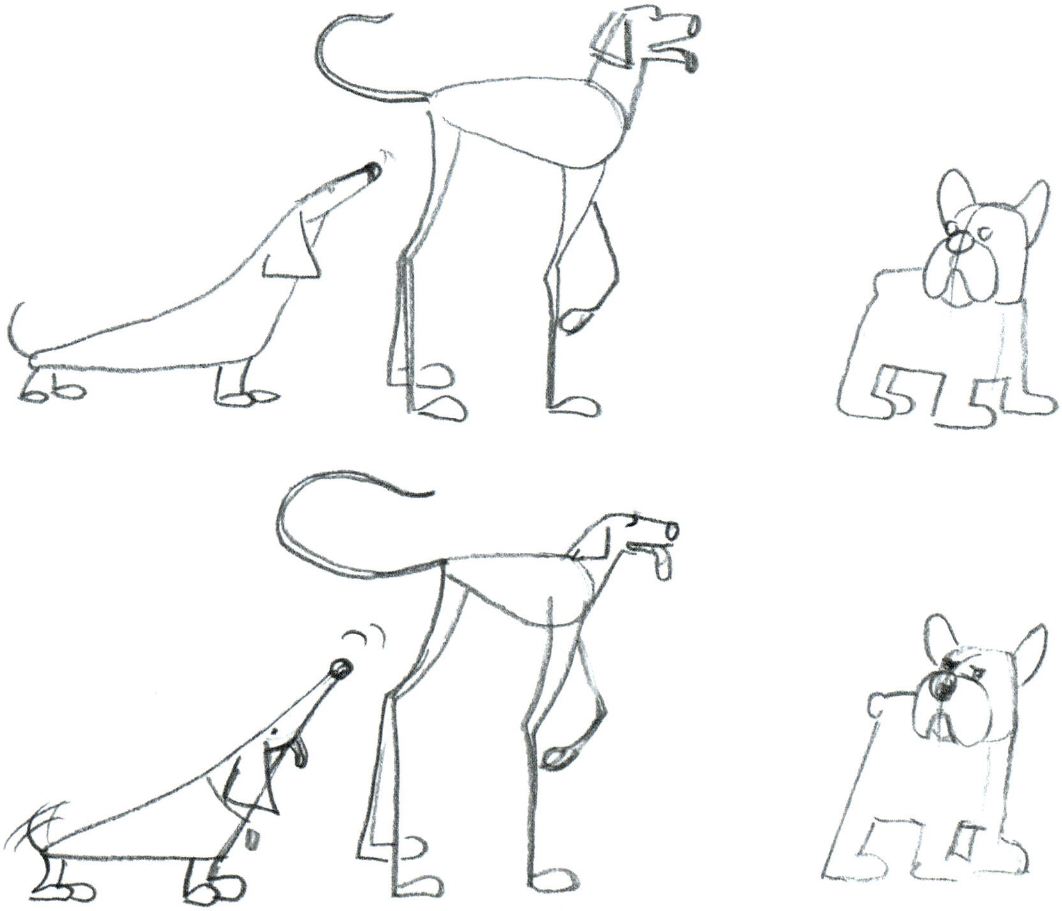

Auf diese Weise landen Sie wieder bei abstrakteren Lebensformen. Vor allem, wenn Sie eine Urzelle finden, aus der Sie, mit etwas Zubehör und Fantasie, alle Tierarten entwickeln können.

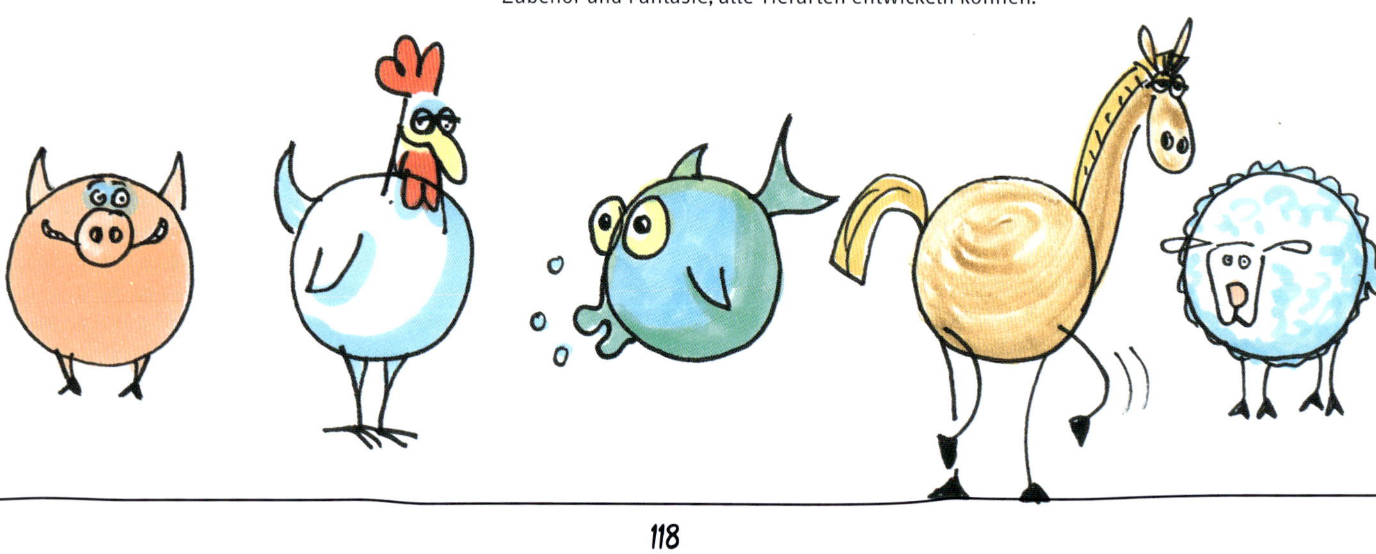

IDEFIX & CO

Unterschätzen Sie diese treuen Begleiter der Hauptfiguren nicht. Ob Hexe oder Obelix, alle haben gern so einen tierischen Sympathieträger an ihrer Seite. Oft viel cleverer, renitenter und trickreicher als die Heldinnen und Supermänner selbst, lockern sie die Handlung auf und gleichen die Defizite des Heldens aus. Ein mutiger, aber geistig etwas eingeschränkter Held braucht unbedingt ein kluges Tier an seiner Seite, um den Mafiaboss, die Beute oder die Prinzessin zu schnappen.

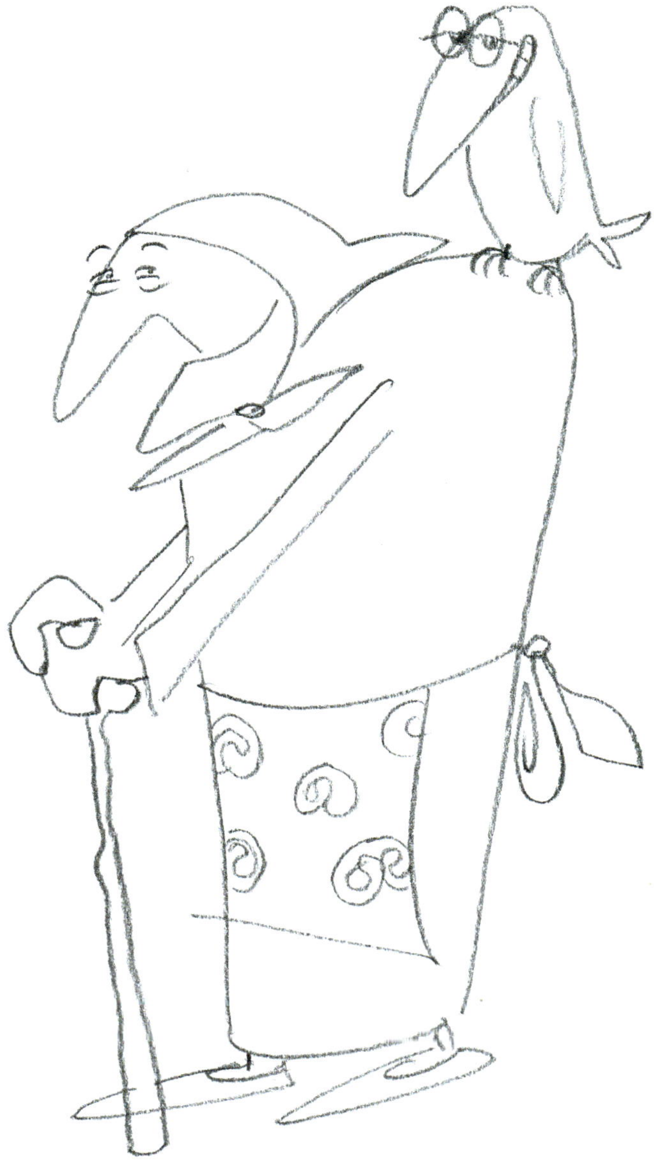

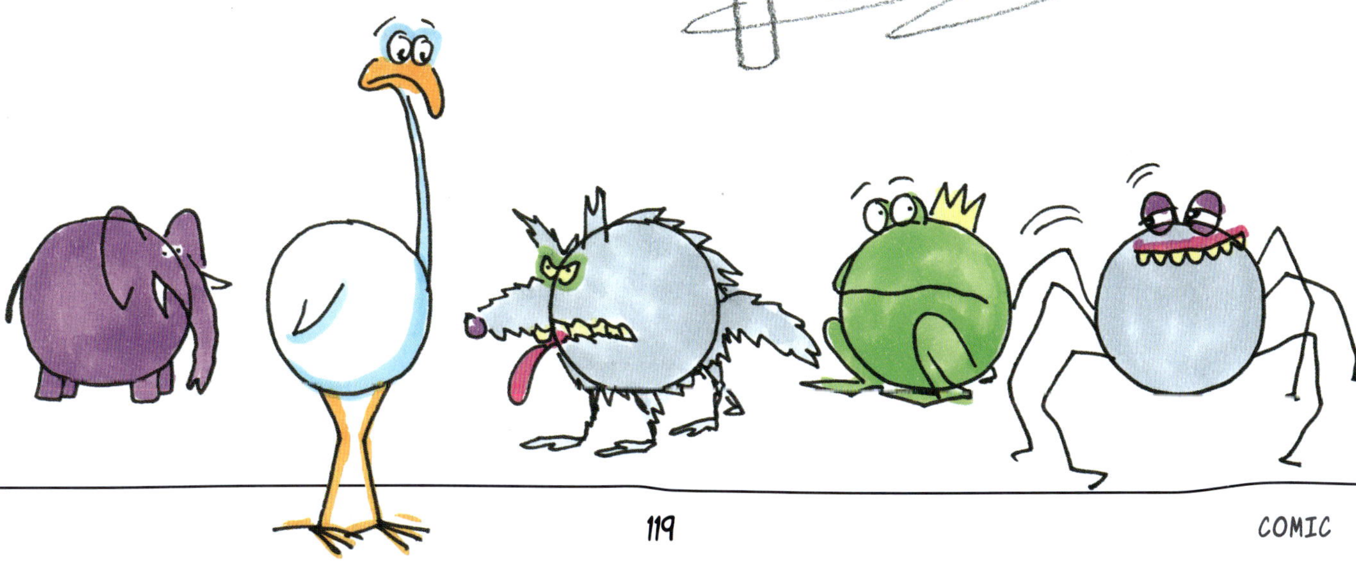

DIVA

Geschichte oder Figur – was zuerst? Mal so, mal so. Die Fantasie ist eine heikle Dame. Sie lässt sich ungern unter Druck setzen und hat ihre eigenen Sprechzeiten. Am besten, Sie nehmen, was kommt. Fällt Ihnen zuerst eine gute Geschichte ein, entwerfen Sie dazu passgenau das Personal. Taucht zuerst eine Figur auf, die Ihnen Spaß macht, nehmen Sie deren Personalien auf: Tier, Mensch, Maschine oder divers. Welche Eigenschaften, Vorlieben, Allergien, Freunde oder Feinde hat die Figur? Wenn Sie auf diese Weise mit Ihren Charakteren gedanklich spielen, kommen oft schon die ersten Ideen zu kleinen Strips und Geschichten.

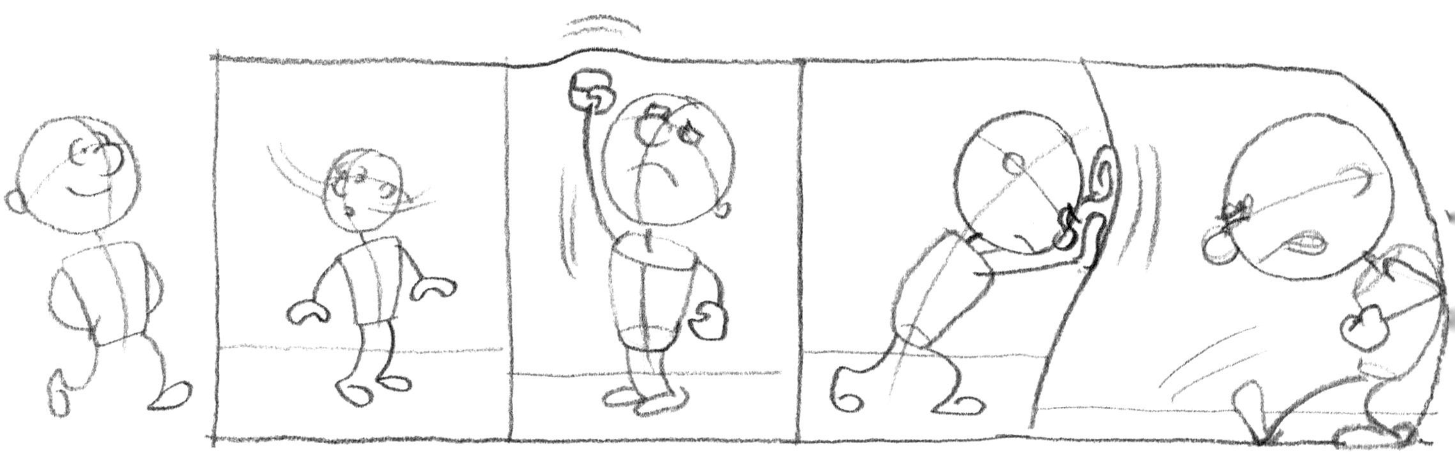

Comicfiguren zu zeichnen ist etwas anspruchsvoller. Jetzt müssen Sie die Figuren über mehrere Panels, Strips oder Seiten, in verschiedenen Haltungen und aus unterschiedlichen Perspektiven zeichnen lernen. Mal klein, mal groß, gedreht und in Bewegung – ohne dass sie dabei völlig aus der Form geraten.

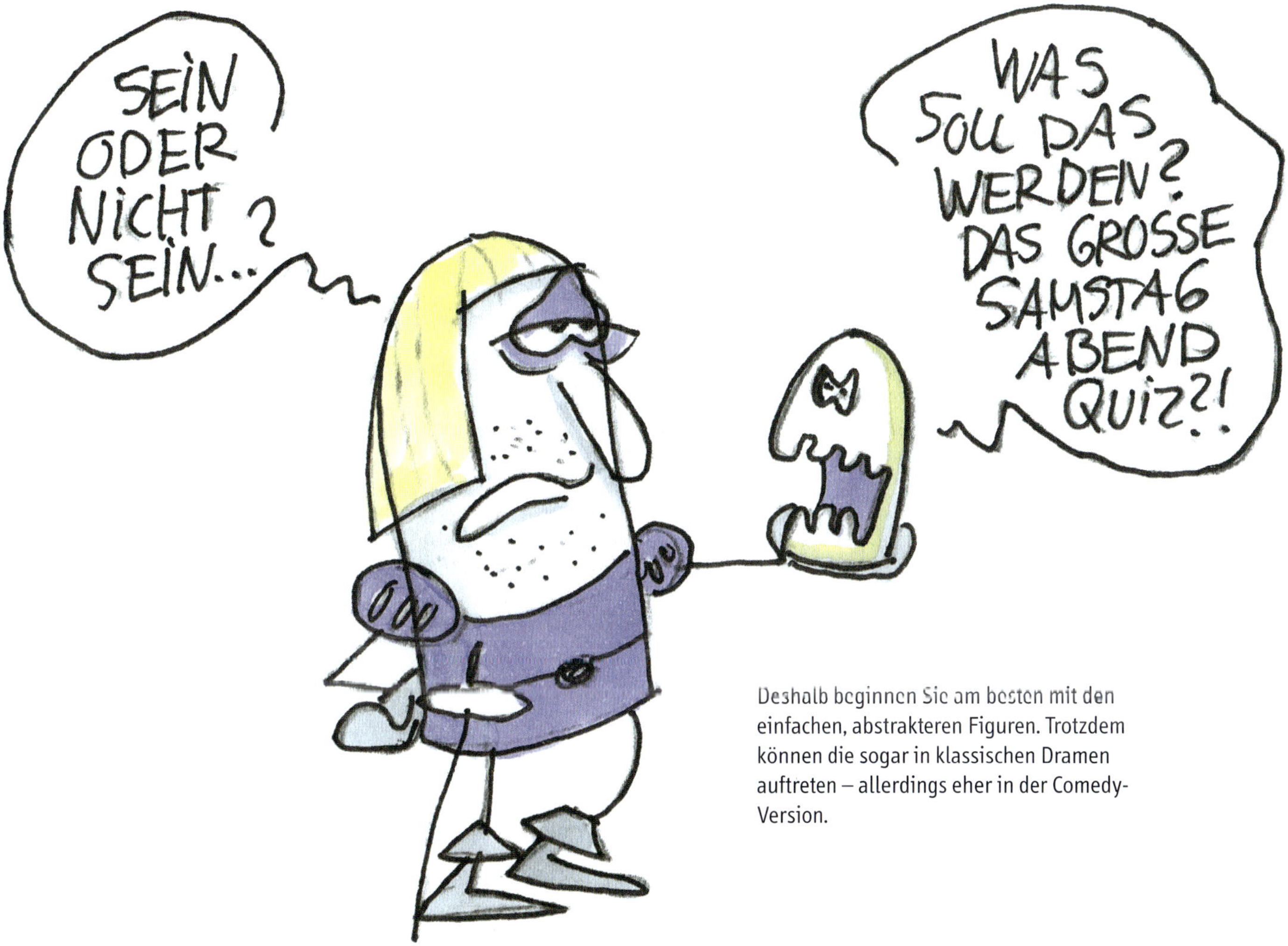

Deshalb beginnen Sie am besten mit den einfachen, abstrakteren Figuren. Trotzdem können die sogar in klassischen Dramen auftreten – allerdings eher in der Comedy-Version.

VOM GROSSEN GANZEN ZUM DETAIL

Entwerfen Sie zuerst das Grundgerüst der ganzen Figur, bevor Sie an Details wie Gesichtszüge, Haare oder Kleidung gehen.

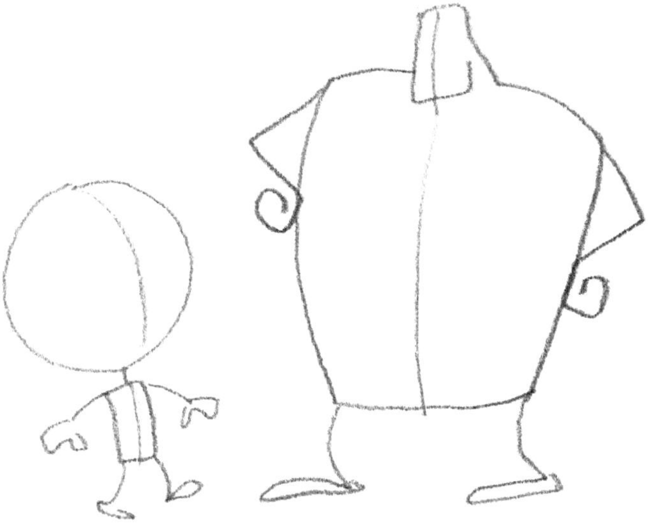

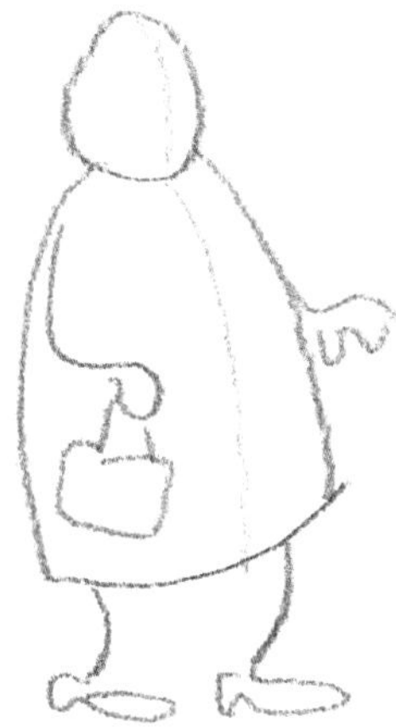

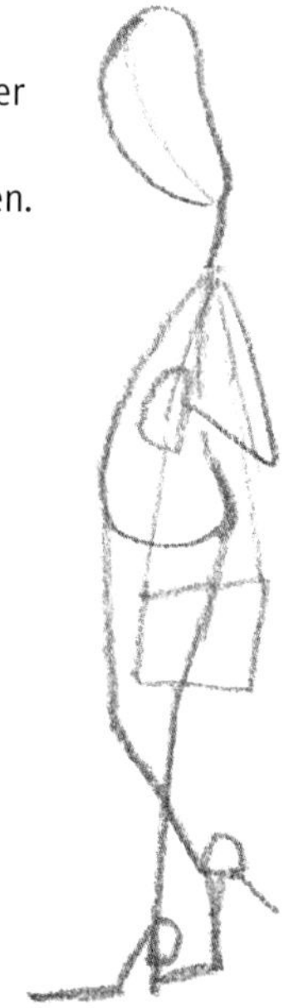

Legen Sie Ihre Figuren bewusst an. Was dominiert: Kopf oder Körper, lange Beine, kurze Beine?

Das Gedächtnis liebt klare Formen und starke Kontraste: ein großer Kopf zum Beispiel und ein kleiner Körper, kleiner Kopf und Riesenfüße. Überlassen Sie Beautykriterien der Kosmetikindustrie, werden Sie mutig!

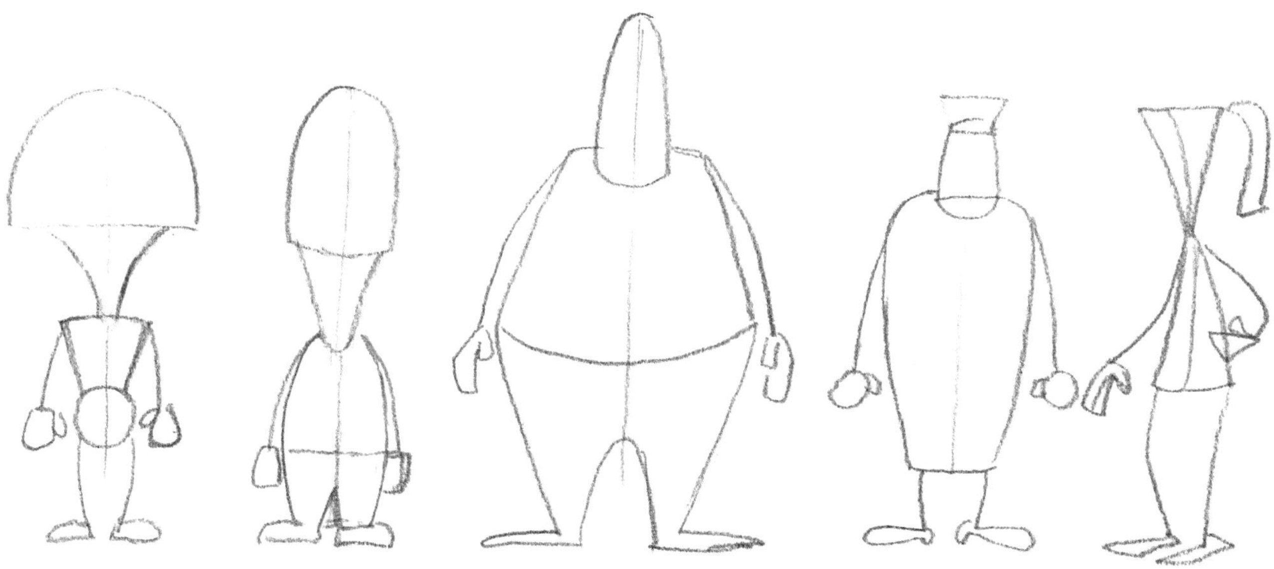

Wo setzen Sie runde und wo eckige Formen ein?

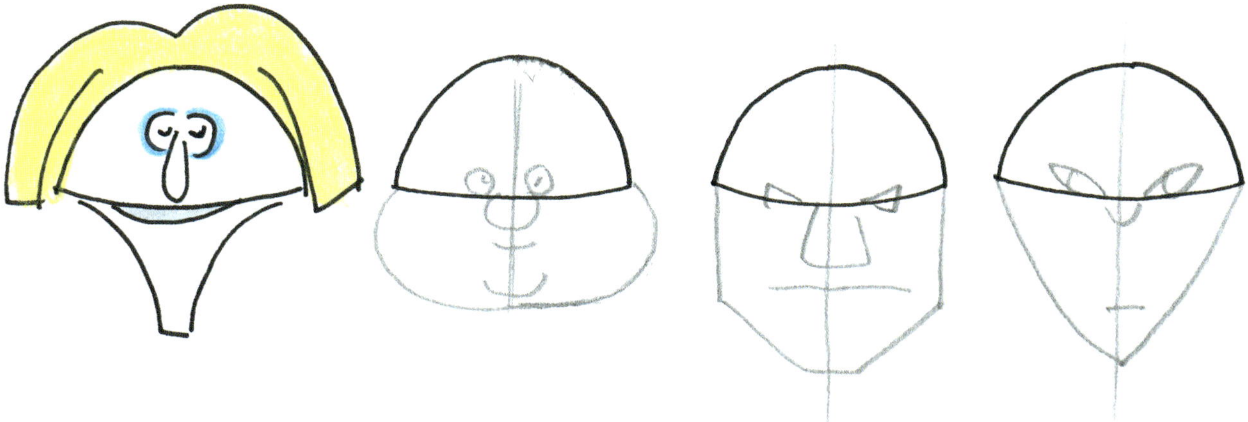

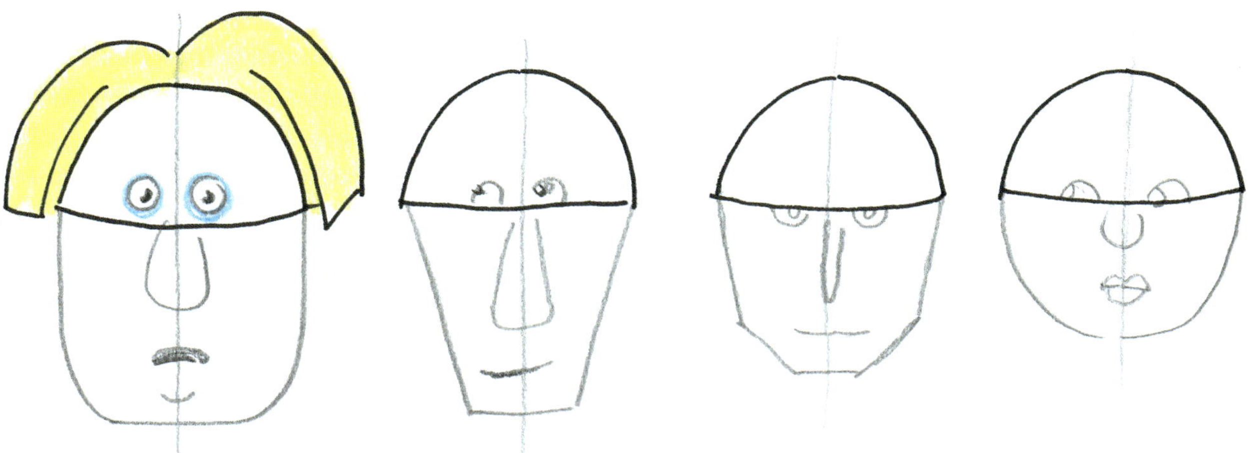

Damit sich auch die Köpfe Ihrer Figuren im Laufe der Story nicht zu sehr verändern, können Sie diese in Schädel- und Kieferpartie unterteilen. Diese Trennungslinie bietet dann auch zusätzliche Orientierung für Augen, Ohren und Nase oder für den Mund.

Indem Sie unterschiedliche Schädel- und Kieferformen miteinander kombinieren, kommen Sie schnell auf neue, interessante Typen.

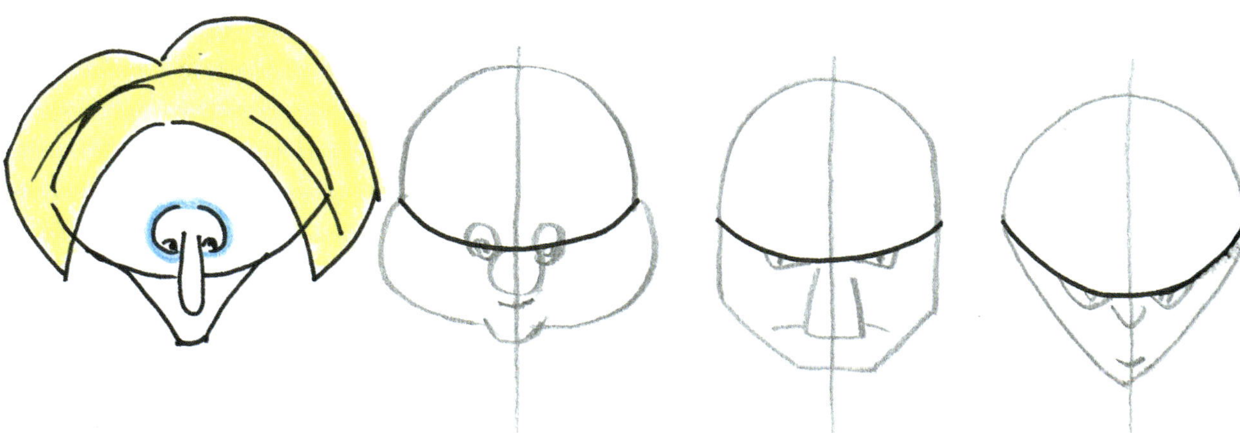

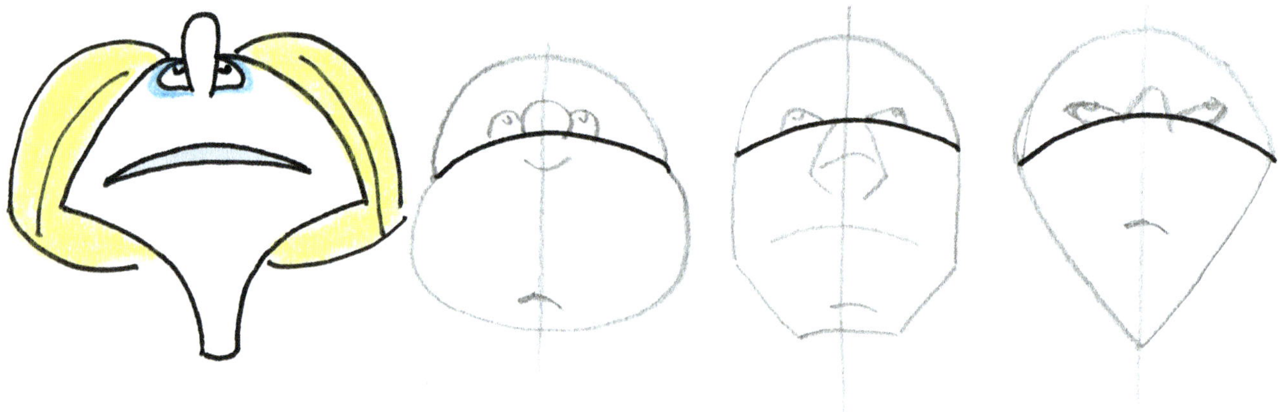

Mit dieser horizontalen Trennlinie bestimmen Sie auch die jeweilige Hebung und Senkung des Kopfes.

DREHEN UND WENDEN

Für eine Story brauchen Sie unterschiedliche Ansichten Ihrer Figuren: von vorn, von hinten, von der Seite und aus verschiedenen gedrehten Positionen. Die vertikale Mittellinie wird beim Drehen zur Profillinie und zeigt jeweils die Blickrichtung oder Drehposition des Körpers an.
Gehen Sie diese Turnarounds schrittweise an: Beginnen Sie mit einer ganz einfachen Figur am Stück in unkomplizierter Haltung. Das hat den Vorteil, dass Sie den Grundkörper beim Drehen nicht verändern müssen.
Zeichnen Sie für alle wichtigen Elemente des Kopfs und des Körpers horizontale Markierungslinien ein. Skizzieren Sie die Frontalansicht der Figur und versetzen Sie dann Schritt für Schritt die vertikale Profillinie in die gewünschte Richtung. Augen, Nase, Mund und Körperabschnitte folgen auf den horizontalen Linien der Position der Profillinie.

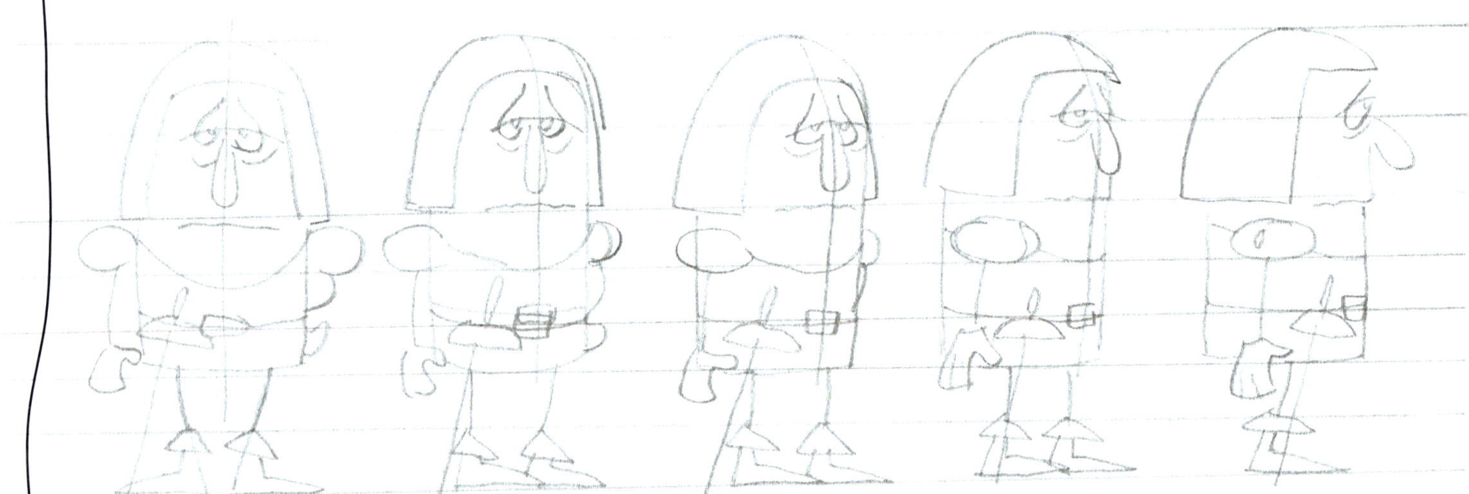

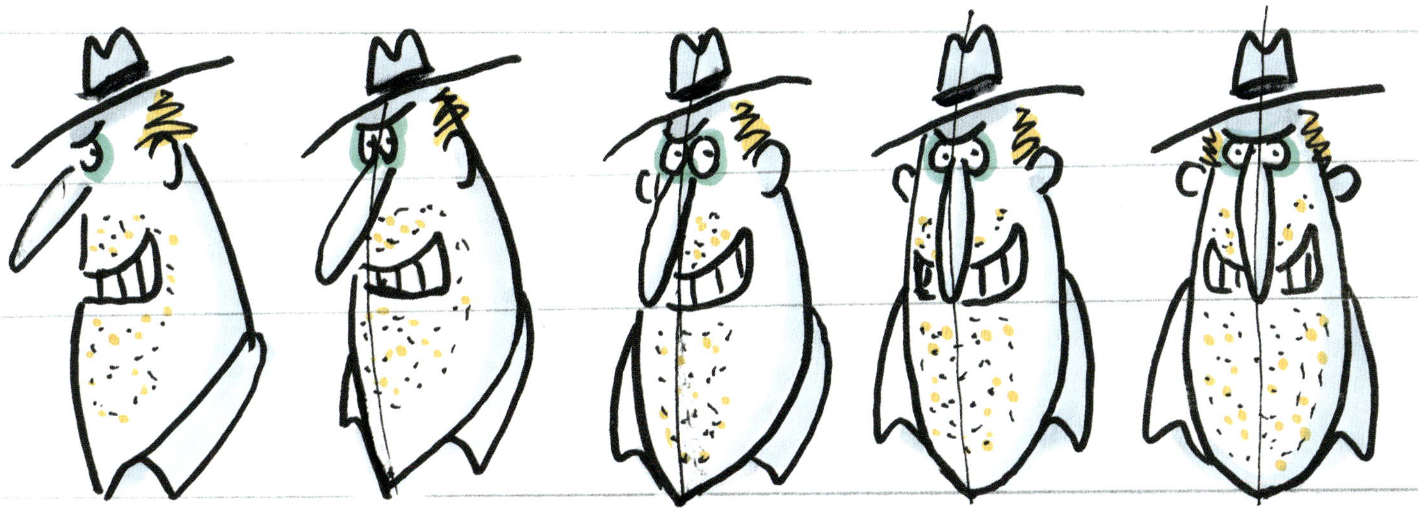

Bei Figuren, die aus mehreren Teilen bestehen, drehen Sie zuerst den Kopf alleine und üben, mit den vielen Linien klarzukommen. Was Sie hier nebeneinander sehen, zeichnen Sie am Leuchtpult oder mit Pergamentpapier übereinander.

Figuren zu drehen ist am Anfang mühsam. Die Comicgestalten zeigen sich wenig kooperativ und neigen dazu, komplett aus der Form zu geraten, ohne dass man weiß, wie das passieren konnte. Drehen ist eine Kombination aus exaktem Messen, Erfahrung und räumlichem Vorstellungsvermögen, das sich eventuell erst entwickeln muss.

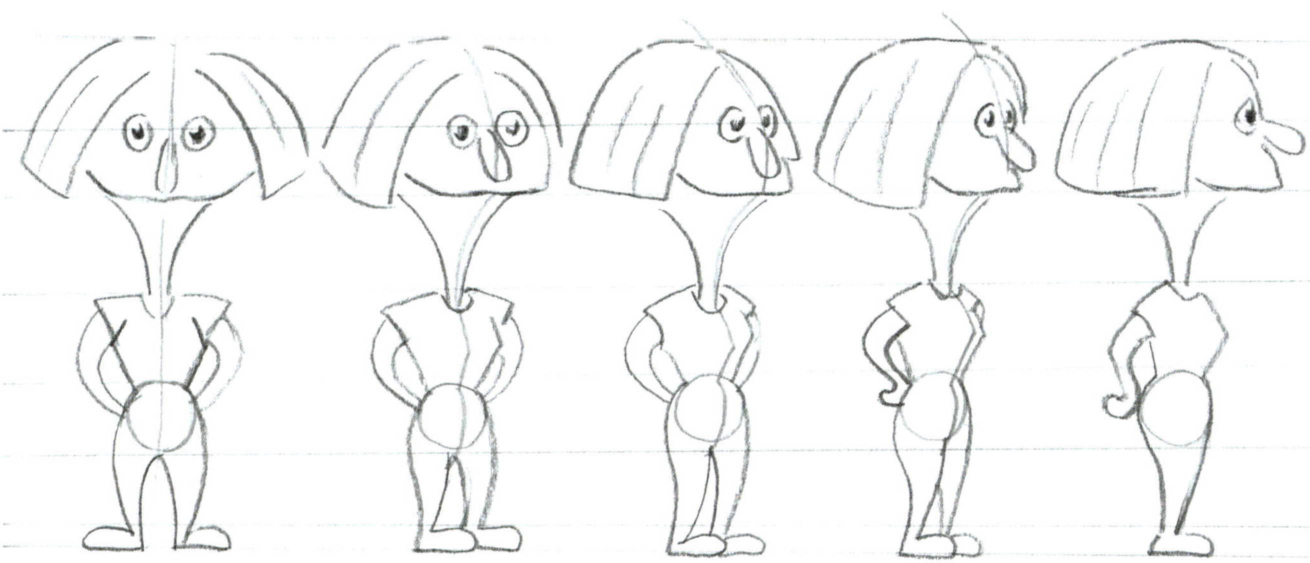

GROSSE LEUTE, KLEINE LEUTE

Mal feuert er in Großaufnahme, mal hetzt der Kommissar in der Totale durchs Panel. In einem Comic brauchen Sie Ihre Figuren in ganz unterschiedlichen Größen. Um im Zeichenfluss zu bleiben, ist es gut, wenn Sie die Charaktere auch analog vergrößern oder verkleinern können. Dabei helfen wieder möglichst einfache Grundformen und ein Orientierungsraster.

Legen Sie um Ihre Figur ein Rechteck. Unterteilen Sie dieses mittig mit einer vertikalen und horizontalen Linie und zeichnen Sie dann Linien für alle wichtigen Körperabschnitte ein.

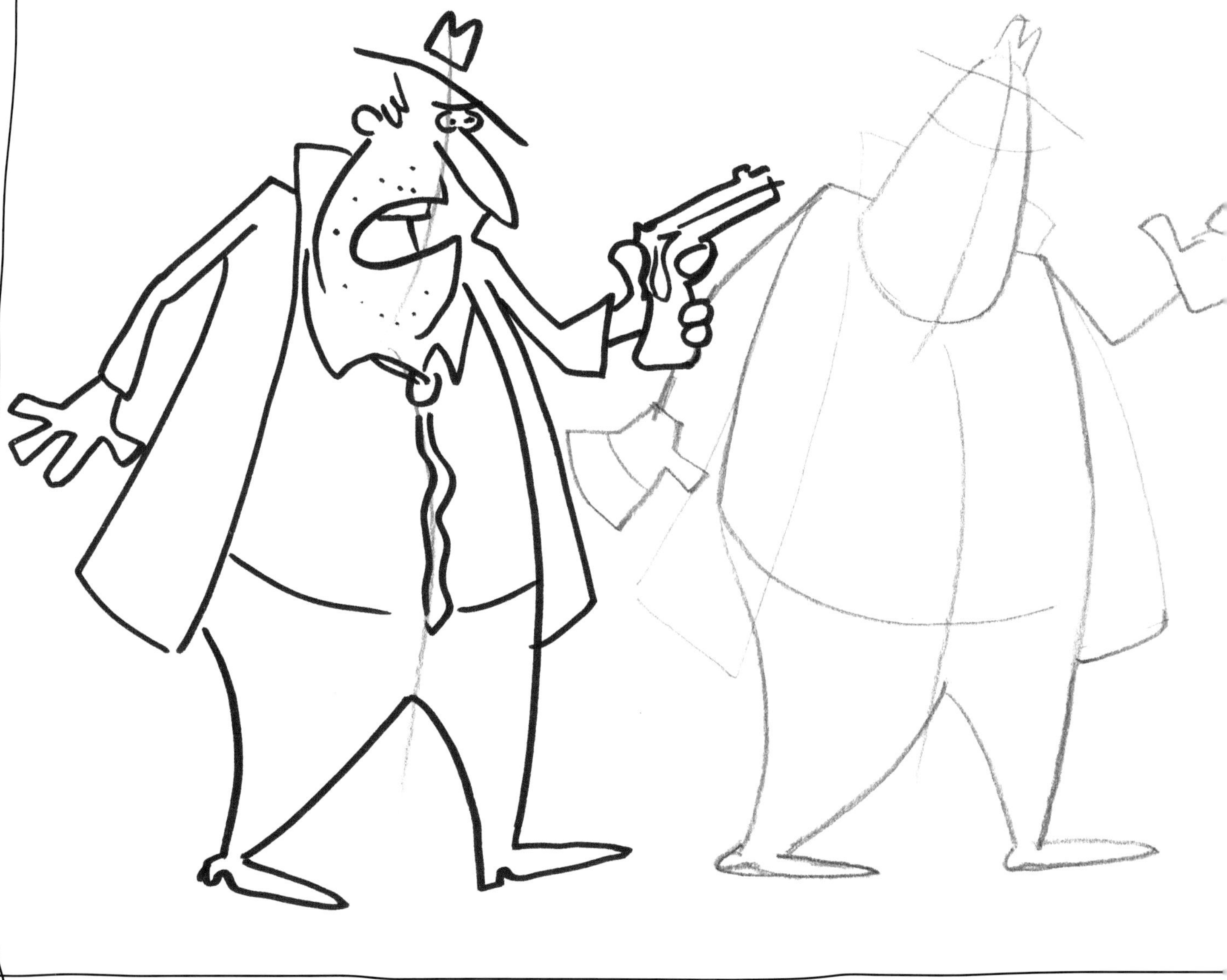

Verkleinern oder vergrößern Sie das Rechteck nun auf Ihr Wunschmaß. Wichtig ist, dass das Verhältnis von Höhe zu Breite stimmt. Tragen Sie die übrigen Hilfslinien ein. Nun können Sie das Formenskelett in das neue Rechteck einpassen – nach Augenmaß oder mit Nachmessen. Wenn bei Ihrem Protagonisten allerdings starke Figurprobleme auftreten, müssen Sie genauer arbeiten, sich die Maßverhältnisse der Körperteile zueinander anschauen und prüfen, ob sich die Formen unbemerkt verändert haben.

Probieren Sie zwischendurch das Vergrößern und Verkleinern der Figur auch immer mal wieder freihand.

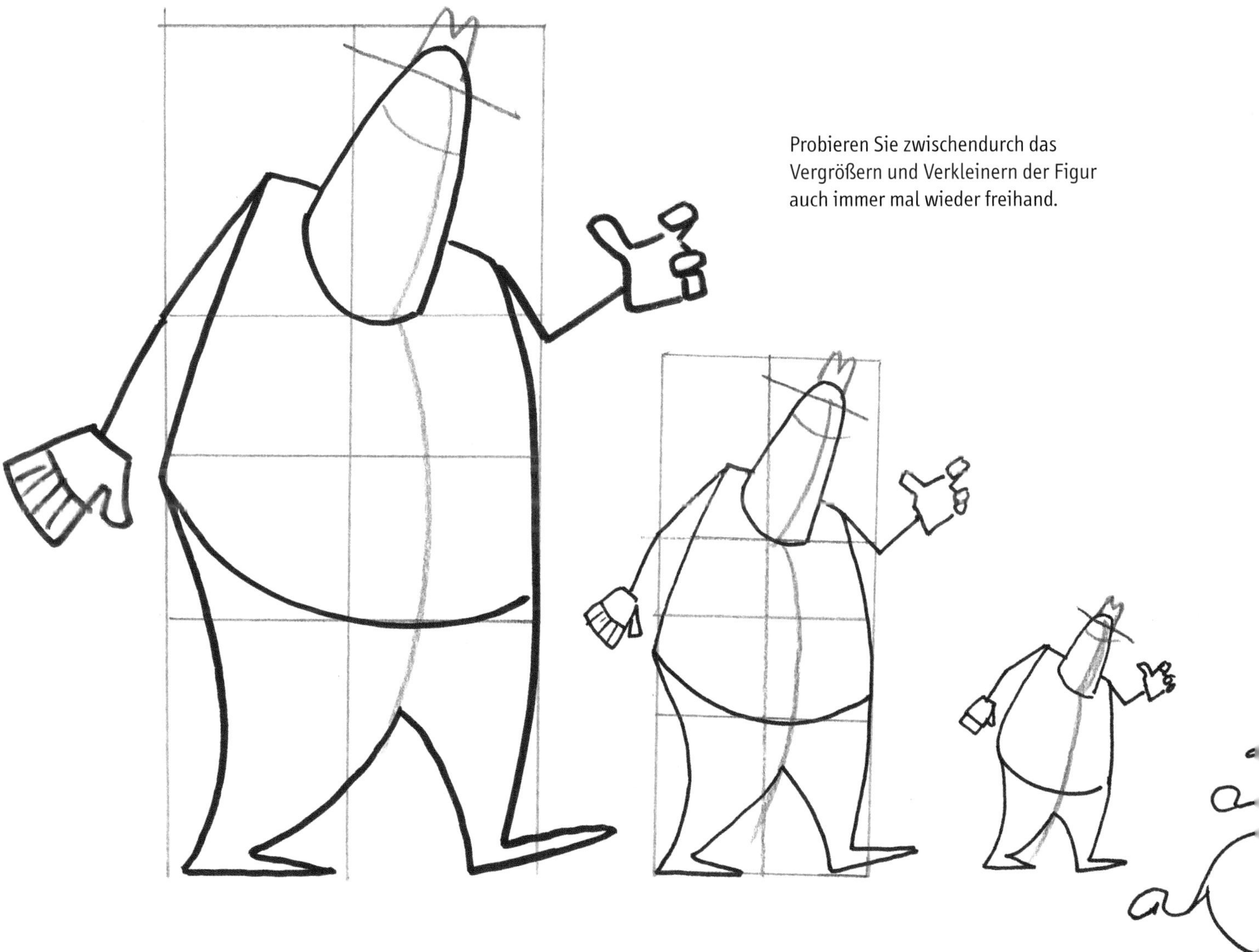

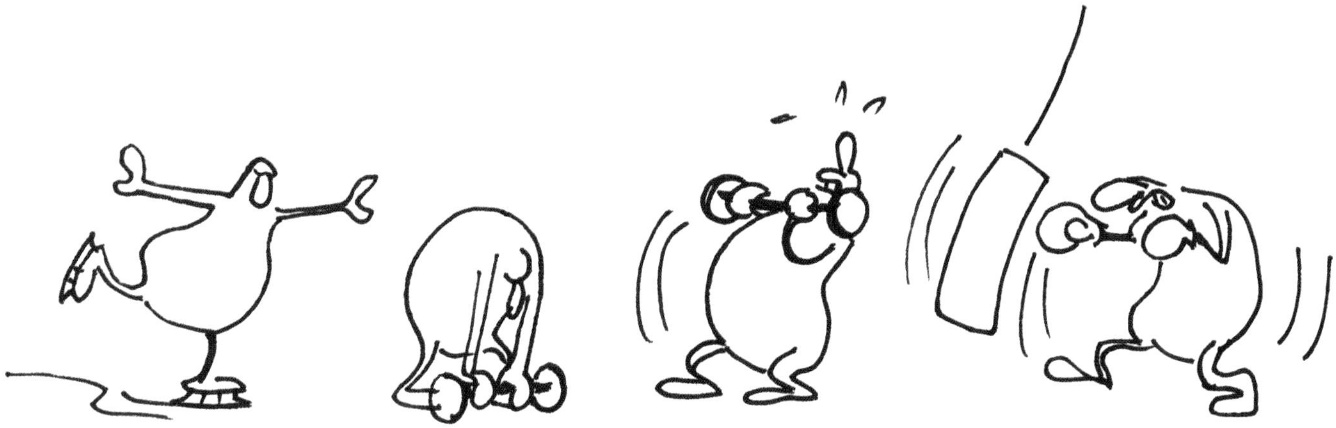

KOMMISSAR IM DIENST

Beweglichkeit und Ausdruck machen Comicfiguren lebendig. Heiter, grummelig, cholerisch oder melancholisch – wie ist denn die allgemeine Stimmungslage Ihrer Hauptfiguren? Und was treiben sie so alles in ihrem Comicalltag?

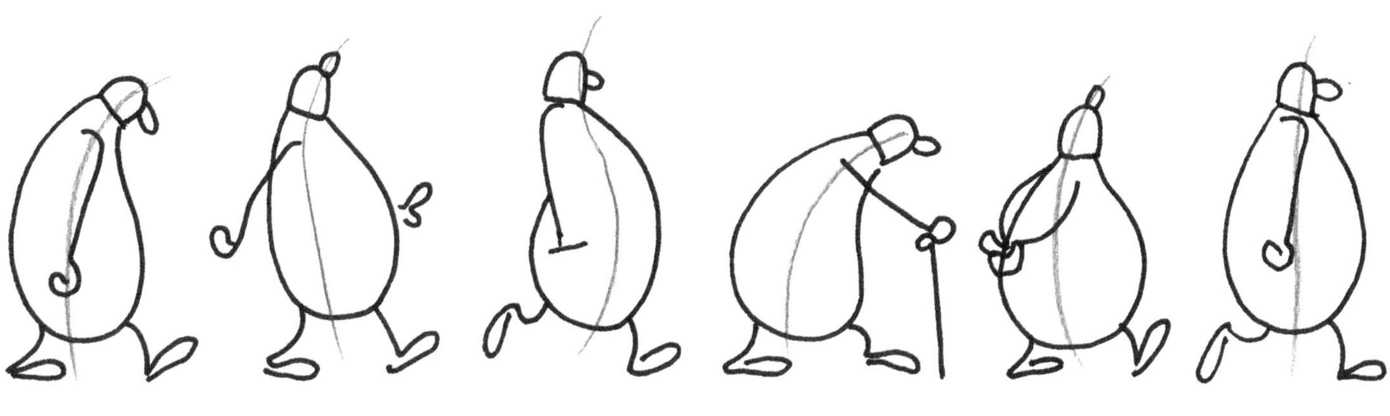

Beginnen Sie mit kleinen Bewegungsstudien. Stellen Sie sich die Bewegung zuerst gedanklich vor, bevor Sie sie zeichnen. Auch Posen vor dem Spiegel hilft. Verzichten Sie auf Details, arbeiten Sie erst mal nur mit den Grundformen und der Bewegungslinie. Machen Sie sich so mit den Proportionen der Figuren in der Bewegung vertraut und achten Sie darauf, dass sich diese nicht zu stark verschieben.

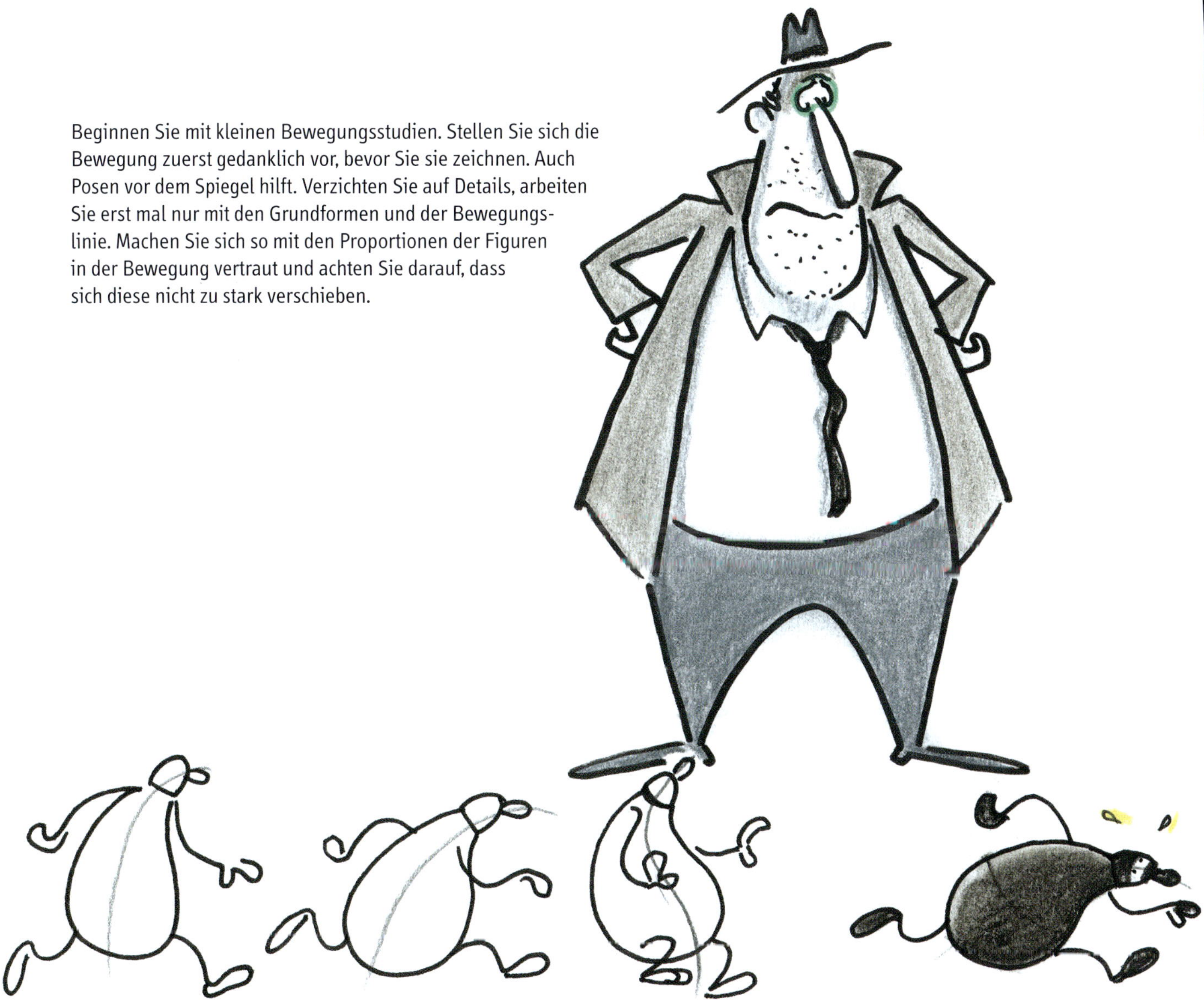

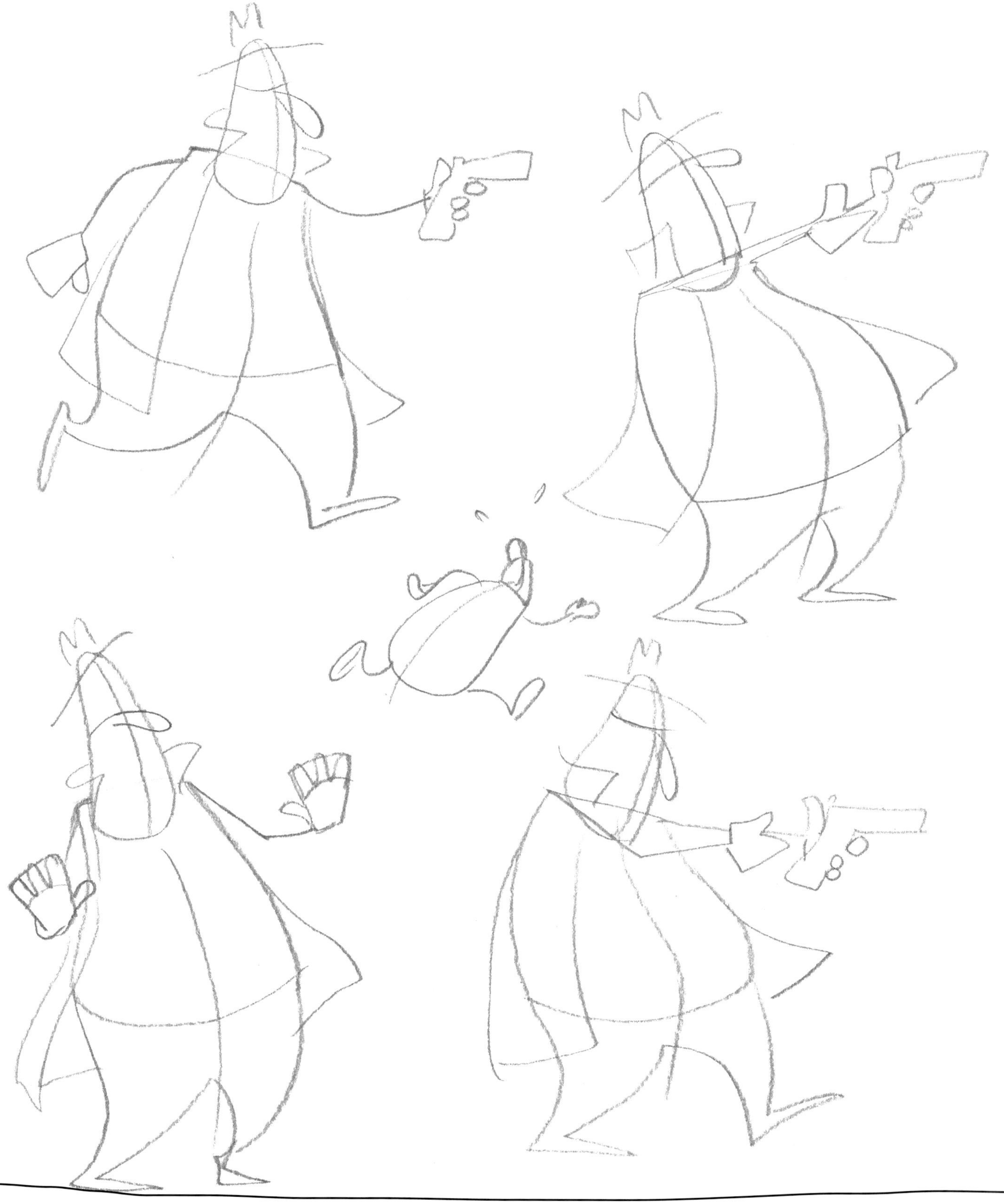

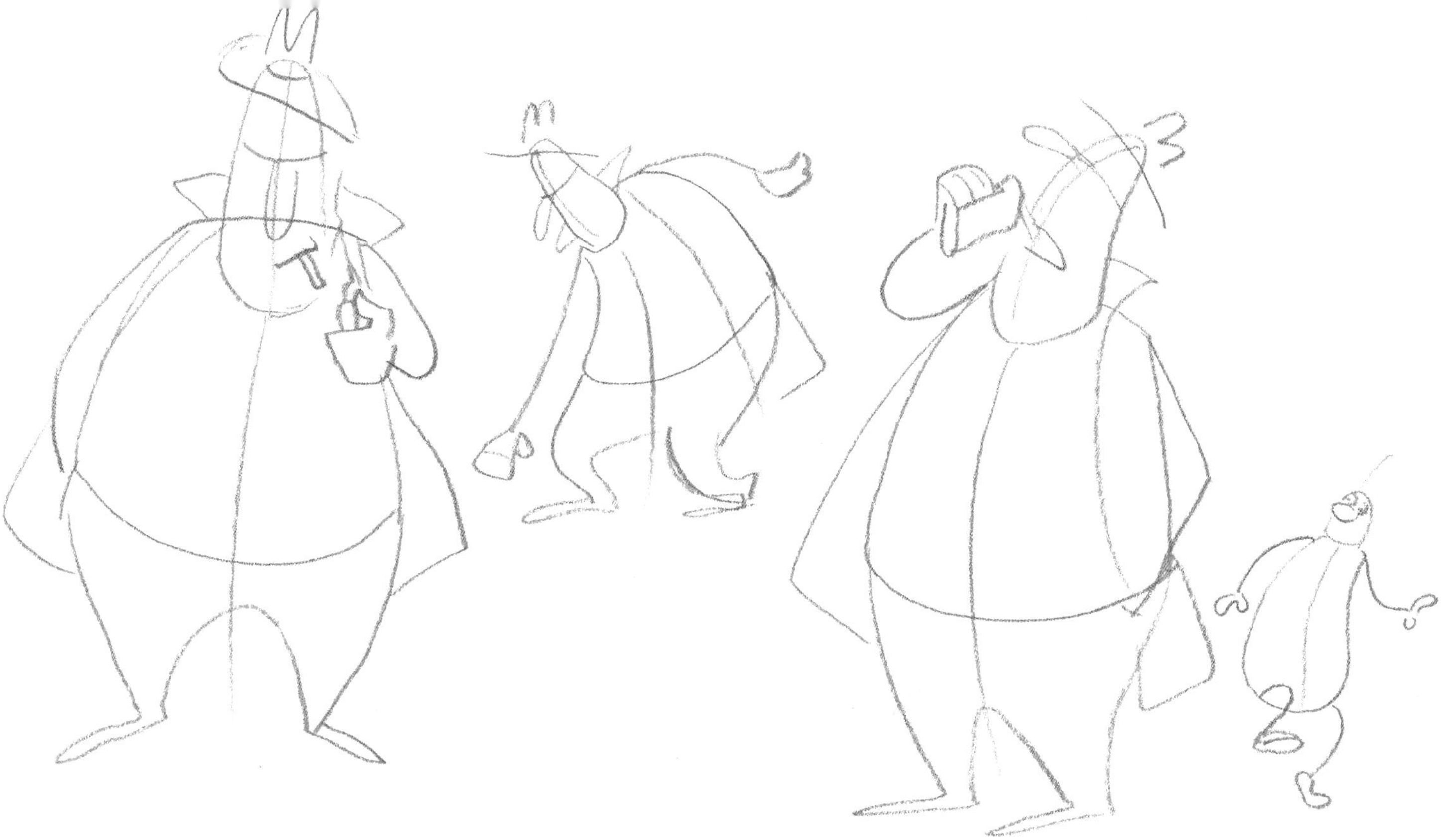

Kleine Veränderungen sind am Anfang unvermeidlich. Aber sollte der Kommissar im Dienst sein Gewicht verdoppeln oder die Kopfform wechseln, heißt es hinschauen und nochmal probieren.

Das alles gehört dazu, wenn Sie Figuren in den Griff bekommen möchten. Oft entstehen dabei unbeabsichtigt neue Typen, die Sie Ihrem Fundus hinzufügen können.

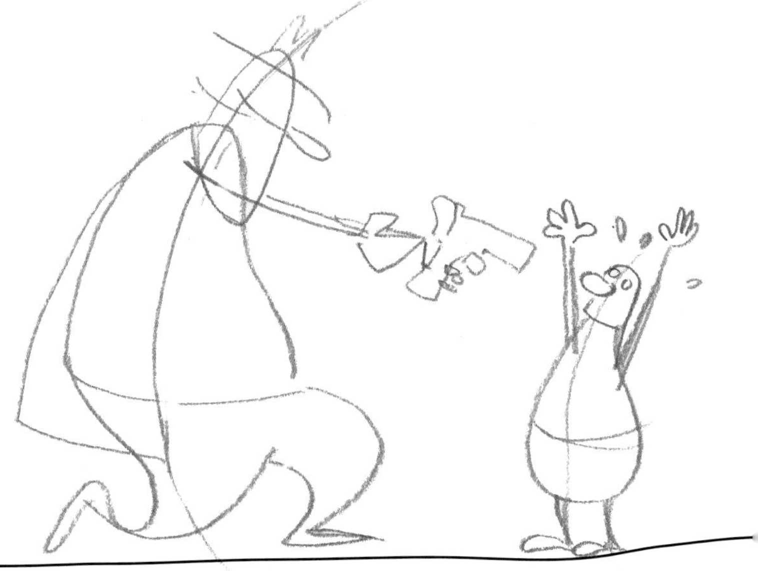

STORYBOARD ZEICHNEN

Jetzt geht es darum, sich einen Überblick über Ihre Geschichte zu verschaffen. Nehmen Sie all Ihre Entwürfe und Ideen und skizzieren Sie den Ablauf der Story einmal komplett von vorne bis hinten durch. Und wieder keine Details! Die stören nur Ihren Zeichenfluss. Skizzieren Sie in jedes Panel, wie Sie sich die Szene vorstellen: den Ort des Geschehens, gegebenenfalls die Perspektive und die handelnden Akteure. Da man zu diesem Zeitpunkt oft wenig Textvorstellungen hat, lassen Sie immer etwas Raum, damit Ihre Figuren später auch zu Wort kommen können.

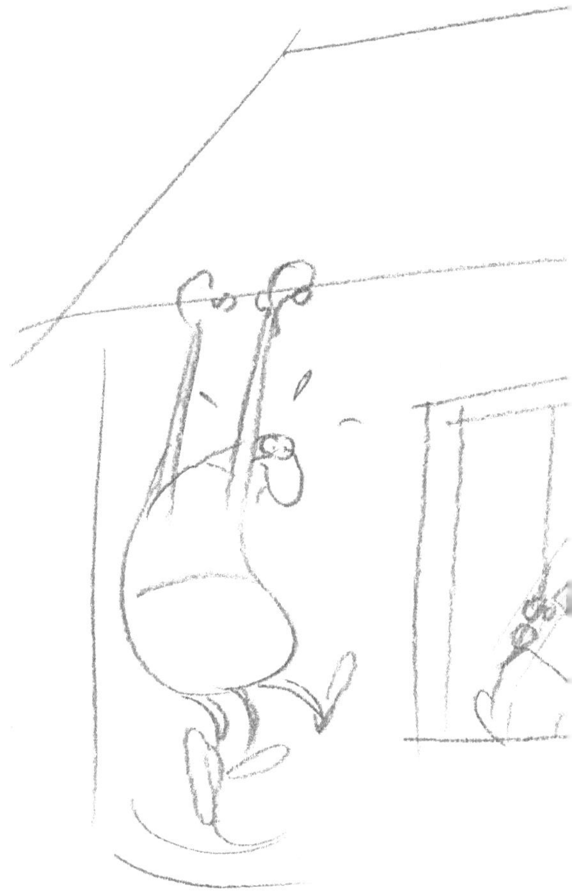

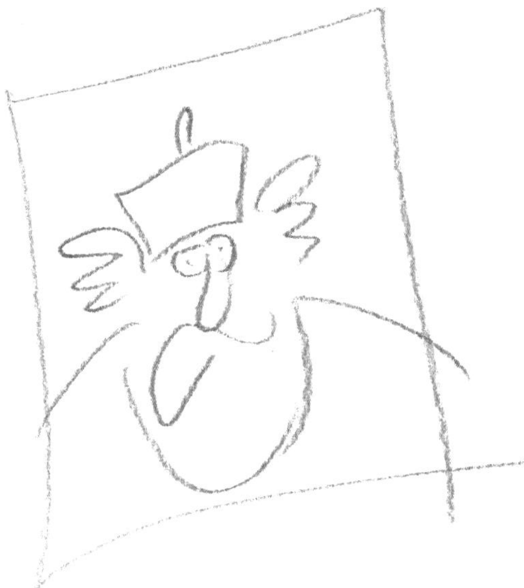

Skizzenhaft zu bleiben erspart Ihnen gerade bei längeren Geschichten eine Menge Arbeit. Im Laufe des Zeichnens kommen oft neue, bessere Ideen, die man einarbeiten möchte. Dadurch stimmt dann der Ablauf an anderer Stelle nicht mehr – Geschichten entwickeln sich nicht immer linear. Oft überarbeitet man ein Storyboard mehrmals, bis die Anschlüsse und der Erzählrhythmus stimmen.

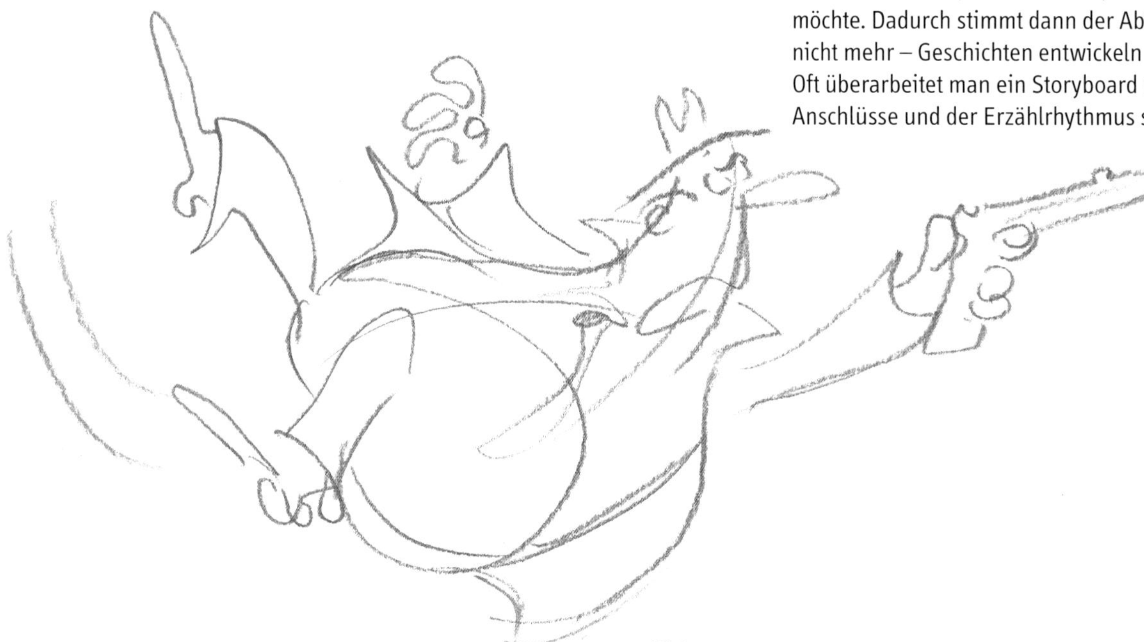

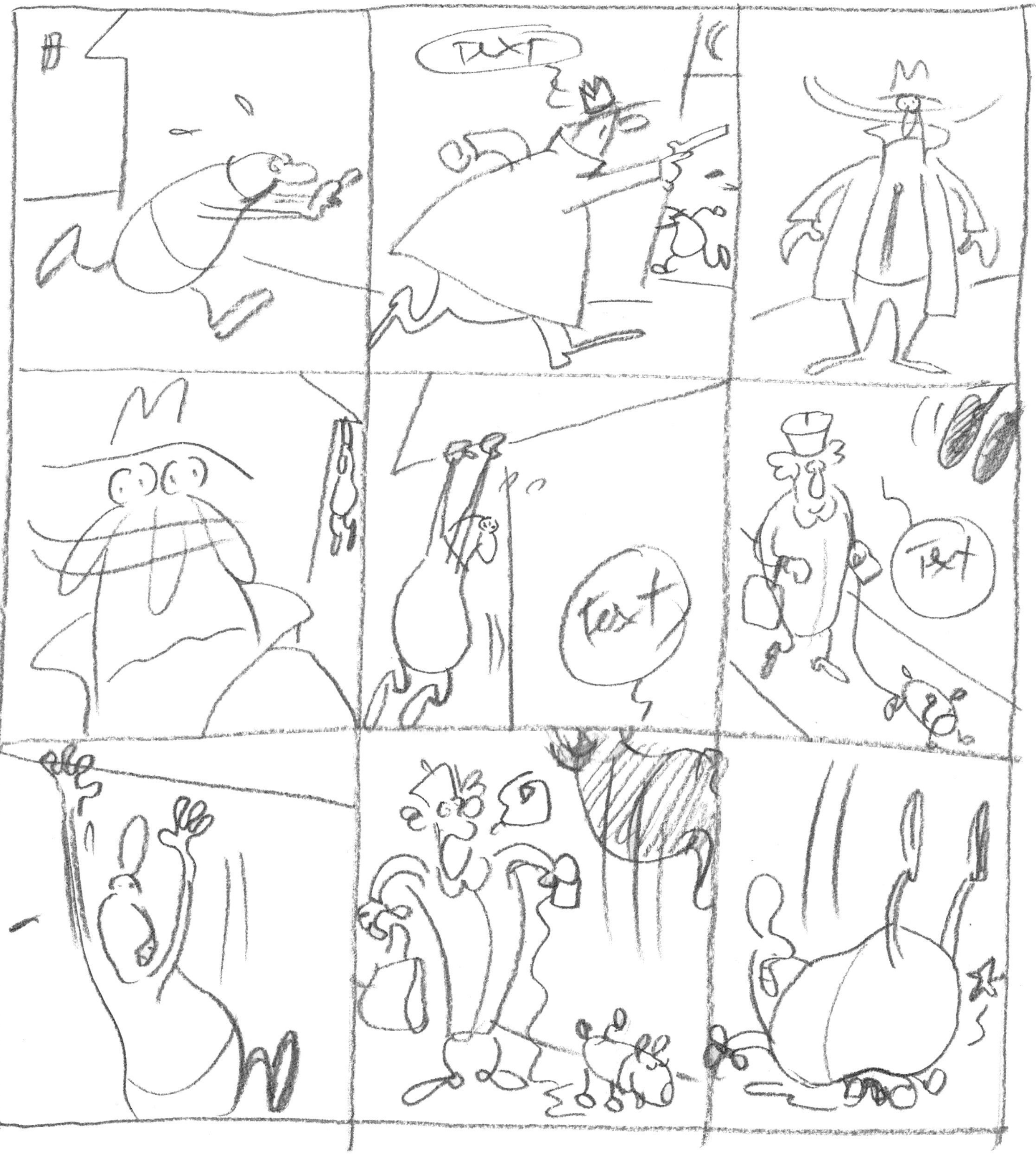
TEXT
Text
Text

AKTION ODER KAMMERSPIEL

Wie haben Sie Ihre Geschichte skizziert?
In ruhigen Bildern oder actionreich?

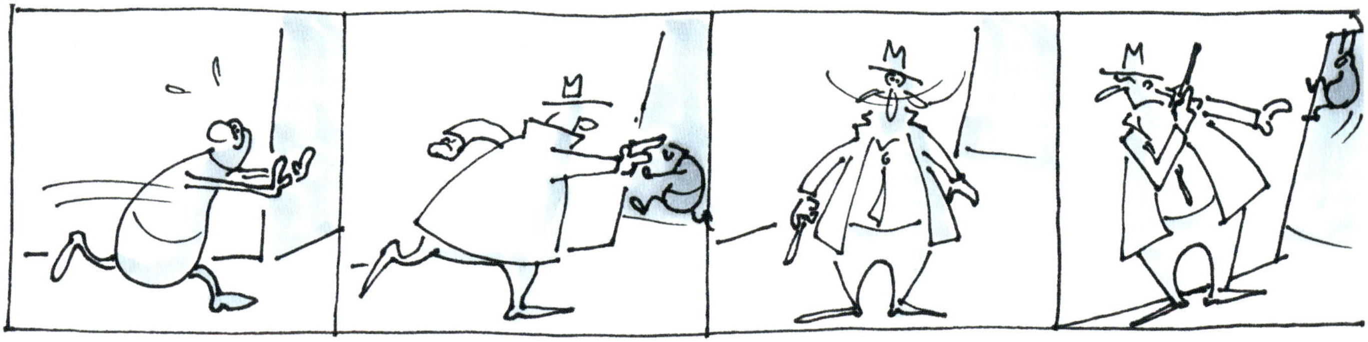

Sie können eine Seite in gleich große Kästchen unterteilen …

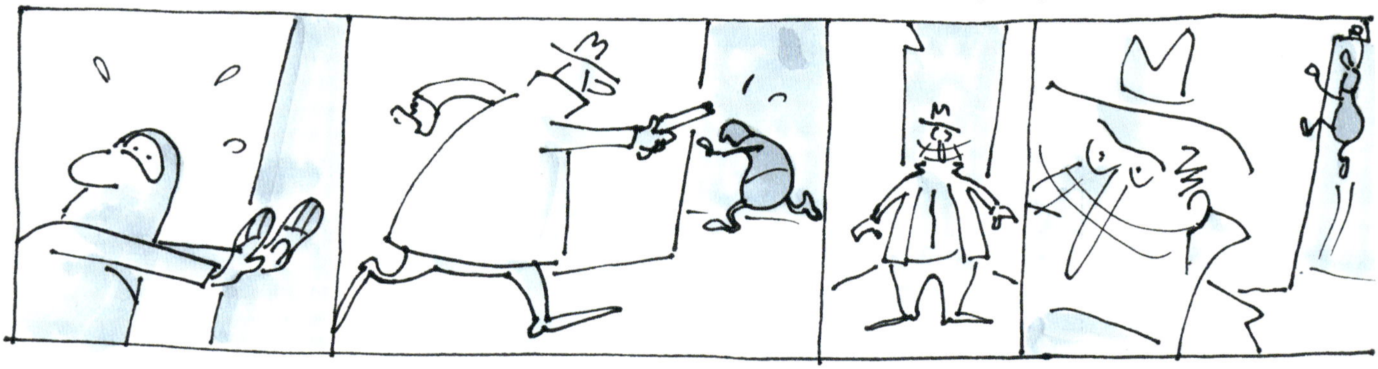

Oder Sie schauen mit dem Kamerablick auf Ihre Geschichte und verändern den Bildausschnitt, …

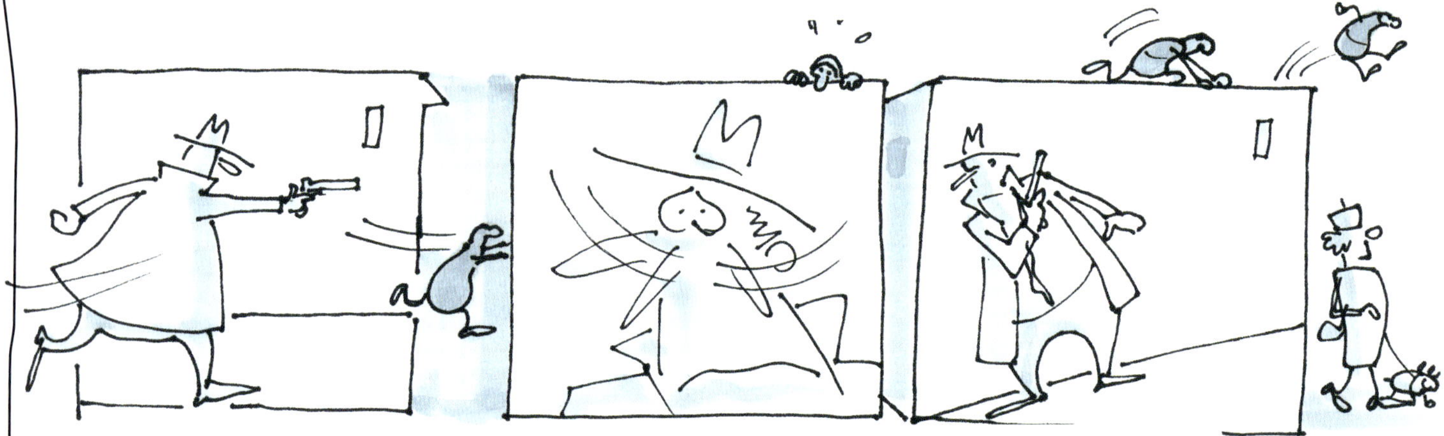

Sie können auch mit den Panels spielen: das Panelraster aufbrechen, teilweise auf die Panelkontur verzichten, …

Eine Geschichte kann man immer auf ganz unterschiedliche Weise erzählen. Beim Film bestimmt der Schnitt den Rhythmus, beschleunigt oder verlangsamt das Tempo. Im Comic können Sie das durch die Art und Weise, wie Sie Panels einsetzen, beeinflussen:

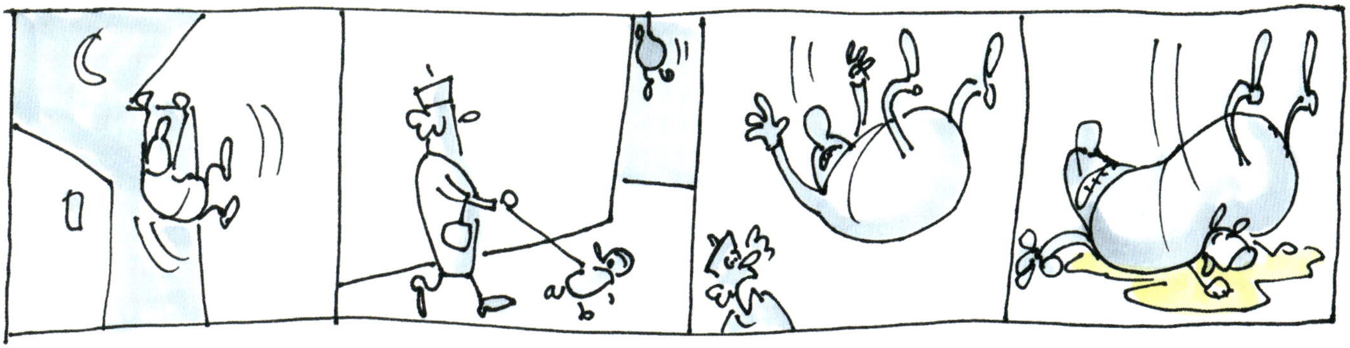

… und die Story immer aus derselben Perspektive zeichnen.

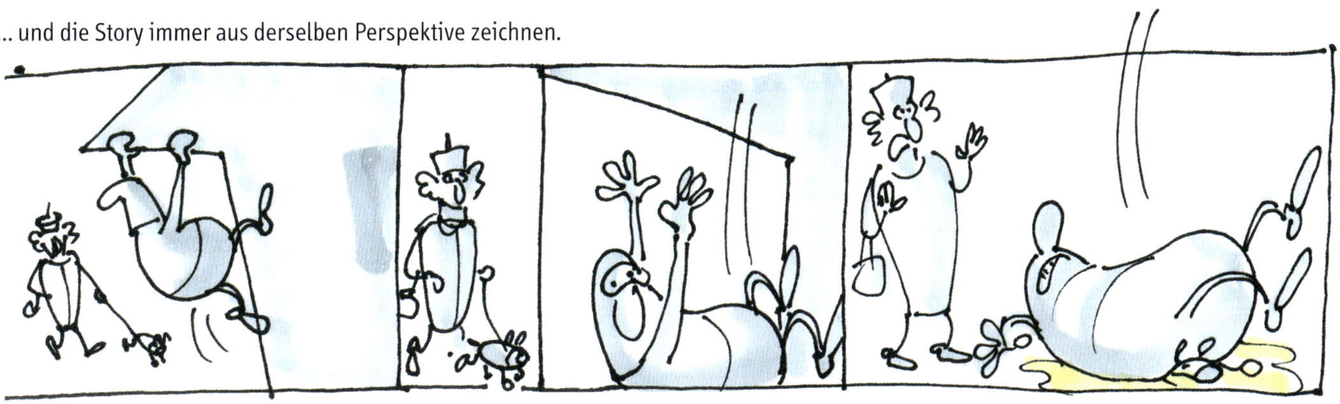

… zoomen heran, gehen in die Totale oder zeichnen Details und variieren die Panelgroße nach Bedarf.

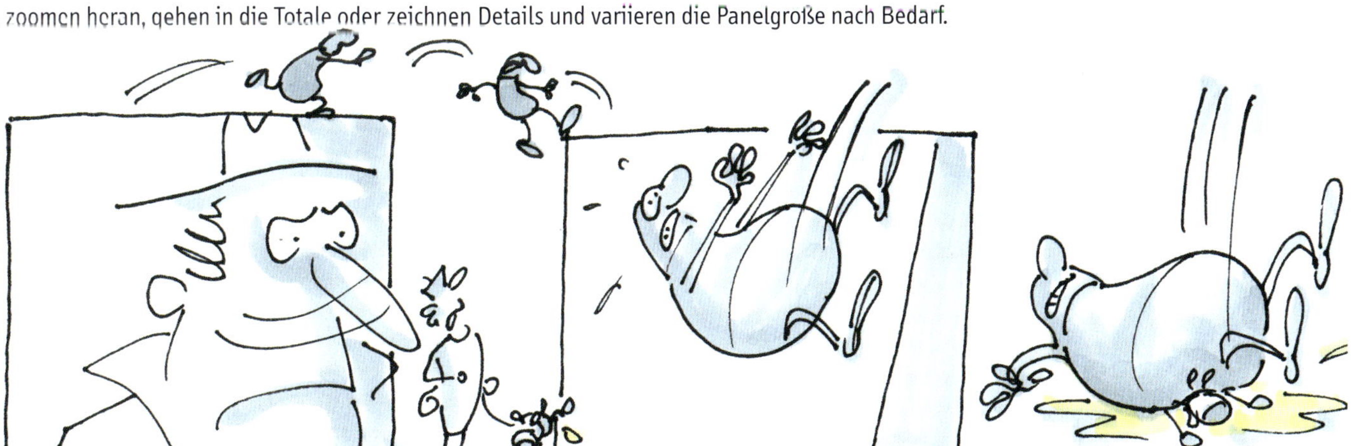

… Sprechblasen und Figuren über den Bildrand hinauszeichnen und bildübergreifend agieren lassen.

TAUCHEN ODER DÜMPELN

Sobald Sie mit Ihrem Storyboard zufrieden sind, konturieren Sie es am Leuchtpult oder im PC. Wenn Sie analog arbeiten, machen Sie Kopien von den konturierten Seiten Ihrer Geschichte, die Sie dann für Farbentwürfe nutzen können.

Der Umgang mit Farbe ist ein Kapitel für sich. Neben Plot und Figuren bestimmt die Farbgestaltung wesentlich die Atmosphäre einer Geschichte.

Was für Cartoons gilt, gilt auch für Comics: Sie können ausschließlich linear zeichnen, Grauwerte einsetzen, mit Schwarzweiß-Kontrasten arbeiten, monochrom oder quietschebunt.

Am besten, Sie probieren wieder Verschiedenes aus: eine luftige Aquarelloptik, klare, flächige Markerfarben, pastellige Farbverläufe oder Buntstifte. Was gefällt Ihnen? Und was passt inhaltlich zu der Story, die Sie gerade erzählen?

Bei der digitalen Bearbeitung können Sie das kosten- und materialsparend testen. Andererseits üben Sie beim analogen Kolorieren den Umgang mit verschiedenen Stiften, Farben und Papieren und machen die Erfahrung, was Ihnen gut oder weniger gut von der Hand geht.

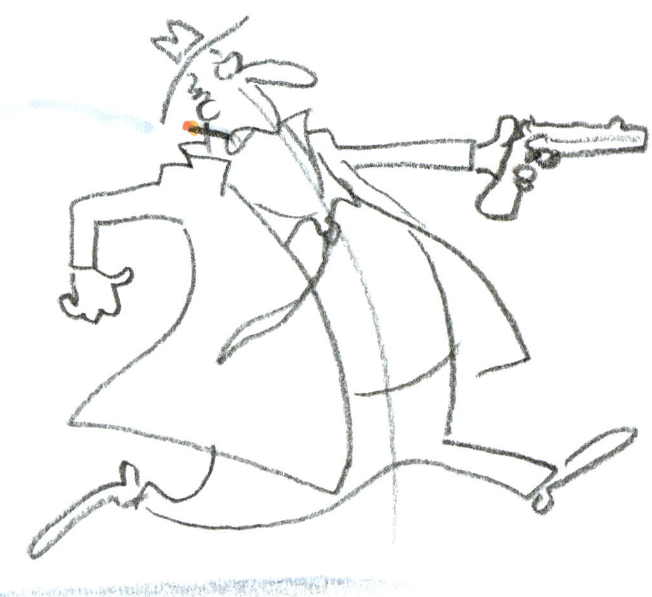

Für den ersten Einstieg gilt: Welche Technik auch immer, bevor Sie voll ins Farbenmeer eintauchen, bleiben Sie in Ufernähe. Wählen Sie eine begrenzte Anzahl von Farbtönen aus, mit denen Sie dann den gesamten Comic gestalten. Einige leuchtende Farben für Figuren und Gegenstände im Vordergrund und blassere Farbtöne für die Hintergründe. Legen Sie zuerst Ihre Hauptfiguren farbig an.

Die Panels kolorieren Sie danach mit den ausgewählten Farben in unterschiedlicher Zusammensetzung. Behalten Sie dabei nicht nur das einzelne Panel, sondern immer die ganze Seite oder Doppelseite im Blick.

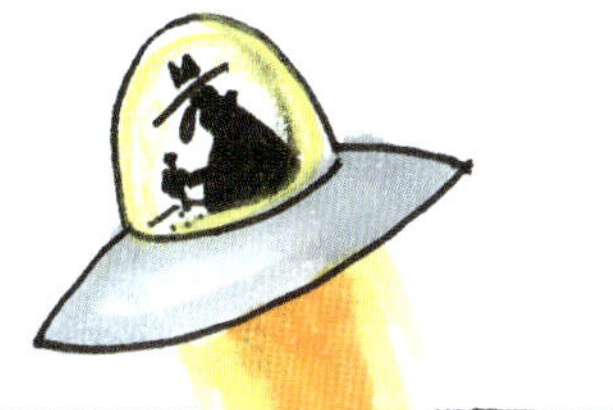

Übung: Fertigen Sie von einem Strip oder einer kurzen Geschichte Kopien an. Kolorieren Sie diese dann mit verschiedenen Farben und vergleichen Sie die unterschiedlichen Wirkungen.

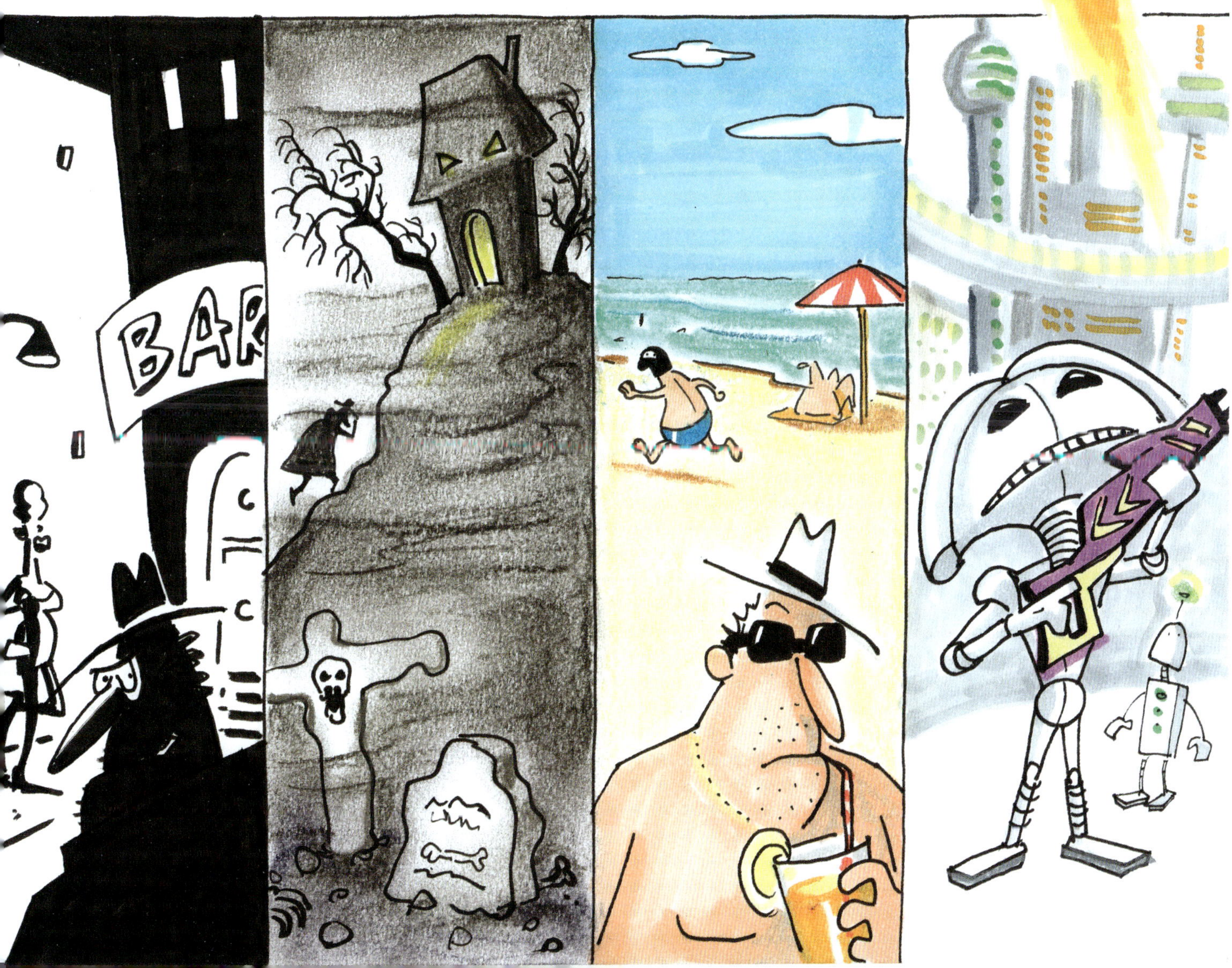

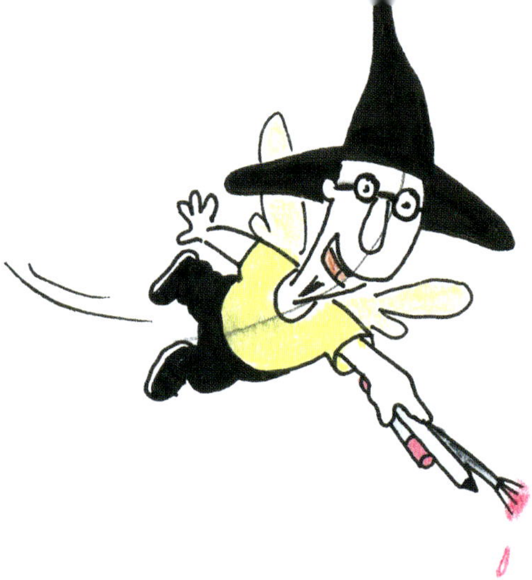

Von lustigen kleinen Strips bis hin zu epischen Graphic Novels – der Comic bietet Ihnen ein weites Feld, in dem Sie sich ausprobieren und entwickeln können.

Auch wenn Sie mit wenig Zeichenerfahrung ins Comiczeichnen einsteigen: Wichtig ist es anzufangen und dranzubleiben. Auch bei steigendem Frustpegel, auch wenn das, was Sie gerade aufs Papier bringen, noch nicht den tollen Bildern und Figuren in Ihrem Kopf entspricht.

DAS MAGISCHE WORT

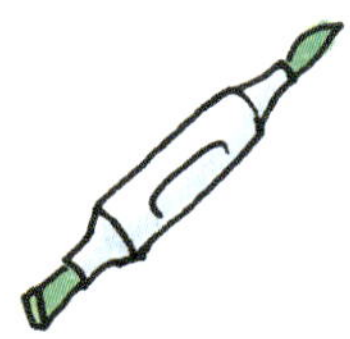

Wenn Sie Comics lieben und selber welche zeichnen möchten, dann heißt das uralte Zauberwort Üben. Es ist wirklich magisch, was Übung bewirken kann!

Wo holpert es noch? Wo möchten Sie besser werden: im Figurenzeichnen, in der Farbgestaltung, im perspektivischen Zeichnen? Daran können Sie gezielt arbeiten, eventuell Kurse belegen. Ein persönliches Feedback zu Ihrer Arbeit kann sehr hilfreich sein. Akt- und Porträtzeichnen, Naturstudien … Je nachdem, welche Welten und Geschichten Sie realisieren möchten, können Sie das alles ins Comiczeichnen einfließen lassen.

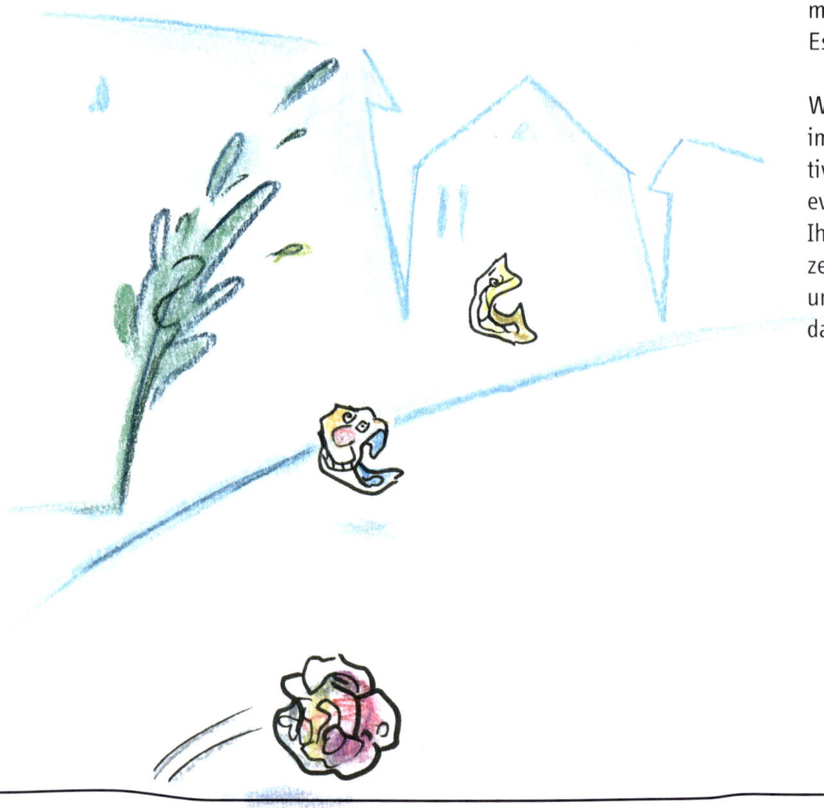

Begeisterung, Energie und Zeit, alles gut miteinander vermischen und bei Zimmertemperatur langsam garen lassen, bis es sich in Können verwandelt – das ist eine überaus erfolgreiche Arbeitsmagie.

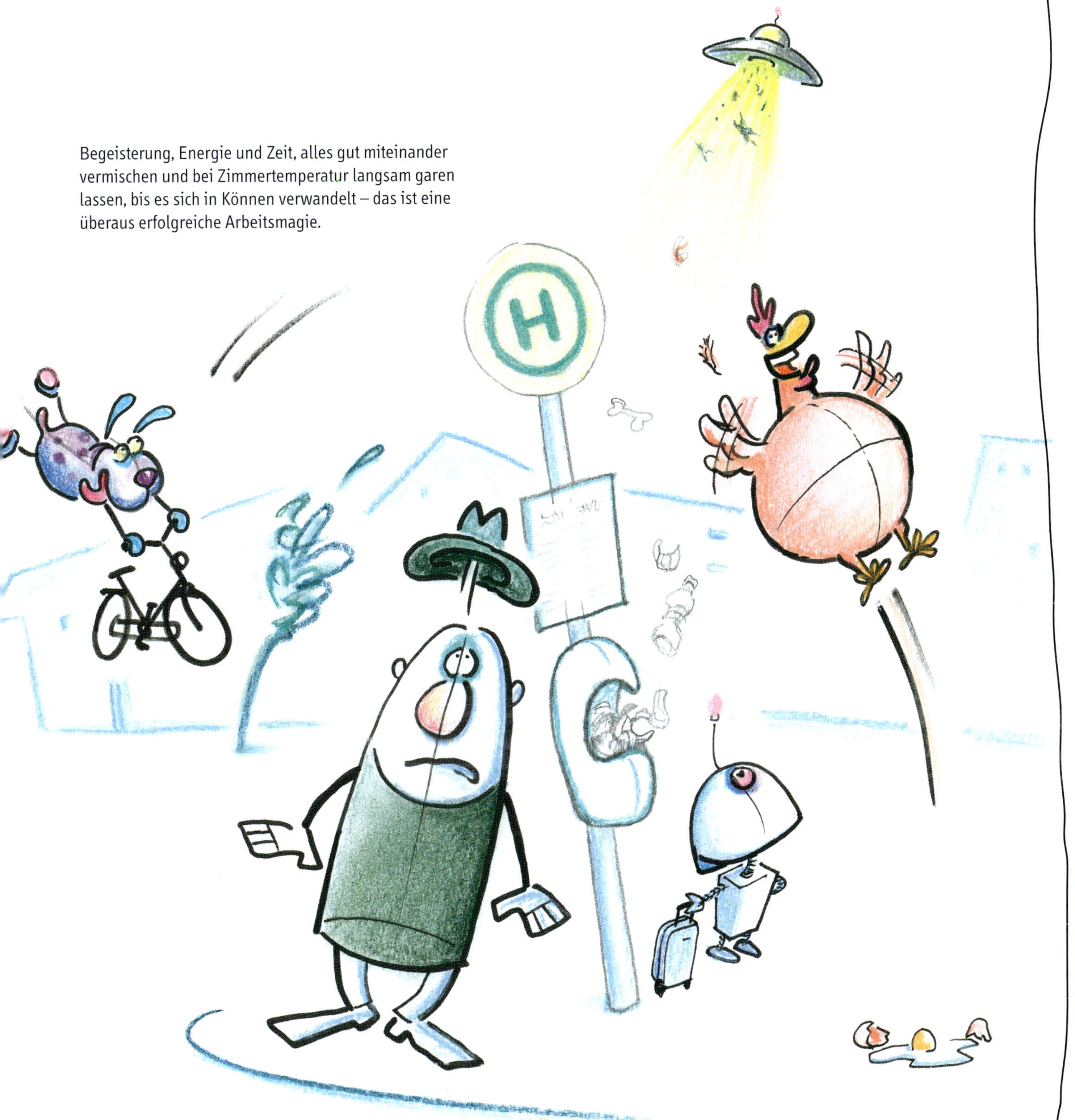

BUCHEMPFEHLUNGEN FÜR SIE

NOCH MEHR SPANNENDE BÜCHER ZUM THEMA COMIC/CARTOON GESUCHT?

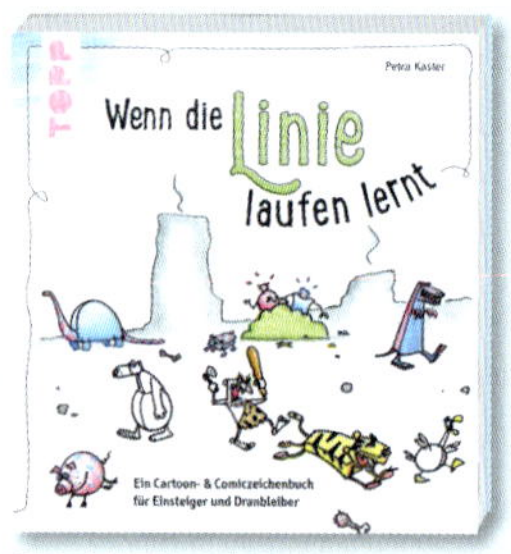

978-3-7724-6294-8

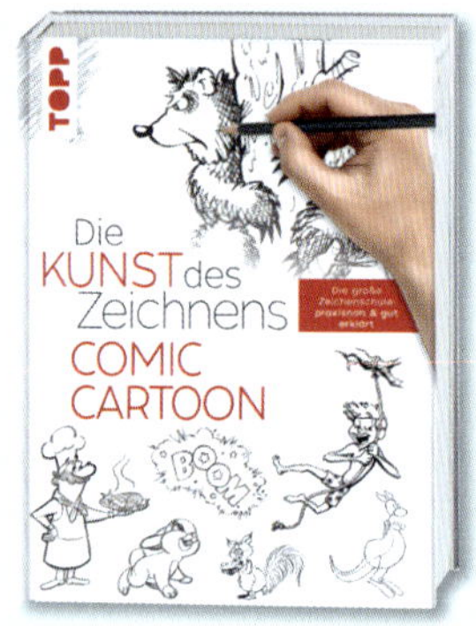

978-3-7724-4759-4

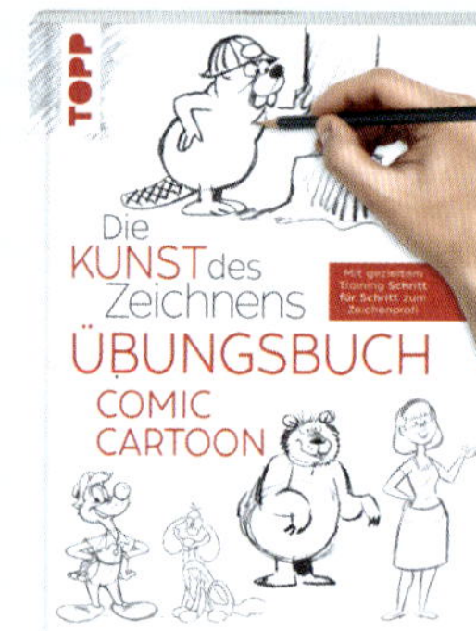

978-3-7724-4769-3

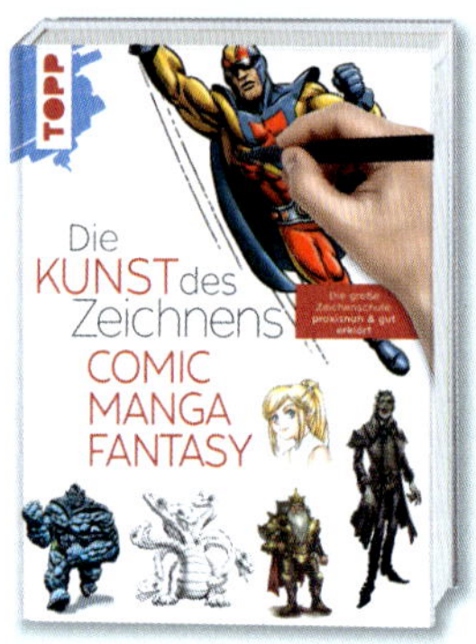

978-3-7724-4755-6

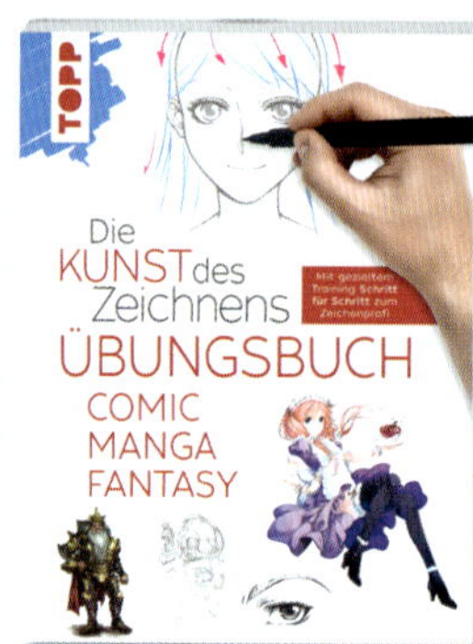

978-3-7724-4765-5

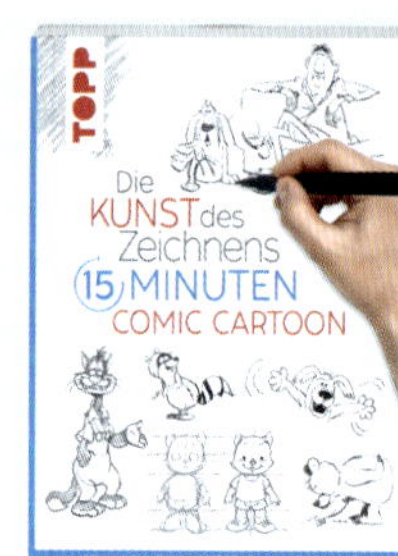

978-3-7358-8036-9

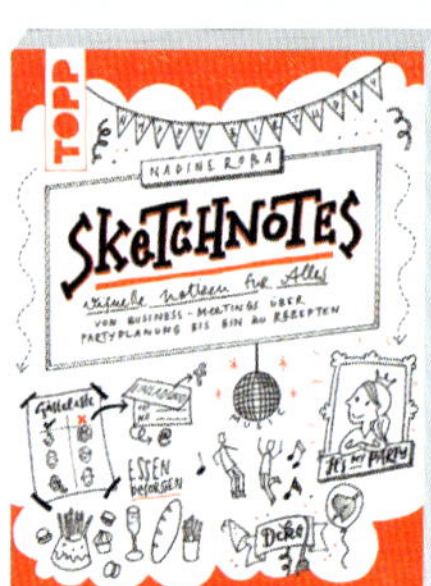

978-3-7724-8240-3

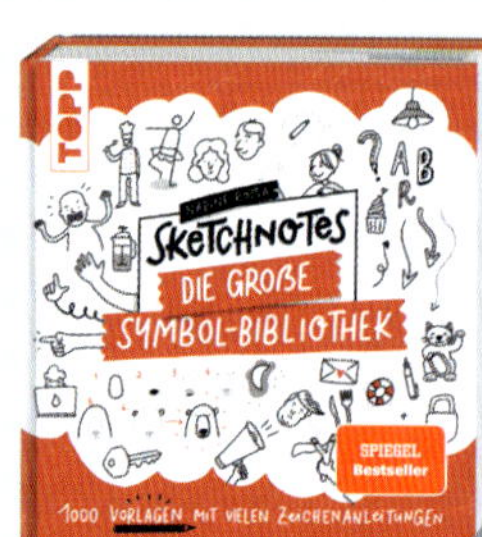

978-3-7724-8389-9

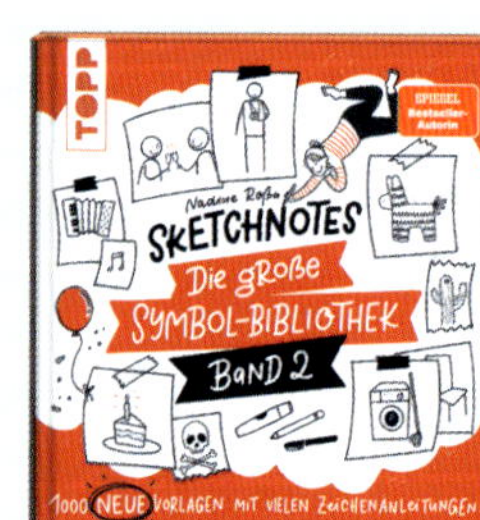

978-3-7358-8000-0

WEITERE KREATIV-BÜCHER FINDEN SIE AUF WWW.TOPP-KREATIV.DE

ODER WOLLEN SIE EIN NEUES THEMA AUSPROBIEREN?

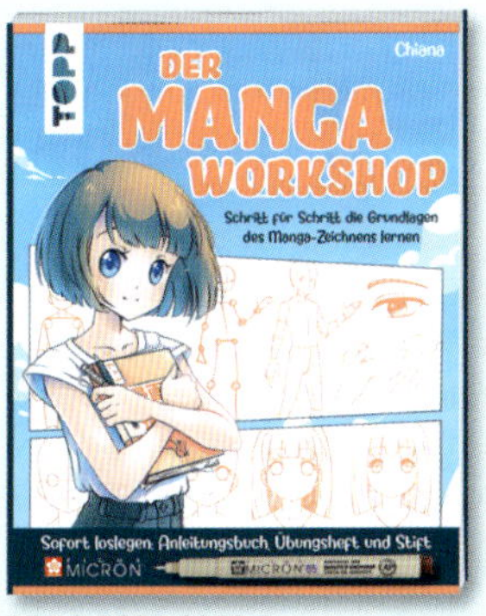

978-3-7358-8050-5

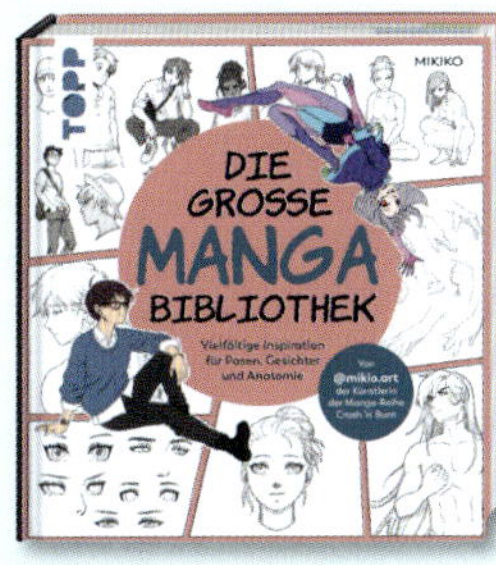

978-3-7358-8061-1

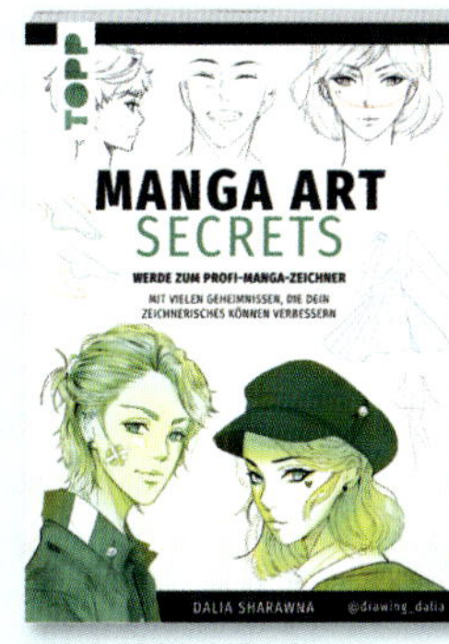

978-3-7724-4694-8

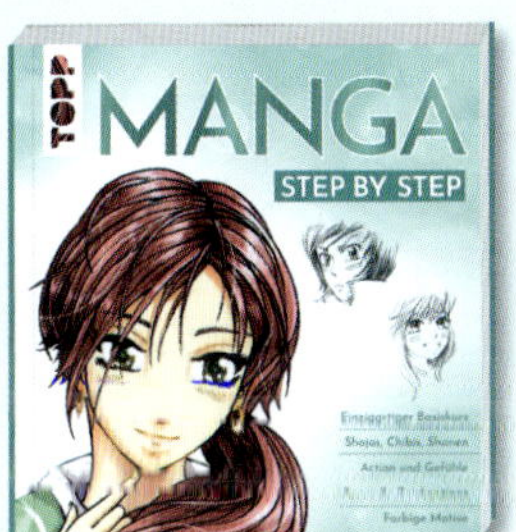

978-3-7358-8042-0

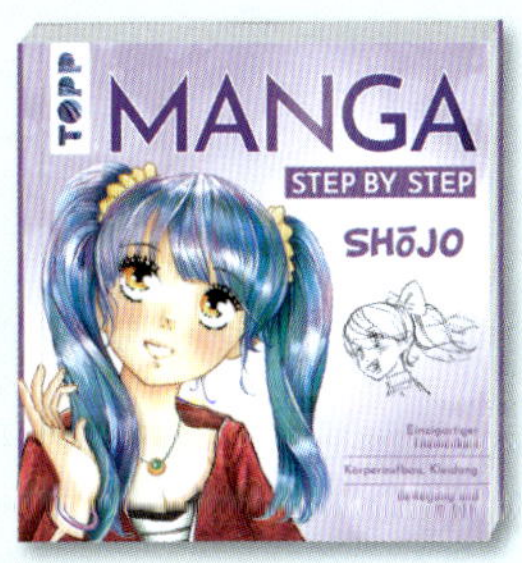

978-3-7358-8040-6

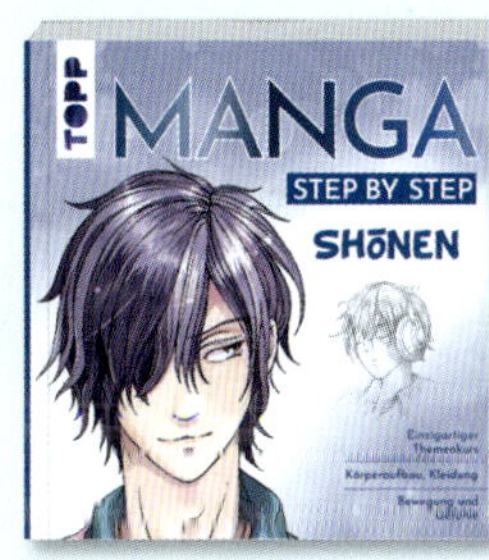

978-3-7358-8039-0

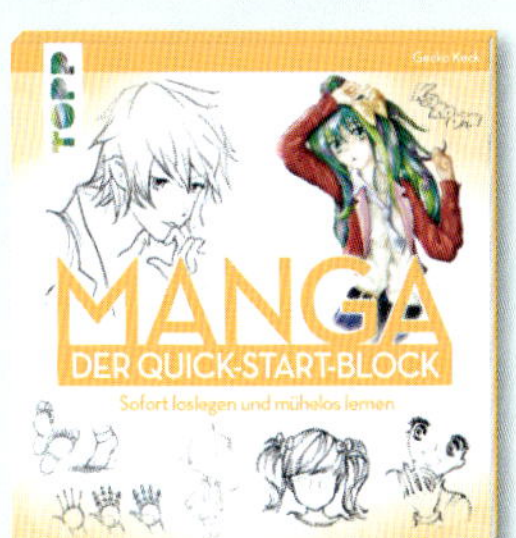

978-3-7724-4784-6

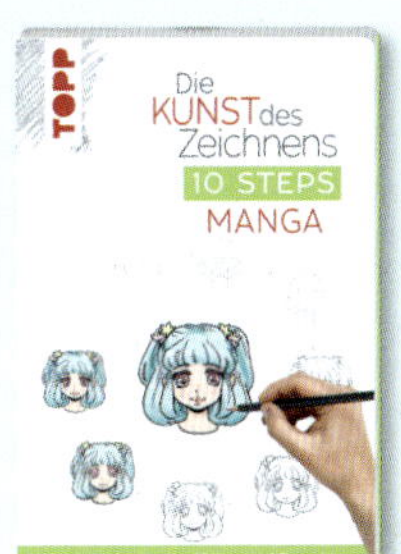

978-3-7724-4794-5

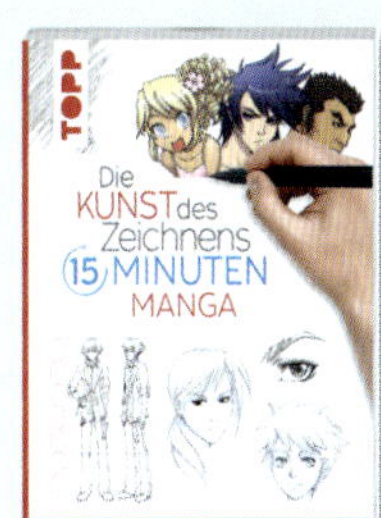

978-3-7724-4778-5

#TOPPPROJEKT

Die eigene Kreativität zeigen: TOPPprojekt mit anderen Kreativen teilen und Teil der Gemeinschaft werden.

DIY-begeistert und auf Instagram? Dann unbedingt mitmachen! Hier gibt's Tipps und Feedback zu den eigenen Projekten. Außerdem verlosen wir jeden Monat ein Überraschungspaket. Um am Gewinnspiel teilzunehmen, einfach ein Bild vom Kreativ-Projekt aus unseren Büchern mit #TOPPprojekt posten und unserem Account @frechverlag folgen. Mehr Infos auf TOPP-kreativ.de/TOPPprojekt

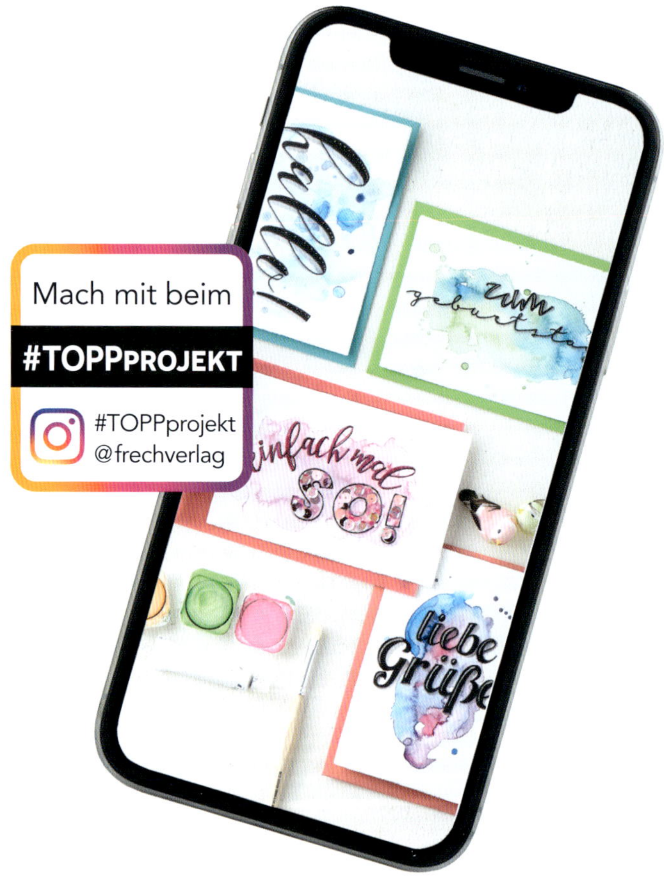

Website
Auf TOPP-kreativ.de können Sie ein riesiges Angebot von über 1.000 Kreativbüchern, Sets & mehr entdecken.

Newsletter
Gleich anmelden unter: TOPP-kreativ.de/newsletter und immer als Erstes von unseren Neuheiten und Sonderaktionen erfahren.

Instagram
@frechverlag

Pinterest
pinterest.com/frechverlag

Facebook
facebook.com/frechverlag

DigiBib
Hier finden Sie zusätzlich zu vielen unserer Bücher digitale Extras, wie Video-Tutorials, Plotter-Dateien, Vorlagen, Übungsblätter & vieles mehr. Einfach im Impressum Ihres TOPP-Buchs den Freischalte-Code nachschlagen und exklusive Inhalte freischalten. TOPP-kreativ.de/digibib

Youtube
youtube.com/frechverlag

Wer wir sind, wie wir arbeiten, was wir lieben ...

Auf Instagram, Facebook und Pinterest finden Sie mehr über uns und unsere Arbeit und werden immer schnell und einfach mit den neuesten Infos versorgt.

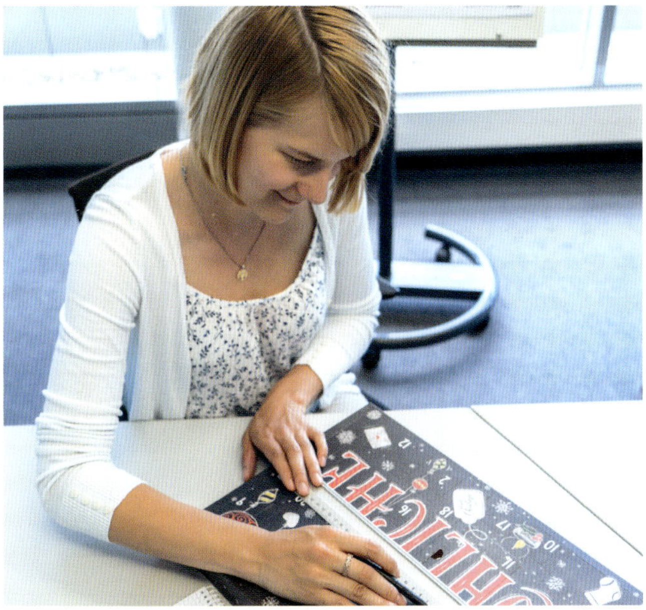

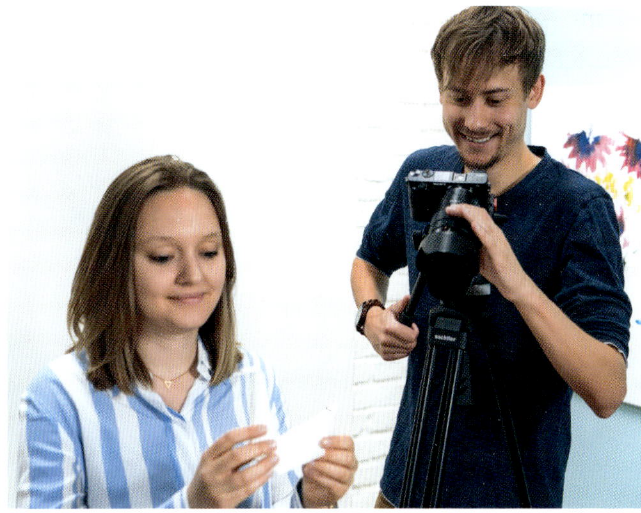

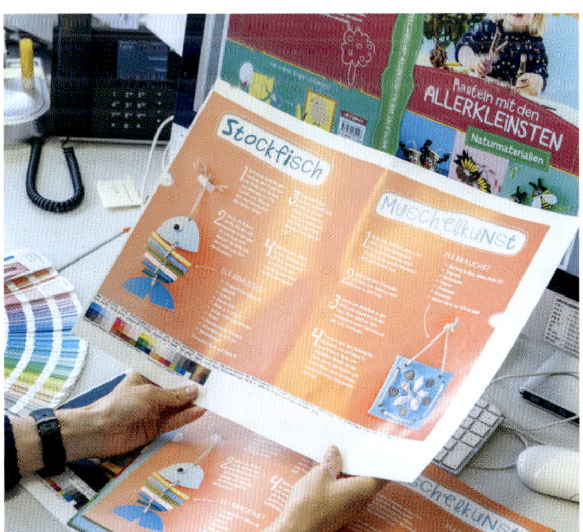

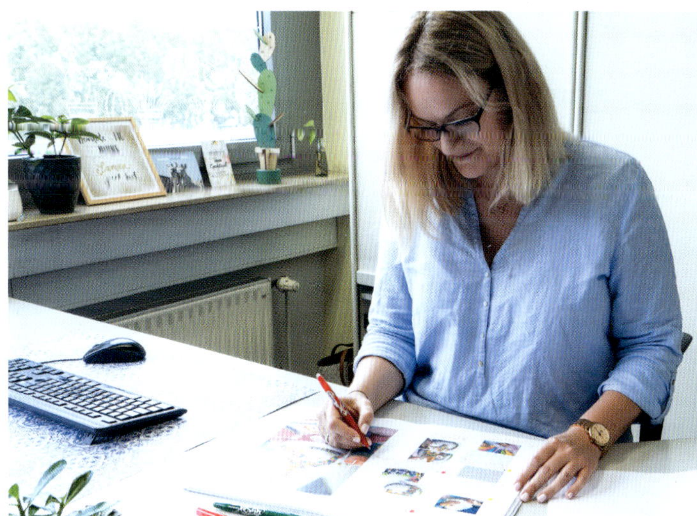

Alle News, alle Infos und alle Links finden Sie auf www.TOPP-kreativ.de

ÜBER DIE AUTORIN

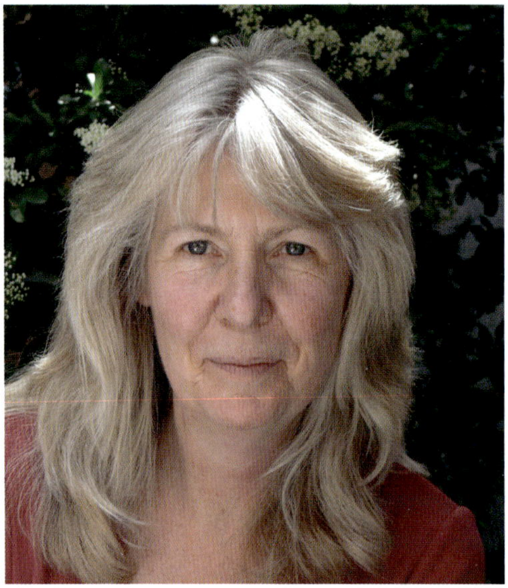

Studium an der Folkwang-Hochschule für Gestaltung in Essen, Fachbereich Visuelle Kommunikation, Volontariat beim SWR Baden Baden/Fernsehen, Stipendium des Kultusministeriums Düsseldorf: Studium am Art´s Institute Lesley College, Boston/USA, Fachbereich Intermediale Kunsttherapie.

Trickfilmautorin und Realisatorin für den SWR, NDR, WDR und das ZDF.

Einzel- und Gruppenausstellungen in Deutschland, Holland, der Schweiz, Ungarn, den USA und Kanada.

Veröffentlichungen in diversen Zeitungen und Zeitschriften u. a. in der Rheinpfalz, dem Mannheimer Morgen, den Badischen Neuen Nachrichten, der Süddeutschen Zeitung, der Sächsischen Zeitung, Menschen Machen Medien, Illustration 66, dem Eulenspiegel und dem Nebelspalter.

Buchveröffentlichungen u. a. im Espresso Verlag, Fischer Taschenbuch Verlag, Rowohlt, Lappan Verlag und Tomus Verlag.

Erhielt 2012 den Deutschen Karikaturpreis für ihre Karikatur „Günter".

www.petrakaster.de

Herzlichen Dank an alle Kolleginnen und Kollegen, die mir Ihre Figuren zur Verfügung gestellt haben.

FSC
www.fsc.org
MIX
Papier aus verantwortungsvollen Quellen
FSC® C106600

Penguin Random House Verlagsgruppe FSC® N001967

IMPRESSUM

PRODUKTMANAGEMENT: Hannelore Irmer-Romeo
Fotos: frechverlag GmbH, 70839 Gerlingen; lichtpunkt Michael Ruder, Stuttgart (Seite 6 bis 11)
LEKTORAT: Betz Lektorat + Redaktion, Tübingen
COVERGESTALTUNG: Melanie Herrmann
SATZ: Dagmar Herrmann, www.two-up.de
DRUCK UND BINDUNG: DZS Grafik, d.o.o.

1. Auflage 2023

ISBN 978-3-7358-8014-7 • Best.-Nr. 28014